科学出版社“十四五”普通高等教育本科规划教材

普通高等教育体育学类系列教材

职业体育概论

Professional Sports

白宇飞　主编

科学出版社

北京

内 容 简 介

本教材内容覆盖职业体育的起源与演进、概念与特征、发展环境及众多核心要素，共包括8章，具体分为：职业体育概述、职业体育发展环境、职业体育赛事的运营与管理、职业体育俱乐部的经营与管理、职业体育联盟的运营、职业运动员的发展与退役、体育场馆的经营与管理、职业体育经纪人的运营与发展。

本教材主要作为普通高等学校体育经济与管理、休闲体育、体育旅游等专业的必修课教材，同时可作为社会体育指导与管理、体育教育、武术与民族传统体育等专业的专业选修课教材，还可作为体育学其他相关专业的公共选修课教材。此外，对于体育人文社会学研究生及有志于从事职业体育活动的人士也具有较强的参考和指导作用。

图书在版编目(CIP)数据

职业体育概论 / 白宇飞主编. --北京：科学出版社，2024.6. --(科学出版社"十四五"普通高等教育本科规划教材 普通高等教育体育学类系列教材).
ISBN 978-7-03-078667-8

Ⅰ. G807.4

中国国家版本馆 CIP 数据核字第 20244ZU889 号

责任编辑：张佳仪/责任校对：谭宏宇
责任印制：黄晓鸣/封面设计：殷 靓

科 学 出 版 社 出版
北京东黄城根北街 16 号
邮政编码：100717
http://www.sciencep.com
南京文脉图文设计制作有限公司排版
上海锦佳印刷有限公司印刷
科学出版社发行 各地新华书店经销

*

2024 年 6 月第 一 版 开本：787×1092 1/16
2024 年 6 月第一次印刷 印张：11 1/4
字数：225 000

定价：68.00 元

(如有印装质量问题，我社负责调换)

《职业体育概论》

编委会

主　编　白宇飞　北京体育大学

副主编　李鸿昕　郑州轻工业大学

　　　　　郑志强　集美大学

编　委（按姓氏笔画排序）

　　　　　王　飞　哈尔滨体育学院

　　　　　王会宗　山东大学

　　　　　王庆伟　首都体育学院

　　　　　王春露　北京体育大学

　　　　　任定猛　北京体育大学

　　　　　刘辛丹　西南财经大学

　　　　　关　晶　北京工商大学

　　　　　苍　海　北京体育大学

　　　　　李　凌　吉林体育学院

　　　　　杨　涛　西安体育学院

　　　　　何　丰　上海大学

　　　　　余守文　华东政法大学

　　　　　张　虹　国际奥林匹克委员会

　　　　　张丛杉　中央财经大学

　　　　　陈　刚　武汉体育学院

　　　　　周正卿　北京大学

　　　　　高晓波　华南理工大学

　　　　　董春玉　牡丹江师范学院

前言

《中华人民共和国国民经济和社会发展第十四个五年规划和2035年远景目标纲要》明确提出到2035年建成体育强国，党的二十大报告进一步要求加快建设体育强国。

如众所知，职业体育是体育强国建设的关键一环，其发达程度直接关乎竞技体育和体育产业的发展水平。《体育强国建设纲要》强调，推进职业体育发展，鼓励具备条件的运动项目走职业化道路，支持教练员、运动员职业化发展，组建职业联盟；完善职业体育俱乐部法人治理结构，加快俱乐部现代企业制度建设；建立体育经纪人制度，积极探索适应中国国情和职业体育特点的职业运动员管理制度；完善职业体育联赛体制机制，充分发挥俱乐部的市场主体作用，培育形成具有世界影响力的职业联赛。

进入"十四五"时期，我国职业体育蓬勃发展，对职业体育人才的培养质量提出更高要求，基于此，编写一本立足当下、瞄定职业体育2035年远景目标的教材是大势所趋。

本教材在编写过程中，坚持以马克思主义基本原理为指导，坚持以习近平总书记关于教育和体育的重要论述为遵循，坚持依托《体育强国建设纲要》，坚持对标《普通高等学校教材管理办法》，坚持联系中国实际并有鉴别地吸收国际职业体育领域最新研究成果。与此同时，本教材在编写团队、体例设置、思政建设等方面还有如下特色。

团队构成多元。本教材的编者既包括北京体育大学和代表性体育院校的学者，又有来自综合性高校体育学、经济学相关院系的专家，同时还广泛吸纳了具有丰富实践经验的业界人士深度参与，由此为本教材的启动、推进和完成提供了坚实团队支撑。

体例设置完备。本教材各章均采取以导读和学习目标为开篇、以思维导图和鲜活案例专栏为亮点，并用复习思考题做收尾的通用体例模式，显著增强教材体例设置的完备化，力求全方位、多维度提升学生的学习效果。

思政元素突出。本教材以职业体育基本内容为主线，科学合理设计思想政治教育内容，力争做到如盐入味、春风化雨，努力实现“全书无思政，章章有思政”，在激发学生对专业学习兴趣的同时，更好地践行“立德树人”。

本教材由笔者担任主编，李鸿昕、郑志强任副主编。杨蔚怡、杨松、黄辉海、周子卿、周淇丰、林勇胜、吴小凤、王浩参与了部分章节初稿撰写，黄辉海和周子卿参与了二稿修改，刘文静、陈柏君和任俊晓参与了统稿工作。

由衷感谢陈建、关权、关伟、靳厚忠、李锐、邢尊明、周良君、杨铁黎、程文广、王兆红、王裕雄、武晓楠、骆明、靳星、边际、陈莉娜等人以及为教材建设提供过宝贵建议的学者、同仁，特别感谢教材出版过程中给予大力支持的北京体育大学的领导、同事。由于本教材内容的复杂性和作者知识的局限性，若存在遗漏、观点片面甚至错误之处，希望同行专家和诸位读者不吝赐教，以期在未来修订再版时能够更加完善。

白宇飞

2023 年 10 月

目录

第一章

职业体育概述

【导　　读】

职业体育诞生于19世纪下半叶的欧美市场经济国家，并在20世纪几乎覆盖到全球主要国家和地区。我们比较熟悉的美国职业篮球联赛(NBA)、中国男子篮球职业联赛(CBA)、英格兰足球超级联赛(EPL)、中国足球协会超级联赛(CSL)等体育赛事都属于职业体育的范畴，篮球运动员科比·布莱恩特(Kobe Bryant)、短跑运动员尤塞恩·博尔特(Usain Bolt)、网球运动员罗杰·费德勒(Roger Federer)也都是职业体育运动员。职业体育给我们的生活带来了无限活力。

职业体育是如何起源和发展起来的，什么是职业体育，职业体育的特征又是什么，这些都需要我们了解和掌握。由此，本章首先介绍国内外职业体育的起源和发展历程，其次阐述职业体育的概念和内涵，最后结合案例分析职业体育的特征。

【学习目标】

◆ 了解职业体育的起源和发展
◆ 理解职业体育的概念
◆ 掌握职业体育的特征

【思维导图】

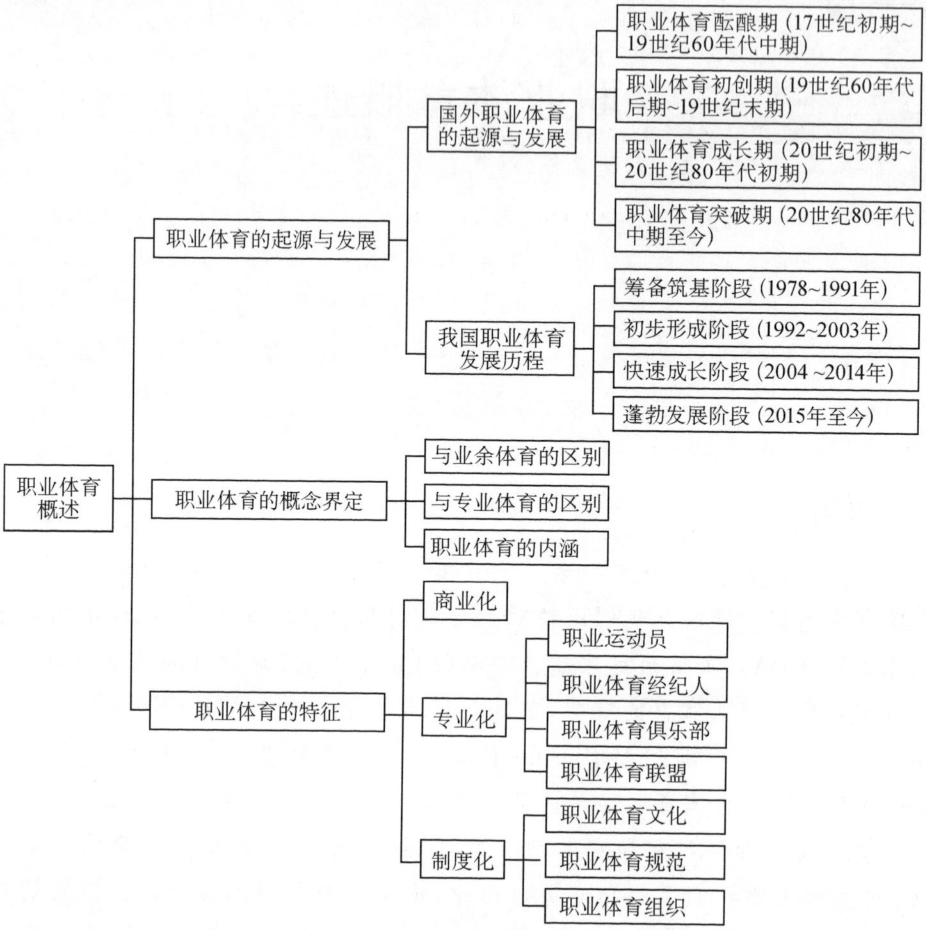

第一节　职业体育的起源与发展

一、 国外职业体育的起源与发展

国外职业体育的形成和发展可分为四个历史时期：职业体育酝酿期（17 世纪初期～19 世纪 60 年代中期）、职业体育初创期（19 世纪 60 年代后期～19 世纪末期）、职业体育成长期（20 世纪初期～20 世纪 80 年代初期）、职业体育突破期（20 世纪 80 年代中期至今）。

（一）职业体育酝酿期（17 世纪初期～19 世纪 60 年代中期）

随着资产阶级革命的爆发，欧洲各国开始从封建社会向资本主义社会过渡，在此过程中，商品经济日趋繁荣，社会生产力和人民生活水平均得到大幅提升，城市人口也急剧增加。与此同时,在宗教改革和启蒙运动的影响下,人们开始倡导自由、平等、理性等观念,渴望体现自身价值,由此,逐步参与到体育活动中来。此外,鼓励商品交易和经济繁荣的"重商主义"理论也为职业体育的萌发提供了基础条件。

在宗教改革和"重商主义"理论的影响下,17 世纪的英国出现了一些简单的商业性体育表演,例如赛马、拳击、斗牛等。这些传统的不以盈利为目的的乡村体育、健身娱乐体育逐渐被赋予部分商业化属性,开始呈现向职业体育转变的倾向。18 世纪初,英国出现了有奖拳击比赛。1743 年,约翰·布劳顿(John Broughton)针对拳击比赛的混乱局面,制定了拳击规则,这也是世界上最早的职业拳击运动比赛规则,后被命名为"布劳顿规则"。当时的工厂工人、河运工人为了赚取报酬参加拳击比赛,组织者通过提高比赛精彩程度,吸引大量观众参与,进而从中获取利润。在此背景下,拳击运动在 19 世纪成为英国商业化程度较高的体育项目,为以后的职业化发展奠定了坚实基础。

1750 年,赛马俱乐部在英国纽马克特(Newmarket)的出现,标志着业余体育俱乐部的诞生。1857 年,世界上第一个足球俱乐部——谢菲尔德足球俱乐部成立。第一次工业革命期间,钢材冶炼技术和建筑机械的发展为建设安全舒适的体育场馆提供了基础条件。1863 年,英格兰足球总会的成立标志着现代足球运动的诞生,其制定的足球规则堪称现代足球规则的根基。

这一时期,职业体育虽然并未真正到来,但已显露端倪。一方面,举办者开始重视场馆建设,尝试通过提高比赛的激烈程度来吸引观众,并针对热门赛事收取门票,给予优胜者报酬。另一方面,业余体育俱乐部的出现、运动规则的制定和体育协会的建立等里程碑事件无疑预示着职业体育即将登场。

专栏 1-1:拳击运动的文明化进程

人们从何时开始将拳击运动作为体育比赛来施行,我们已经无从查证。可是从文献记载看,不管是在东方还是西方,早在公元前就已经出现了拳击运动的雏形——拳斗。我国先秦时期的典籍记载了"无拳无勇,巧言令色,职为乱阶"。根据《不列颠百科全书》的记载,考古学家发现古巴比伦的两河流域在公元前 4000 年就有拳斗的遗迹。后来的古埃及人也用象形文字记载了拳斗用的护具"皮绷带"。考古学家还在地中海克里特岛上发掘出一个公元前 3000 年左右的带有拳斗图案的罐子。

拳斗也曾风靡古罗马帝国,奴隶主阶层热衷于观看奴隶角斗比赛,其中就有赤手空拳的角斗。有一些奴隶主觉得看比赛不过瘾,还冒死亲自参加。这在奴隶主贵族间造成了负面影响,古罗马皇帝索性下令禁止,由此拳斗陷入了大约 4 个世纪的沉寂。然而,它在民间并没有完全废止。据史料记载,在这 4 个世纪里,欧洲各地乡村举行的拳斗比赛仍然受到老百姓的欢迎。

大约到了公元1200年，公开的拳斗比赛在欧洲各国已屡见不鲜。这一时期，从拳击文明化的角度来说，一位名叫圣贝纳丁(San Bernardino)的传教士功不可没，他看到很多年轻人用佩剑来决斗，造成了无数的死伤，便主张用拳斗替代佩剑，并且创办了拳斗学校，亲任教练和裁判，使得该项目逐渐兴盛。人们由此进一步提升了对拳击的认识水平，至少开始考虑它跟佩剑相比，可以两害相权取其轻。从这个阶段一直到18世纪，拳斗的竞赛规则都很庞杂，有些规则允许拳打脚踢并用，有些规定当双方纠缠在一起时，倒地之后仍然可以继续比赛。因此，那时候的拳斗并非我们现在所看到的严格意义上的拳击运动项目。尽管从形式上看，它还是很像打架斗殴，可是当它以竞技比赛的名义登上历史舞台，就被赋予了体育运动的文化含义，成了丰富人类生活的一种娱乐手段。

在拳击运动的文明化进程中有一个奇特现象，那就是人们曾经将拳斗作为调节社会关系的法律工具来利用。13世纪末，奥斯曼帝国建立。奥斯曼一世执政后，为了避免重蹈前朝灭亡的覆辙，开始整治腐败和强化法纪。当时法庭制定了一种被称为"斗审"的审判制度。法律规定，凡是在审判中遇到疑难案件难以决断，就命令诉讼双方进行决斗，决斗胜者胜诉。如果是贵族间打官司，就按照贵族习俗来斗剑；而平民间的诉讼则以拳斗决胜负。奥斯曼一世制定这种审判制度是出于穷兵黩武、军事扩张的需要，鼓励国民掌握战斗技能。有趣的是，这跟我国先秦时期魏国宰相李悝颁布的《习射令》如出一辙。李悝供职期间，魏国面临着周边国家虎视眈眈的危险局面，为了应对敌国攻击，必须让魏国臣民做好充分的战斗准备。因此，他颁布了这项法令，鼓励全体国民练习射箭。法令规定，凡是遇到难以决断的诉讼案件，就让当事双方比赛射箭"以决诉讼"，比赛获胜者胜诉。于是，射箭在魏国被推广开来。

尽管项目不同，中外这两个实例的性质是一样的。从表面上看，是审判官采用类似于"神意裁决"的办法来断案，贪图程序简单化。实际上，这种断案方式并不科学合理甚至可能制造不少冤假错案。但统治者希望借此达到鼓励民众习武强身、为国御敌的目的。体育比赛具有竞争性，胜负立马分晓。统治者利用这一特点，将其强制运用于诉讼案件中，表明他们已认识到体育具有调节社会关系的作用。当然，这两个实例只说明拳击运动文明化进程中出现过异化现象。

如果真正要为拳击运动的文明化发展树立一块里程碑，则必须基于这样一个立场：是否考虑拳击比赛的主体即参与者的权益，同时保护他们的人身安全。在这一点上，英国人约翰·布劳顿功不可没。随着文艺复兴、宗教改革和启蒙运动在欧洲的兴起，人文主义精神全面开花，越来越多的觉醒者开始重视体育领域中人的价值。布劳顿于1743年制定出一份拳击竞赛规则，内容更多地涉及参与者的安全。三年后他又研发了拳击手套，极大保护了参与者的安全。经过一段时间的检验，规则和拳击手套都得到全面推广，并成为了现代拳击运动萌芽诞生的标志。因此，从某种意义上说，拳击运动之所以能够向更高的文明化发展，珍爱生命的人文主义精神功不可没。

资料来源：改编自《拳击运动的文明化进程与顾拜旦的贡献》。

（二）职业体育初创期（19 世纪 60 年代后期～19 世纪末期）

1869 年，美国第一家职业体育俱乐部——辛辛那提红袜棒球队的成立开启了美国职业棒球运动的历史。1871 年，美国成立了其第一个职业体育联盟组织——国家职业棒球员协会。1885 年，英格兰足球总会承认职业足球的合法地位，并于 1888 年创办了全国性的甲级联赛，英格兰 12 支足球俱乐部在同年进行了第一届英格兰足球联赛。

这一时期，个人体育项目首现职业巡回赛。例如，1860 年，英国高尔夫公开赛开始由英国圣安德鲁斯皇家古典高尔夫俱乐部主办。网球"四大满贯"的三大网球赛事也均创建于该时期——1877 年，首届温布尔登网球锦标赛举办；1881 年和 1891 年，美国网球公开赛与法国网球公开赛相继开赛。1895 年，第一届美国高尔夫公开赛举行。

专栏 1-2：网球"四大满贯"

对于网球爱好者而言，对"四大满贯"一定都不陌生，并且每年都会十分期待这四大赛事的到来。网球四大公开赛，简称"四大满贯"，包括澳大利亚网球公开赛（以下简称"澳网"）、法国网球公开赛（以下简称"法网"）、温布尔登网球锦标赛（以下简称"温网"）和美国网球公开赛（以下简称"美网"）。

澳网创办于 1905 年，通常于每年一月的最后两周在澳大利亚维多利亚州的墨尔本体育公园举行，是每年四大满贯中最先举行的一项赛事，也是最年轻的大满贯。比赛设有男子单双打、女子单双打以及混合双打等项目。男子单打冠军奖杯是诺曼·布鲁克斯挑战杯。女子单打冠军奖杯是达芙妮·阿克赫斯特纪念杯。澳网冠军的名字将被永久刻在冠军奖杯上。2023 年澳网男单冠军是塞尔维亚的诺瓦克·德约科维奇（Novak Djokovic），他成为历史上第一位澳网男单十冠王。

法网是一项在法国巴黎罗兰·加洛斯球场举办的网球赛事，通常在每年的 5 月至 6 月进行，是每年第二个进行的网球大满贯。该赛事创办于 1891 年，是"四大满贯"中唯一在红土球场上进行的赛事。由于红土场地球速较慢，且男子单打比赛采用五盘三胜制，因此参赛球员需要有超人的技术和惊人的毅力。每年法网都有众多著名球员参赛。2011 年，李娜以 2 比 0 力克弗朗西斯卡·斯齐亚沃尼（Francesca Schìavone），成为首位夺得大满贯单打冠军的中国人。

温网是一项历史最悠久、最具声望的网球公开赛事，由全英俱乐部和英国草地网球协会于 1877 年创办。温网举办地在英国伦敦郊区的温布尔登。温网通常于 6 月或7月举办，是每年度网球大满贯的第三项赛事，也是“四大满贯”中唯一的草地赛事。整个赛事通常历时两周，但会因雨延时。男子单打、女子单打、男子双打、女子双打和男女混合双打比赛在不同场地同时进行，还设有青年组的比赛。此外，温网还为退役球员举办特别邀请赛。

美网创办于1881年，是每年度最后一项网球大满贯赛事，通常在每年8月底至9月初举行，赛事共分为男子单打、女子单打、男子双打、女子双打和男女混合双打五项，并且设有青年组的比赛。2023年美网于2023年8月28日至9月10日在纽约举行。

职业体育俱乐部与业余体育俱乐部相比有着本质区别，职业体育俱乐部实行企业管理制度，其宗旨、管理目标、决策程序、组织方式、激励机制等均朝向规范化发展。职业体育联盟为了维护各俱乐部的稳定运行，促进其健康发展，制定了具有深远意义的联盟章程和赛事规则。个人项目职业巡回赛根据不同的项目制定各自的规则，确定了选手参赛资格和奖金分配制度，推动了网球、高尔夫等个人项目的职业化。简言之，职业体育俱乐部、职业体育联盟和个人项目职业巡回赛的出现标志着职业体育进入初创期。

（三）职业体育成长期（20世纪初期～20世纪80年代初期）

20世纪初，美国和加拿大的工业迅猛发展。尽管20世纪30年代的经济大萧条对美国国民经济和职业体育产生了巨大冲击，但在动荡之后，伴随着快速复苏的美国经济，其职业体育也进入成长期。美国和加拿大国民经济的增长为北美四大职业体育联盟的建立和成长创造了经济基础。

北美四大职业体育联盟，由美国职业棒球大联盟（Major League Baseball, MLB）、国家冰球联盟（National Hockey League, NHL）、美国职业橄榄球大联盟（National Football League, NFL）和美国职业篮球联赛（National Basketball Association, NBA）组成。1903年，美国棒球运动的两大联盟——国家联盟（National League, NL）和美国联盟（American League, AL）合并为MLB，并统一了赛制和规则。1917年，NHL在加拿大蒙特利尔成立。1922年，NFL成立。美国国家篮球联盟（NBL）是1937～1949年间在美国存在的一个职业篮球联盟，是NBA的前身之一。1946年，美国11家冰球馆与体育馆的老板不希望在没有相关比赛的时候闲置自己的场馆。出于该目的，NBA的另一个前身——全美篮球协会（Basketball Association of America, BAA）诞生了。1949年，全美篮球协会吞并了美国国家篮球联盟，并改名为美国职业篮球联赛（NBA）。

在欧洲，1898年意大利足球甲级联赛（Serie A）的建立推动了职业足球的发展。1904年5月，国际足球联合会（Fédération Internationale de Football Association, FIFA，简称“国际足联”）在法国巴黎成立。但与国际奥委会所坚持的业余原则不同——凡以运动为职业者，现在或曾经靠运动获取金钱者不得参加奥运会，国际足联每4年举办一次的世界杯足球赛取消了对职业运动员的限制。1913年,国际网球联合会(International Tennis Federation, ITF)在法国巴黎成立。20世纪30年代,职业体育赛事开始出现在西班牙、阿根廷、巴西等国家。日本于1936年建立了职业棒球联盟,标志着职业体育联盟在亚洲的出现。

20世纪中叶,电视转播技术的介入带来了职业体育比赛的兴盛。当时美国职业棒球大联盟开始与电视台合作,将比赛转播给全美观众。不久之后,其他职业体育赛事也开始在电视上直播,比如橄榄球、篮球、网球等。1984年洛杉矶奥运会的成功举办,成为世界各地运营大型体育活动、传播体育文化和塑造体育形象的典范,为职业体育带来了许多积极影响。

这一时期,形成了以职业体育俱乐部为基本组织,并且有严格的自我约束机制和现代化经营理念的职业体育联盟;国际单项体育组织不断涌现,推动了各运动项目的全球化发展;电视转播技术的介入深刻改变了职业体育赛事的传播方式,扩大了传播范围,世界各地的观众开始更加深入地了解职业体育。毋庸置疑,北美四大职业体育联盟和以国际足联为代表的各国际单项体育组织的成立以及电视转播技术的介入,标志着职业体育进入成长期。

(四)职业体育突破期(20世纪80年代中期至今)

1981年,国际奥委会修改《奥林匹克宪章》,将判断参赛选手是否符合业余身份的权力委托给各国际单项体育组织。1990年,《奥林匹克宪章》再次被修改,实施了近一百年的"业余原则"正式被废除,标志着职业体育成为奥林匹克大家庭的一员,职业体育进入突破期。这一时期,职业体育赛事体系、职业体育市场、居民体育消费、场馆设施建设都取得了突破式进展。

职业体育赛事体系趋向成熟。1992年英格兰足球超级联赛(English Premier League, EPL)诞生。1996年美国成立国家女子篮球联盟(Women's National Basketball Association, WNBA),开始举办职业女子篮球联赛。在亚洲,日本于1993年启动了职业足球联赛。韩国在1983年和1997年,分别开展了职业足球联赛和职业篮球联赛。

专栏1-3:欧洲足球五大联赛

欧洲足球五大联赛是欧洲足球联赛中影响力及竞技水平排名前五的联赛,即意大利足球甲级联赛(以下简称"意甲")、西班牙足球甲级联赛(以下简称"西甲")、德国足球甲级联赛(以下简称"德甲")、英格兰足球超级联赛(以下简称"英超")和法国足球甲级联赛(以下简称"法甲")。

意甲是意大利最高级别的足球联赛,由意甲职业联盟管理运营。20世纪末,意甲球星云集,实力强劲的球队众多。尤文图斯是夺得意甲冠军次数最多的球队,共坐拥36座意甲冠军奖杯。在“德比”赛事中，较知名的是国际米兰与尤文图斯之间的比赛。另外，“米兰德比”是国际米兰与AC米兰，“都灵德比”是尤文图斯与都灵，“罗马德比”是拉齐奥与罗马。但进入21世纪，多家俱乐部爆发财政问题，各种因素作用下，意甲在欧洲的地位呈下滑趋势。

西甲成立于1928年，是西班牙最高级别的足球联赛，也是欧洲及世界最高水平的职业足球联赛之一，还是出产金球奖与“世界足球先生”奖项最多的联赛。西甲的球风注重技术与进攻，具有很强的观赏性。按国际足联和欧洲足联的官方积分，西甲曾经多年位于积分榜的首位。西甲在球员和球迷心中有相当大的号召力，目前有许多世界著名的足球运动员效力于此。皇家马德里和巴塞罗那是世界上著名的球队，它们之间的比赛被称为西班牙“国家德比”。

德甲是德国最高级别的足球联赛，由德国足球协会于1962年在多特蒙德创立，始于1963～1964赛季。德甲长期是全球平均上座率最高的足球联赛之一，共18支球队参赛，采取主客场双循环赛制。德甲冠军将获得俗称“沙拉盘”的奖盘；排名最末的两支球队直接降级至德国足球乙级联赛；排名倒数第三的球队将与德乙季军进行附加赛，优胜者将参加下赛季德甲联赛。

英超成立于1992年，比赛场面激烈，节奏较快，注重身体对抗，强队众多，深受广大球迷喜爱。英超是全世界商业运作最成功的联赛与收入最高的足球联赛。电视在英超发展史上扮演着重要的角色，电视转播收入对整个联赛和所属俱乐部都至关重要。英超第一个天空电视台转播协议是5个赛季共1.91亿英镑，后续还有诸多转播协议。有了天空电视台的营销策略，再加上英超的高质量比赛和公众对足球的热爱，英超的转播费用日渐上升，给各俱乐部带来了巨大的利润。转播收入和赞助商投资使英超成为世界上重要的联赛之一。

法甲是法国最高级别的足球联赛。法甲在发展初期并未产生一支超级强队，直到2001年后“七冠王”里昂的崛起才改变了竞争格局。2012年后，巴黎圣日耳曼在10年内夺得8个法甲冠军。法甲新星林立，很多潜力球员成长于此，随后加盟豪门成为世界级球星。近年来，法甲最著名的新星是巴黎圣日耳曼的姆巴佩（Kylian Mbappé）。根据国际足球财务与薪资数据库公布的法甲联赛球员薪水排名，姆巴佩年薪近1亿欧元，独占第一。

职业体育市场空前繁荣。各大联盟通过门票、体育赞助、媒体转播权和赛事衍生品等运营内容，赋予职业体育赛事更多商业属性，促使职业体育赛事与市场经济紧密联系在一起。例如，1992年，英超联盟将电视转播权售予英国天空电视台，获1.91亿英镑的转播权收益，之后一系列的转播权销售协议使英超迅速成为全球最具商业价值的职业联赛，吸引了全世界的球迷和观众。以体育经纪业为例，随着职业体育赛事体系的成熟，体育经纪业发展迅速。20世纪90年代以来，体育经纪业多元化、国际化发展趋势越来越明显。体育经纪在促进职业体育赛事水平的提高和推动国际社会文化交流方面起到的作用越来越突出。良好的市场前景，催生出若干资本雄厚、人才集中、管理科学的跨国体育经纪公司，如创新艺人经纪公司(Creative Artists Agency)和沃瑟曼(Wasserman)等。

居民体育消费备受重视。体育消费是指人们用于体育活动及相关方面的消费，主要包括用于购买体育服装、运动器材等的实物型消费；用于观看体育竞赛表演的观赏型消费；用于参加健身休闲的参与型消费。以付费观看体育比赛为例，20 世纪 80 年代中后期以来，美国成年人平均每年去现场观看 8 次比赛，职业体育赛事的观众人数和消费支出呈稳步上升趋势。

场馆设施建设继续夯实。2000～2004 年，美国经历了一轮体育场馆建设热潮，建成 30 多个新的联盟体育场馆，其中三分之二的联盟俱乐部涉足房地产业务。一些计划投资体育场馆的俱乐部所有者在城市中心区域往往拥有大量房地产项目，他们认为在城市中心区域建设体育场馆，能有效推动场馆与周边文化娱乐及商业设施形成共生效应，提升场馆投资人综合利益。在欧洲，各职业足球俱乐部基本都拥有自己的主场场地。欧洲鉴于资源消耗和环境污染，提出“健康身体，健康体育场馆”的建设新理念，并将其贯彻落实到体育场馆的建设中。以 2012 年伦敦奥运会为例，其建筑材料的选择充分彰显了绿色环保理念。

二、 我国职业体育发展历程

我国职业体育发展历程可分为四个阶段：筹备筑基阶段(1978～1991 年)、初步形成阶段(1992～2003 年)、快速成长阶段(2004～2014 年)、蓬勃发展阶段(2015 年至今)。

(一) 筹备筑基阶段(1978～1991 年)

1978 年的改革开放为我国职业体育的萌发带来了前所未有的机遇。这一时期，我国在世界舞台上取得了竞技体育成绩的历史性突破，塑造了良好的国际体育形象，为职业体育今后的发展夯实了基础。

1979 年，国际奥委会正式恢复我国的合法席位。在这一背景下，如何加强竞技体育管理，快速提高竞技水平成为国家体委考虑的首要问题，这也使得竞技体育为国争光的功能定位得到了全面强化。翌年，中国体育代表团参加了在美国普莱西德湖举办的第 13 届冬奥会。1984 年，在全国体育发展战略及体育改革会议上，正式提出把在奥运会上名列前茅作为发展目标。这一年，我国奥运健儿在洛杉矶奥运会上获得 15 枚金牌、8 枚银牌、9 枚铜牌，取得了金牌总数第 4 名的优异成绩。几乎同一时期，中国女排创造了“五连冠”的辉煌成就，“女排精神”激励了一代又一代中国人。竞技体育成绩的进步也推动了部分运动项目的市场化，为职业体育的发展打下了基础。

这一时期，体育界所取得的成就坚定了政府和人民大力发展体育事业的决心。

然而，1988年“兵败汉城”促使当时的国家体委将有限的资源投入到优势项目中去，以提高奥运成绩。集体球类项目由于基础不足，场地设施条件要求高、人员编制所占比例大，被部分经济欠发达地区的省市体委纷纷“砍掉”，即使是所谓的“三大球”也受到了显著波及，以政府为主导的管理体制得到强化。

专栏1-4：女排五连冠的传奇故事

中国女子排球队是世界排球史上第一支在世界杯、世锦赛和奥运会上连续5次夺冠的队伍。1981年，在日本举行的世界杯排球赛上，中国女排以7战全胜的成绩首次夺得世界杯冠军。1982年的世界排球锦标赛中，中国女排以3比0轻取古巴，随后乘胜追击接连战胜苏联队和东道主秘鲁队，获得锦标赛冠军。1984年洛杉矶奥运会上，在预赛对阵美国队失利的情况下，中国女排在决赛场上以3比0完胜美国队，夺得奥运会冠军，取得了几代人梦寐以求的“三连冠”。1985年的世界杯，中国女排力克日本队，再夺世界杯冠军。1986年，在捷克斯洛伐克举行的世界排球锦标赛上，中国女排克服重重困难，以8战8胜的出色战绩，蝉联冠军，成为世界排球史上第一支夺得“五连冠”的队伍。

中国女排凭着“为国争光”的信念，完美诠释了顽强拼搏、团结奋斗、无私奉献、为国争光的中华体育精神。五星红旗一次次升起、国歌一次次奏响的场景，让中华儿女热血沸腾。一时间，各行各业掀起了学习和发扬女排精神的热潮。

（二）初步形成阶段（1992～2003年）

1992年，全国足球工作会议在北京红山口召开，揭开了中国足球职业化改革的序幕。足球项目率先步入了“以体育改革与机制转换为核心，以协会实体化、俱乐部制和产业开发为重点”的历史阶段，并成为整个体育改革的突破口。这一时期，体育改革的推进加速了运动项目的职业化和市场化进程，职业体育迎来初步形成阶段。全国足球甲级队A组联赛（以下简称“甲A联赛”）的揭幕是我国职业体育初步形成的标志。

1993年，国家体委《关于培育体育市场、加快体育产业化进程的意见》指出，足球、网球等项目应加大改革力度，积极创造条件，向职业化过渡。文件的出台加速了我国运动项目职业化进程。同年，上海、大连、广州等11个足球试点城市以体委与企业联办的形式建立了一些职业足球俱乐部。1994年，甲A联赛揭幕，翻开了中国足球职业化改革的新篇章。随后，篮球、排球、乒乓球分别于1995年、1996年、1998年开启主客场制的俱乐部联赛，陆续启动了职业化改革。2002年，中国网球兵败釜山亚运会后，国家体育总局网球运动管理中心下定决心走职业化道路，并确立了“以女子为重点，以女子双打为突破口”的战略方针，以真正介入职业网球领域去争分抢分，提升中国网球的世界排名。

在赛事商业运营方面，1994～2003年的十年间，甲A联赛的赞助收入每年都保持10%以上的增长速度。篮球、排球和乒乓球联赛的整体质量也不断提高，并通过与中央电视台体育频道合作，提升其品牌影响力和市场价值。在体育消费领域，付费观看职业体育赛事的消费群体不断扩大。以篮球为例，中国男子篮球甲A联赛从1995～2003年的8个赛季，平均每个赛季的现场观众人数达到61.28万，平均上座率达到81%（表1-1）。

表1-1　中国男子篮球甲A联赛8个赛季现场观众及转播情况

赛季	参赛队伍/支	现场观众人数/人	平均上座率/%	电视转播/小时
1995～1996	12	450 200	68	296
1996～1997	12	601 106	84	398
1997～1998	12	593 300	77	696
1998～1999	12	643 900	83	1 137.5
1999～2000	12	536 048	82	1 010.5
2000～2001	12	565 950	85	1 020.6
2001～2002	14	746 500	87	1 805
2002～2003	13	765 000	82	800

资料来源：根据中国篮球协会公布数据整理。

（三）快速成长阶段（2004～2014年）

2004年，甲A联赛正式改制为中国足球协会超级联赛（以下简称"中超"），中国足球进入"中超时代"，我国职业体育发展步入快车道。中超的成立是我国职业体育步入快速成长阶段的标志。这一时期，我国职业体育在赛事体系、政策支持、体育消费等方面均可圈可点。

1. 赛事体系逐步完善

中超成立后，2005年中国男子篮球甲A联赛也正式过渡为中国男子篮球职业联赛（CBA）。中国男篮于2004年和2008年两进奥运会八强，振奋了广大球迷对篮球职业化的信心。2013年，来自中超的广州恒大夺得当赛季亚冠冠军，创造了中国职业足球的历史。在个人项目上，首届中国网球公开赛和首届F1中国大奖赛在2004年开赛。中国女子网球在国际赛场上取得突破性成就。这一时期逐步形成了以中国足球协会超级联赛、中国男子篮球职业联赛等为主体，中国网球公开赛、F1中国大奖赛等各类商业性赛事为补充的职业体育赛事体系。经过多年的发展，各大赛事的比赛质量稳步提高，组织、管理、风险控制和市场开发等方面的能力显著提升。

专栏1-5：放飞希望的女网"单飞"

2004年，中国网球取得了多项历史性突破。李婷和孙甜甜在雅典奥运会勇夺女子双打冠军，实现中国网球的历史性突破；郑洁和晏紫首次闯进澳网公开赛女双前8名；郑洁打进法网公开赛女单前16名，等等。2006年，郑洁和晏紫实现了中国选手在

“四大满贯”赛事上夺冠的夙愿，在澳网和温网上，击败各路高手，获得女子双打冠军。中国女子网球成为世界女子网坛的一股新兴力量。

中国网球的崛起表明，中国网球运动的管理体制调整初具成效，基本思路为在坚持举国体制的前提下适度借鉴职业网球的运行方式，基本做法为推行“半职业选手＋国家队集训”的“双轨制”管理办法。这种过渡性的制度安排，在保障优秀选手尽可能多地参加高水平职业赛事和提高运动成绩方面起到了重要作用，同时由于参赛机会的增多和比赛成绩的提高，运动员的收入也节节攀升。2006 年，在国际女子职业网联（WTA）奖金排名榜上，郑洁以约 64 万美元的奖金总额高居第 9 位，晏紫以近 50 万美元的收入列第 14 位，而李娜也以约 33 万美元的收入排在第 23 位。比赛奖金的增多引起运动员在奖金分配方面与项目管理中心的矛盾，“双轨制”的弊端逐步显现。

从 2009 年开始，郑洁、李娜、晏紫和彭帅开始“单飞”，走上了职业球员的道路。运动员获得更大的自主权，真正走上自负盈亏的道路。自己花钱聘请教练、安排训练、支付参赛费用，比赛奖金是她们获得的回报；奖金上交的比例也大幅下降，只需向国家缴纳个人奖金收入的 8%～12%；同时，必须无条件代表国家参加重大比赛，这与国外职业网球运动员的参赛模式相当接近。允许“单飞”的目的在于，最大限度地调动运动员的主观能动性，变生存的压力为发展的动力，争取打出好成绩，提升自己的排名，获得更多的奖金。当然这并不是完全意义上的职业化，这些队员仍是国家队的一员。她们的赛事计划和最新动态必须定期上报国家队。国家队原则上只进行统筹和建议，没有强制性要求。

2. 政策支持力度增强

国家出台了许多促进职业体育发展的政策文件。2010 年，国务院办公厅出台《关于加快发展体育产业的指导意见》，文件指出职业体育是体育发展的重要组织形式之一，应积极探索中国特色职业体育发展道路。2011 年，国家体育总局印发《体育产业“十二五”规划》，文件强调要支持和规范职业体育发展，推动体育运动普及与提高。2014 年，《关于加快发展体育产业促进体育消费的若干意见》指出，推进职业体育改革，拓宽职业体育发展渠道，完善职业体育的政策制度体系，扩大职业体育社会参与，鼓励发展职业联盟，逐步提高职业体育的成熟度和规范化水平。

3. 体育消费规模扩大

《2014 年全民健身活动状况调查公报》数据显示，在我国 20 岁及以上人群中，有 39.9%的人有过体育消费，全年人均消费 926 元。与 2007 年相比，体育消费人数比例增长 67.7%，人均消费水平增长 52%。从消费结构看，购买运动服装的人数比例最高，为 93%，其他依次为购买体育器材、订阅体育书刊、支付场租以及观看比赛等。自 1994 年篮球、足球、排球、乒乓球等项目职业化改革以来，现场观众人数不断增加。

北京奥运会的成功举办，开阔了人们的视野，改变了大众的体育观念。越来越多的人把观看体育比赛作为个人的一种休闲娱乐方式，体育消费规模也因此扩大。

（四）蓬勃发展阶段（2015年至今）

随着2015年《中国足球改革发展总体方案》、2018年《关于加快发展体育竞赛表演产业的指导意见》、2019年《体育强国建设纲要》和2021年《"十四五"体育发展规划》等政策文件的出台，我国职业体育开始步入蓬勃发展阶段，全面深化改革、谋求高质量发展成为这一阶段的根本任务。

各项政策文件和改革举措力推职业联赛实现"质"的飞跃。在足球方面，2015年《中国足球改革发展总体方案》提出，建立具有独立社团法人资格的职业联赛理事会，负责组织和管理职业联赛，合理构建中超、中甲、中乙联赛体系。改革完善职业足球俱乐部建设和运营模式，形成足球事业与足球产业协调发展的格局。同年，《中国足球协会调整改革方案》明确要求，按照政社分开、权责明确、依法自治的原则，实现中国足协与体育总局脱钩，中国足协依法独立运行。另外，足球场馆的建设也取得了"质"的进步，以北京国安主场为例。2023年中超联赛开幕式在新北京工人体育场举办。新北京工人体育场在保留传统外观基础上，增加了罩棚，该设计具备遮阳、照明、排水、融雪、光伏发电、吸声降噪等六大功能；环形跑道设计让观众距离球员更近，进一步提升球迷的观赛体验。

在篮球方面，2017年姚明当选为中国篮球协会主席，国家体育总局篮球运动管理中心承担的业务职责正式移交中国篮协，CBA公司临时董事会通过重大决议：中国篮协将持有的30%股份以858万元的价格转让给CBA的20家俱乐部。CBA公司实体化迎来里程碑。2017～2018赛季是CBA管办分离的开端，标志我国男子篮球职业联赛进入新阶段。管办分离后，新组建的CBA公司的招商工作初见成效，新赛季在保留李宁、一汽大众、崂山啤酒等原有赞助商外，还新增中国人寿、携程旅行、广发银行等7家赞助商。

在纵深推进已有联赛改革的同时，其他项目联赛的"量"也大幅增加。2018年《关于加快发展体育竞赛表演产业的指导意见》指出，大力发展职业赛事，着力发展足球、篮球、排球、乒乓球、羽毛球、冰球、围棋等职业联赛，鼓励网球、自行车、拳击、赛车等有条件的运动项目举办职业赛事。2022年，首届中国垒球联赛在浙江绍兴举办，国家女子垒球队以国家队俱乐部的形式参赛。据不完全统计，我国现有职业体育联赛近20个，主要包括中超、中国足球协会甲级联赛、中国女子足球超级联赛、CBA、全国男子篮球联赛、中国女子篮球职业联赛、中国男子排球联赛、中国女子排球联赛、中国乒乓球俱乐部超级联赛、中国羽毛球超级联赛、中国棒球联赛、中国美式室内橄榄球职业联赛、中国围棋甲级联赛、中国象棋甲级联赛等，其中以中超和CBA等较为知名，职业化水平较高。

同时，以职业联赛为主体，各类商业赛事为补充的体育赛事体系逐渐创造了巨大的体育消费市场。据国家统计局统计，自 2015 年以来，我国体育竞赛表演活动总产出从 149.5 亿元增长至 2019 年的 308.5 亿元；2020 年因新冠疫情影响有所下滑，但整体增长态势向好，2021 年以逆风翻盘之势，增长到 343 亿元；2022 年进一步上涨至 388 亿元（图 1-1）。2022 年，清华大学五道口金融学院体育金融研究中心发布的《中国城市体育消费报告》显示，目前我国体育消费规模约 1.5 万亿元，预计 2025 年将增长至 2.8 万亿元，复合增长率超过 13%。2022 年，国家体育总局印发《关于体育助力稳经济促消费激活力的工作方案》，要求加大体育赛事供给、加快投资建设、促进体育消费。商务部将 2023 年定为"消费提振年"。全国多地启动体育消费季，如上海、河北承德、山东青岛、江西南昌等地，推动更多人参与到品牌赛事中，打造消费新场景，助力体育消费新升级。

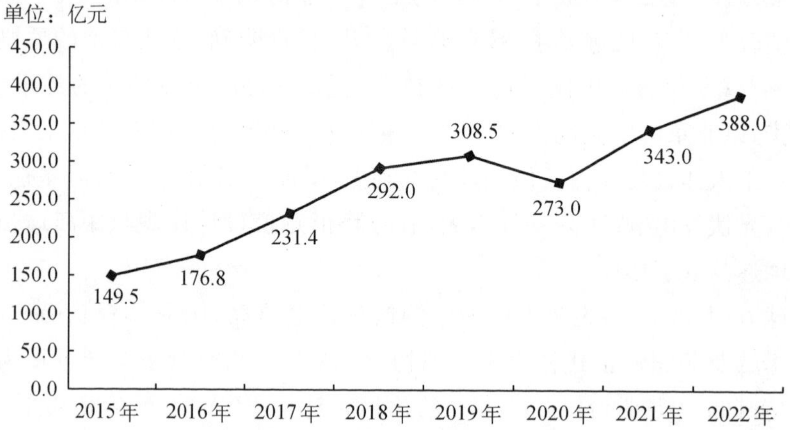

图 1-1　2015～2022 年我国体育竞赛表演活动总产出

此外，职业体育新业态涌现。2003 年国家体育总局批准，将电子竞技（Electronic Sports）列为第 99 个正式体育竞赛项目。近年来，随着互联网的发展和智能手机的普及，电子竞技不断成长。2015 年，由腾讯游戏天美工作室群开发并运营的手游《王者荣耀》，一经推出就火遍全网。2017 年 11 月 4 日，约有 4 万人购买了在鸟巢举办的电竞游戏《英雄联盟》的全球总决赛的门票，门票价格在 280 元到 1 280 元之间。据艾瑞咨询发布的《2022 年中国电竞行业研究报告》，2021 年中国电竞市场规模达到 1 673 亿元，同比增长 13.5%，行业进入平稳增长阶段；移动电竞游戏仍是电竞市场主要组成部分，市场份额占比为 52.8%；当年中国电竞用户规模达到 5.06 亿人。

专栏 1-6：国家电子竞技发展研究院成立

2023 年 3 月 31 日，中央广播电视总台正式宣布成立国家电子竞技发展研究院，并在北京举行了揭牌仪式。现场通过一部视频短片，全面展现了电竞赛事的魅力，并在后续的发言中，强调了数字经济对于国家发展的必要性，电竞对于数字经济的重要性。电子竞技不仅是新兴体育项目，更是国家文化载体。央视将围绕赛事观赏性、赛事互动性和科技创新性，引领电竞内容发展。

视频短片中特别提到：电子竞技已经成为数字体育新形态、国际交流新语言、经济增长新引擎、产业发展新名片。同时，国家电子竞技发展研究院还发布了“八个一”项目，包括专家团队、标准体系、高峰论坛、发展道路、培训计划、品牌赛事、电竞主题活动和政产学研资融合工程，引领中国电竞产业的发展。国家电子竞技发展研究院的成立，有助于引领中国电竞走向台前。

资料来源：改编自《国家电子竞技发展研究院正式成立，盛夏还将迎来更多惊喜！》。

与此同时，新技术迅速在职业体育领域应用，并有不断扩大的趋势。从2016年开始，增强现实(AR)、虚拟现实(VR)和4K等数字技术就已全面应用于职业体育赛事转播领域。以虚拟现实为例，其利用现代高科技手段模拟虚拟环境，通过感知交互设备，达到与虚拟环境的交互体验。近年来，央视不断积累VR高端制作经验，逐步建立了适应发展需求的VR拍摄和精编制作模式，积累了多场景的VR录播和直播执行方案，打通了从内容生产到内容分发的业务流程，完成了央视《CBA全明星赛》等一批VR节目的制作。另外，咪咕视频在赛事转播领域持续发挥5G、8K和XR的技术优势，增强大众赛事参与感。

最后，我国还持续放宽赛事审批。2023年，新修订的《体育赛事活动管理办法》开始施行，对持续深入推进体育赛事活动“放管服”改革、防范化解体育赛事活动安全风险隐患、完善体育赛事活动监管机制、加快推进体育强国建设具有重要意义。该办法提到，除申办国际体育赛事活动和举办需要行政许可的体育赛事活动外，国家体育总局对体育赛事活动一律不做审批，公安、市场监管、卫生健康、交通运输、海事、无线电管理、外事等部门另有规定的，主办方或承办方应按规定办理。由此，更多的职业体育赛事能够通过自主举办的方式进入市场，丰富人们的业余生活，促进体育产业的发展。

第二节　职业体育的概念界定

一、国内外学术界对职业体育的理解

美国、英国等西方发达国家的职业体育已经有一百多年的历史，日本和韩国的职业体育虽然迄今只有几十年的发展时间，但也达到了较高水平。这些国家在发展职业体育的同时，对职业体育的研究也更广泛和深入。我国职业体育正式诞生于20世纪90年代，国内学者对职业体育的研究自然也晚于欧美日韩等国。

关于职业体育的界定，国外学者从不同的角度进行了界定。日本体育产业联合会认为，职业体育是把作为娱乐的体育竞赛表演服务或产品提供给观众或消费者，球队的所有者和比赛的主办者从中获得入场费和转播权费，职业运动员从中获得报酬的经济行为。20 世纪 90 年代末，丹尼斯·科茨(Dennis Coates)和布拉德·汉弗莱斯(Brad R. Humphreys)在《职业体育对美国城市服务业与零售业在收入和就业方面的影响》(“The effect of professional sports on earnings and employment in the services and retail sectors in US cities”)一文中阐述了职业体育球队和体育场馆对美国城市特定行业就业和收入的影响，他们认为职业体育对每个部门员工收入的影响不大。2014 年，费利克斯·马特(Felix Mutter)和蒂姆·波洛夫斯基(Tim Pawlowski)在《体育运动中的榜样——职业体育的成功能增加对业余体育参与的需求吗?》(“Role models in sports—Can success in professional sports increase the demand for amateur sport participation?”)一文中提出职业体育的成功对业余体育参与存在溢出效益，是促进业余体育发展的动力。然而，职业体育的成功只能激发人们参与业余体育的意向，必须建设体育基础设施和举办国家级或地区级的赛事，以利用这些影响。

国内学者对职业体育的理解大致可以分为三类。

第一类从社会属性的角度，将职业体育看作是一种为消费者进行竞赛表演的社会文化活动。如张林(1998)认为，职业体育是自觉运用价值规律，利用高水平竞技运动的商品价值和文化价值，参与社会商品活动和社会文化活动，使运动员获得报酬，并为社会提供体育和文化服务的一种活动。

第二类从基本属性的角度，认为职业体育是相对于业余体育而言的一种体育活动。如鲍明晓(2009)认为，职业体育是相对于非职业体育的一种体育形态。郑志强(2009)认为，职业体育是与业余体育相对立的概念，是运动员以体育为职业，并以体育竞赛作为产品进行市场交换的一种体育形式。

第三类从商品经营的角度，认为职业体育是一种以追求经济效益为目标的经济活动。如张文健(2015)认为，职业体育只是在形式上具有体育的属性，在本质上已经转化为经济活动。职业体育的根本价值目标——经济目标，是它与其他体育形式的本质区别。

二、职业体育的概念界定

考虑到业余体育、专业体育与职业体育的关系并不易理解，在明晰职业体育概念之前，需要分别对业余体育、专业体育与职业体育的区别和联系进行分析。

(一) 职业体育和业余体育

职业体育和业余体育是两个在目的上相互对立的体育形态。业余体育追求参与者自身的完善，职业体育则追求经济利益最大化。具体而言，业余体育是指广大社会成员在余暇时间中，以强身健体、社会交往、调节情感、丰富业余生活为目的，以身体运动为主要手段，形式多样的体育活动。相对于业余体育，职业体育是在一定的规则和制度约束下，职业运动员通过参与商业化运营团队举办的职业赛事，以取得劳务报酬为目的而进行的体育活动，具有商业化、专业化、制度化特征。

（二）职业体育和专业体育

职业体育和专业体育具有不同的运行机制、社会属性和价值追求。专业体育是我国计划经济体制和“举国体制”下的产物，是以政府培养为主，训练和比赛的经费由政府拨款的一项社会公共文化事业形态。专业体育能够有效提高国家竞技体育水平，振奋民族精神，满足人民群众欣赏高水平比赛的精神文化需求，对于我国体育事业总目标的实现发挥着重要作用。

职业体育是商品经济时代和市场经济体制下的产物，遵循市场经济的价值规律，经营主体是具有独立法人资格的经济实体，自主经营，自负盈亏，行政力量不过度干预。职业体育以职业运动员所展示的竞技能力和共同生产的竞赛表演为主要商品，围绕赛事开发门票、转播权、衍生品、体育赞助等运营内容，把具有市场价值的运动项目作为经营对象。职业体育不仅能满足人民群众对高水平比赛的精神需求，还能有效提高体育运行的经济效益，开拓体育社会化、产业化道路。

（三）职业体育的内涵

从起源和发展看，职业体育是伴随着市场经济的发展而产生的。职业体育以职业运动员的竞技能力和体育竞赛表演为主要商品，基于某一运动项目开展劳务性生产经营，围绕该项目进行生产开发而形成相对独立且完整的商业化经营体系。这一经营体系包括经营实体（职业体育俱乐部和职业体育联盟等）、经营产品（职业运动员和体育竞赛表演等）、运营机制（决策机制、动力机制、约束机制、协调机制等）、交易主体（电视转播机构、体育经纪人、赞助商、球迷等）。这一体系按照市场经济规律，以获取最大经济利益为目标。

基于此，本教材将职业体育的概念归纳为：以职业体育俱乐部为基本组织形式，以职业运动员和体育竞赛表演为主要产品，通过多种运营机制进行经营管理，以市场需求为导向，与相关市场主体进行交易，以获取经济利益为目标的经营体系。

第三节　职业体育的特征

一、职业体育商业化

伴随着商品经济的发展，职业体育通过生产体育竞赛表演和培养优秀的职业运动员，并开发多种运营内容，与市场发生交易，实现其经济价值。经济利益最大化是衡量职业体育绩效最为核心的指标。因此，职业体育具有高度的商业化属性。职业体育实现商业化的主要途径具体包括以下方面。

（一）门票收入

作为职业体育的基础性收入和主要收入来源，门票收入水平不仅能直接反映职业赛事发展质量，还是衡量观众对赛事满意程度的重要指标。职业体育俱乐部都十分重视门票收入情况，并采取一切可行的手段将观众吸引到赛场。

（二）媒体转播

媒体转播权是指体育组织或赛事主办方拥有在举办职业体育赛事时允许他人进行电视、网络等现场直播、转播、录播，并从中获利的权利。媒体转播费是职业体育收入的另一个主要来源。近年来，新技术在赛事转播领域得到广泛利用，有效增强了转播效果。

（三）体育赞助

作为现代企业营销的有效方式之一，体育赞助是指企业通过对各类体育主体和活动，包括赛事、运动队、运动员、体育场馆等，提供资金、物资、技术服务等方面的赞助，以利用体育无形资产的方式达到宣传自身产品和形象目标的一系列营销活动。体育赞助的内容往往涉及体育无形资产。无形资产是指没有实物形态的可辨认非货币性资产。体育无形资产主要包含冠名权、转播权、广告权、俱乐部和赛事标志物使用权等。

（四）体育场馆经营

这是一种利用现有体育场地设施资源，通过选择适合场馆发展的营销战略和融资模式，为大众提供健身、休闲、观赏等产品和服务，满足大众物质和精神文化需求的同时，获取经营收益以维持场馆运营的商业化经营模式。通过对体育场馆资产的开发利用，提高场馆利用率，增加场馆运营收益。

（五）职业运动员转会

一些职业体育俱乐部将运动员转会作为生财之道，通过运动员转会增强俱乐部的经营活力，比如吸引观众、激活赞助、出售衍生品等。在经费紧张的情况下，将优秀运动员转让以换取转会费，还可以起到缓解资金紧张的作用。一些职业运动员能够通过转会寻求比赛上场机会，增强自身实力。

（六）赛事衍生品开发

赛事衍生品开发是指开发与职业体育赛事相关的服装、纪念品、电子游戏、报纸杂志等产品。赛事衍生品的市场需求与赛事水平关系密切。高质量竞赛是树立赛事品牌的根本，观众只有认可赛事，才可能购买赛事衍生品。通过开发衍生品，将形成以体育竞赛表演企业为主体，以纺织、旅游、互联网技术等为支撑，以广告、印刷、现场服务等为配套的产业集群。

二、职业体育专业化

职业体育拥有专业化的从业人员，如职业运动员、体育经纪人等，这些职业群体逐渐符合专业标准，成为专门职业并获得相应的专业地位。职业体育还拥有完善且专业化的组织机构，如职业体育俱乐部、职业体育联盟等，以妥善处理职业体育活动的相关事宜。因此可以认为职业体育具有专业化特征。

(一) 职业运动员

职业运动员是指专门从事体育竞赛表演业，并从中获取报酬，作为其主要生活来源，且独立拥有自身人力资本所有权的高水平运动员。职业运动员是职业体育存在的先决条件与核心要素。

(二) 职业体育经纪人

职业体育经纪人是体育市场中对运动员、活动、组织等进行中介服务的人员。具体来说，职业体育经纪人是从事体育赛事和体育组织品牌包装、经营策划、无形资产开发及运动员转会、参赛等活动的人员，是在取得合法资格后，从事居间、行纪、代理等经纪业务的个人。职业体育经纪人是职业体育市场供需双方不可或缺的中间群体，可提高交易效率和成功率，促进职业体育生产要素合理流动，继而促进资源优化配置。

(三) 职业体育俱乐部

职业体育俱乐部是指主要从事为付费观众提供体育竞赛表演服务与产品的具有独立法人资格的经济实体。它向消费者提供体育比赛以满足后者在体育娱乐方面的需要与兴趣。与传统体育协会相比，职业体育俱乐部是一种更加专业化、制度化、商业化的组织。职业体育俱乐部作为现代体育和市场经济相结合的产物，是大多数发达国家开展体育活动普遍采用的组织形式，是职业体育组织体系中的基层组织机构。

(四) 职业体育联盟

职业体育联盟是指由多个职业体育俱乐部联合组成，通过一系列制度安排来促进俱乐部之间竞争实力均衡，以实现整体效益最大化目标的经济组织。职业体育联盟首现于欧美国家，美国棒球是第一个定位为联盟治理的运动项目。以职业体育联盟为基础的运作模式是职业体育运作模式的典范。通常情况下，联盟由独立的职业体育俱乐部自发创建或联合组建，俱乐部的所有者组成联盟董事会，董事会委托联盟委员会管理联盟事务。

三、职业体育制度化

职业体育制度化的内容包括职业体育文化、职业体育规范和职业体育组织。职业体育是由业余体育发展而来的，在此过程中形成被大众广泛认可的职业体育文化；制定职业体育规范，维护职业体育运行；建立职业体育组织机构，通过组织形式要求职业体育活动符合规范。

（一）职业体育文化

职业体育文化是指职业体育在发展过程中，创造的一切物质文明与精神文明的总和，主要分为三个层面。

第一，职业体育深层文化：与职业体育有关的哲学思想、价值判断、健康观、审美观等，其决定职业体育文化具体形态的存在依据和发展原则。如世界杯足球赛中体现的对胜负的辩证态度、反对种族歧视、团队合作精神、竞争意识与敬业精神等，都是职业体育深层文化的具体表现。

第二，职业体育中层文化：由一系列与职业体育有关的组织和制度构成的组织文化，影响着职业体育的组织结构和运作效率。如具有优秀组织文化的北美四大职业体育联盟和欧洲足球五大联赛已成为世界各国发展职业体育的标杆。

第三，职业体育表层文化：将职业体育深层文化通过职业体育中层文化付诸实践的操作体系，表现为职业体育文化的外部形态和外在特征。比如 NBA 各球队都有自己的队标、球服以及主场场馆，并形成独特的球迷文化。

专栏 1-7：NFL 的财富传奇和娱乐流行文化

美国《商业周刊》称“NFL 是美国经营最好的企业之一”，英国《经济学人》杂志认为“无论是从民意调查还是电视收视率调查来看，NFL 都是北美四大职业体育联盟中最受欢迎的一个”。美式橄榄球是美国人酷爱的第一运动。这种抱着球横冲直撞、不达目的誓不罢休的达阵游戏，在精神上高度契合“美国梦”，是美国人的最爱。NFL 不仅创造了财富传奇，也创造了美国流行文化。

在美国，职业体育是娱乐业的重要组成部分，它和电影、电视、戏剧、音乐共同构成向消费者提供精神娱乐产品的行业。NFL 总裁和各队总经理都明白，NFL 的客户是球迷、赞助商和媒体，NFL 的竞争对手不仅是 NBA、MLB 和 NHL，还有好莱坞、百老汇、格莱美等其他娱乐行业，NFL 要在多业态的现代娱乐业中生存，就必须按照娱乐业的内在规律运作，打造差异化的娱乐产品。NFL 前总裁保罗·塔戈里亚布（Paul Tagliabue）于 1989 年就任后，一直致力于推动 NFL 的娱乐化，他坚信只有娱乐化才能保持 NFL 的竞争优势。在他 16 年的任期内，NFL 的业务几乎涉及所有传媒领域，成为了独特的娱乐平台。他还对赛事本身进行娱乐化包装，2002 年他邀请安里奎·伊格莱希亚斯（Enrique Iglesias）和艾莉西亚·凯斯（Alicia Keys）等明星做赛前演唱，并由 ESPN 现场直播。为了这场比赛，他甚至说服了纽约市政府在当天比赛时间关闭时代广场。事后证明，这场比赛不仅吸引了 50 万人到现场观看，而且作为纪念

“9·11”事件一周年的一项活动，对于推动纽约州和华盛顿特区的经济复苏都做出了积极贡献。

2023年，NFL第57届超级碗在费城老鹰队和堪萨斯城酋长队之间展开，经过激烈角逐，酋长队以38∶35逆转击败老鹰队，捧起队史第3座文斯·隆巴迪奖杯，酋长队帕特里克·马霍姆斯(Patrick Mahomes)斩获超级碗MVP。作为本届超级碗的中场秀表演嘉宾，歌手蕾哈娜(Rihanna)带来多首观众耳熟能详的歌曲。她在表演期间的补妆行为，更是迅速火遍全网。数据显示，蕾哈娜的中场秀让本届超级碗的收视人数达到1.15亿，门票价格直追历史第一。而在转售平台，VIP包房门票一度被炒至40万美元。本届超级碗期间，每30秒广告的价格定为700万美元(约合人民币4 766万元)，再次创下超级碗历史最高价。NFL不仅为美国创造了巨大的经济利益，也形成了集体育、娱乐、传媒为一体的流行文化。

资料来源：改编自《NFL超级碗酋长队逆转夺冠 蕾哈娜中场秀惊艳》。

(二) 职业体育规范

职业体育规范是指维护职业体育运行的规章制度和法律法规，是职业体育管理机构制定的规范职业体育活动的规则和制度的总和。其主要包括各项章程、条例、办法和规则，它们共同为维护职业体育的健康发展做出法律和制度上的说明。

以美国为例，职业体育联盟围绕职业体育发展目标，为实现职业联赛正常运营和各方利益均衡，制定了一系列规章制度。比如转会制度，有利于增强联赛活力，提高俱乐部竞技水平，帮助运动员实现自身的成长；选秀制度，有利于实现均衡竞争，增强弱队的实力和比赛结果的不可预测性；工资帽和奢侈税制度，有效地避免了强弱分化过于严重的现象，保障了联盟活力。

同时，美国还颁布了一系列法案以保护职业体育的发展。比如，1890年，美国颁布了第一部与职业体育联盟相关的反垄断法——《谢尔曼反托拉斯法》(Sherman Anti-Trust Act)，主要内容为政府有责任调查且起诉有涉及托拉斯行为的职业体育公司与组织，这为职业体育在法律规范方面构建了发展基础；1961年，支持北美四大职业体育联盟发展的《体育转播法》出台，主要内容为职业体育联盟享有电视转播反垄断豁免权，《谢尔曼反托拉斯法》不再适用于职业体育联盟或俱乐部之间的相关联合协议；1976年，美国颁布了现行的《版权法》，规定职业体育联盟比赛的电视节目可享受联邦政府的版权保护。其他相关规章制度和法案不胜枚举。这些规章制度与法案共同构成了较为完善的关于职业体育的法律法规保障体系。

(三) 职业体育组织

随着职业体育的不断发展，其组织管理体系也随之建立。目前，职业体育形成了一个“金字塔式”的治理系统，它自上而下涵盖国际组织机构、洲际组织机构、国家组织机构、地方组织机构，形成一个层级严明、规模庞大的管理体系。以足球为例，国际足联负责管理全球足球事务，下设欧洲足球联合会、亚洲足球联合会、非洲足球联合会、中北美洲及加勒比海足球协会、南美洲足球联合会、大洋洲足球联合会等洲际组织机构，分管各大洲足球事务。各大洲的国家和地区又设有各自的足球协会管理自身的足球事务。全球各地通过建立职业体育组织机构，以组织形式要求职业体育处在规范化轨道上，最终促使职业体育朝着制度化、合理化方向发展。

专栏 1-8:国际足球联合会

国际足联于1904年5月21日在法国巴黎成立，总部后迁至瑞士苏黎世，是国际单项体育联合会总会成员，目前有会员211个。国际足联旗下有三大国家队赛事，分别是世界杯、U20世界杯(世青赛)以及U17世界杯(世少赛)。国际足联下设欧洲、亚洲、非洲、中北美及加勒比海地区、南美洲、大洋洲六个地区性组织，工作用语为英语、法语、西班牙语、德语。足球是全球第一大运动，世界杯几乎是全人类共同的节日，借助这种全球影响力，国际足联也成为最富有、最有权势的国际体育组织。

随着足球这项运动在19世纪后半叶风靡欧洲和南非地区，人们越来越期待进行更多的国际性足球赛事。虽然现代足球最初发源于英国，但是英格兰足球总会对于成立或加入一个国际性足球组织并没有表现出什么兴趣。国际足联的成立则是在1904年，由荷兰足球协会秘书希斯霍曼和法国体育运动协会秘书罗伯特·盖林向各欧洲足球联合会发出倡议，提出建立一个国际性的足球管理组织。至此，国际足联才应运而生。国际足联的初始会员国只有七个，分别是法国、比利时、丹麦、荷兰、西班牙、瑞典和瑞士。起初，国际足联只允许欧洲国家加入，直至南非、阿根廷、智利和美国的到来，国际足联才真正成为国际性足球组织。

国际足联的收入来源主要有版权销售、赞助商费用、门票收入、授权获利等。在版权销售方面，国际足联大部分收入来自世界杯及其他国际赛事的版权销售。在赞助商费用方面，国际足联共有三个级别的赞助商，分别是：国际足联合作伙伴(FIFA Partners)、世界杯官方赞助商(FIFA World Cup Sponsors)和区域赞助商(Regional Supporters)。第一级别的国际足联合作伙伴拥有最大权益，相应地，所要支付的费用也最高。据美联社披露，2014年巴西世界杯时6家公司共向FIFA提供了高达7.3亿美元的赞助费，即每家至少贡献1.2亿美元。

在门票收入方面，所有的票务收入都将归入国际足联的一家子公司的账户。比如卡塔尔世界杯售出了300万张门票，每张门票的价格在100美元到1 450美元之间。在授权获利方面，国际足联通过向企业授予品牌使用权获利。最典型的案例是电子艺界(EA)公司出品的FIFA游戏，他们已经和国际足联合作了近20年。电子艺界每年要为品牌使用权向国际足联支付1.5亿美元。仅2021年，国际足联就通过授权其品牌使用权，赚了1.8亿美元。国际足联的支出主要有赛事与活动相关支出、发展与教育相关支出、电视转播与市场营销支出、行政管理支出、足球治理支出等。

国际足联在促进足球运动的发展,通过组织各级(业余、非业余、职业)比赛及其他手段发展协会会员,促进官员和运动员之间的友好往来,贯彻联合会的章程、代表大会决议和比赛规则,禁止种族、政治和宗教信仰歧视等方面发挥了举足轻重的作用。

第一章复习思考题

第二章

职业体育发展环境

【导　　读】

职业体育作为高度专业化、商业化的竞技体育，其产生与发展必然受特定环境影响，而这些环境具体有哪几类，它们在影响职业体育上发挥了何种作用是我们需要进行细致研究的问题。本章尝试从政治环境、经济环境、文化环境、技术环境四个方面出发，力求全面、准确地对影响职业体育发展的具体要素进行详尽分析。

【学习目标】

◆ 掌握影响职业体育发展的环境要素构成

◆ 掌握影响职业体育发展的政治、经济、文化以及技术环境作用机理

【思维导图】

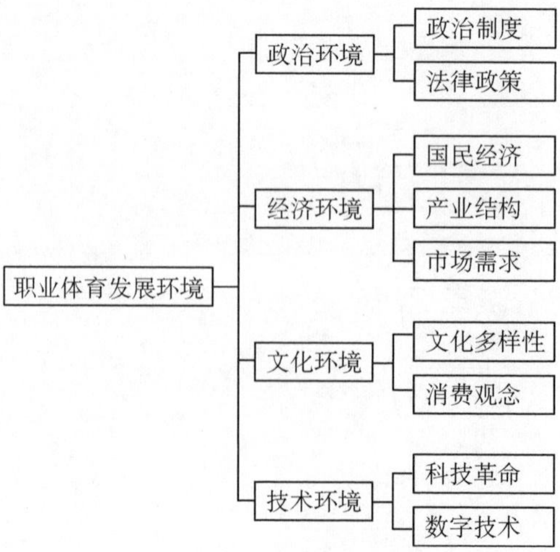

第一节　职业体育发展的政治环境

政治环境是特定政治主体从事政治生活所面对的各种现象，是能够直接或间接影响政治主体活动的各种自然因素和社会因素的总和。不同的政治环境对社会事物往往产生不同的影响，即使在一个政治环境相对稳定的国家内，在不同的执政时期，由于执政理念、方针等方面的差异，其对社会事物的影响也各异。同理，职业体育在全球范围内也受到不同政治环境的影响而呈现不同形态。本节从政治制度、法律政策两方面出发对影响职业体育发展的政治环境进行分析。

一、政治制度与职业体育

政治制度是指统治阶级借以实现其政治统治和管理社会的原则和方法的总结。广义包括政治领域的各项制度。有时特指国家的政治组织形式，即政体。职业体育是伴随着市场经济发展而逐渐成长起来的新型产业形态，其发展也受不同政治制度的影响而有所区别。

（一）美国政治制度与职业体育

以美国为例，在“三权分立”政治制度的影响下，分权治理的形式在美国职业体育多个领域均得以体现。其职业体育治理主旨在于所有权与经营权分离，将职业体育联盟作为一种经济上的合资企业和法律上的合作实体。

职业体育联盟竞争均衡的制度设计、商业化的运营模式、创新的管理制度等均彰显了分权治理的智慧。美国职业体育联盟为达成竞争均衡的结果，选择“横向一体化”治理结构，联盟内俱乐部形成利益共同体，对申请加入联盟的新俱乐部实行高额的准入制度。在这样的治理结构下，职业体育联盟成为美国职业体育联赛治理的主体，形成以联盟为主导的治理模式，俱乐部拥有赛事的所有权和部分经营权，而联盟拥有整个联赛的无形资产经营权、联赛收益分配权、电视转播权、联赛管理权和决策权。在这样的治理结构下，美国职业体育联盟通过各种制度设计控制联盟和俱乐部的运营成本，比如选秀制度、工资帽制度、奢侈税制度、俱乐部薪金上限制度等制度安排，从而实现利润最大化。

（二）英国政治制度与职业体育

英国的民主政治强调对权利的保护，在这样的政治制度影响下，英国职业体育实行一种激励获胜者的同时惩罚失败者的非均衡竞争策略。这种策略即升降级制度，不仅促进了英国各职业体育俱乐部之间的竞争，还提高了联赛整体的竞技水平和观众参与度。通过升降级制度，获胜者升到高级别联赛并且享有参加欧洲联赛的资格，而失败者降到低级别联赛甚至可能从联盟内被剔除，从而保护了各方权利。英国民主政治对权利的保护深刻影响着其职业体育的发展。

具体而言，英国各职业体育俱乐部通过升降级制度在不同层级联盟间流动，形成了“纵向分层”治理结构。以英国职业足球联赛为例，2023 年 5 月，随着英超第 38 轮结束，2022～2023 赛季英超正式收官，该赛季英超降级球队也随之产生，分别是莱斯特城、利兹联和南安普顿，升至下一赛季英超联赛的球队是伯恩利、谢菲尔德联和卢顿。英国职业足球俱乐部在不同级别的联赛公平流动，不仅激发了球队的进取心，还提高了联赛的比赛质量。在这样的治理模式下，各方利益主体逐渐认可英国职业足球各级联赛，并与之开展商业合作，比如转播权销售、赛事衍生品经营、体育经纪服务等。英超联赛成为全球范围内商业化程度最高、最具影响力的职业足球联赛便不足为奇了。

（三）我国政治制度与职业体育

党和政府在我国职业体育发展进程中扮演着重要的角色。新中国成立初期，党和政府高度重视体育事业的发展，成立了专门指导和管理体育运动发展的国家体育运动委员会。我国职业体育在党和政府的领导下快速高效地实现了“从无到有”的深刻变革。从联赛体制建构、职业运动员转会制度，再到职业体育市场架构，无论是宏观层面还是微观层面，种种成绩的取得都离不开国家的支持。

2014 年 9 月 2 日，国务院召开常务会议，研究部署发展体育产业，推进职业体育改革。会议明确，取消商业性和群众性体育赛事审批，放宽赛事转播权限制，最大限度为企业“松绑”，推进职业体育改革，鼓励发展职业体育联盟。2019 年，国务院办公厅印发《体育强国建设纲要》，要求推进职业体育发展；鼓励具备条件的运动项目走职业化道路，支持教练员、运动员职业化发展，组建职业体育联盟；完善职业体育俱乐部法人治理结构，加快俱乐部现代企业制度建设；建立体育经纪人制度，积极探索适应中国国情和职业体育特点的职业运动员管理制度；完善职业体育联赛体制机制，充分发挥俱乐部的市场主体作用，培育形成具有世界影响力的职业联赛。2021 年 10 月 25 日，国家体育总局印发《“十四五”体育发展规划》，强调规范职业体育健康发展，走中国特色职业体育发展道路。统筹谋划职业体育发展，做好职业联赛创建和职业联赛管理机构组建顶层设计，完善职业体育发展支持、监管政策，规范职业俱乐部运营和职业联赛发展。

随着体制机制改革的深入推进，简政放权、优化营商环境，更好服务市场主体的举措逐步解开了束缚职业体育发展的枷锁，职业体育的市场环境得到优化，我国职业体育迎来了更加光明的发展前景。但是同国外较为成熟的市场机制相比，我国职业体育依然存在较大的提升空间，未来“小政府、大市场”的发展策略将是我国职业体育发展的重要方向。

综上，一个国家或地区的政治制度影响着职业体育的发展。在推进职业体育发展的过程中，必须对政治制度情况进行细致分析，以了解其制度优势和制度缺陷，充分发挥制度优势，并推动职业体育适应制度环境，实现高质量发展。

二、法律政策与职业体育

法律是指由国家强制力保证实施的行为规范总和，政策是经政治过程所选择和制定的为解决公共问题、达成公共目标、实现公共利益的方案。法律与政策共同构成政府管理一切社会事务的有力工具，在经济社会发展过程中发挥着明示、预防、校正等作用。职业体育诞生于市场经济环境之中，而市场经济的健康发展离不开健全的法律政策。

（一）美国法律政策与职业体育

以美国为例，美国职业体育实行“联盟体制”的制度顶层设计，通过联盟内部较为健全的规章制度规范职业体育俱乐部的发展。尤其是在“联盟体制”下的以 NFL、NBA 为代表的职业联赛更是成为具有全球竞争力的职业赛事，其制度设计细致周全，充分保障了联赛利益(图 2－1)。美国并没有针对职业体育的单独立法，但与职业体育相关的劳工法、税法、合同法、电视转播法、版权法等均在不同类型的法案中被提及。为了保障职业体育的市场性定位，美国职业体育的发展一直以来都受到反垄断法的调整，尤其是《谢尔曼反托拉斯法》一直伴随着职业体育的反垄断进程，从而形成了促进美国职业体育健康发展的法律基础。职业体育具体政策、法规的实施，维护了美国职业体育“法律上的合作实体、经济上的合资企业”的法定地位，保障了其所有权与经营权的分离，从而实现美国职业体育利润最大化的目标。

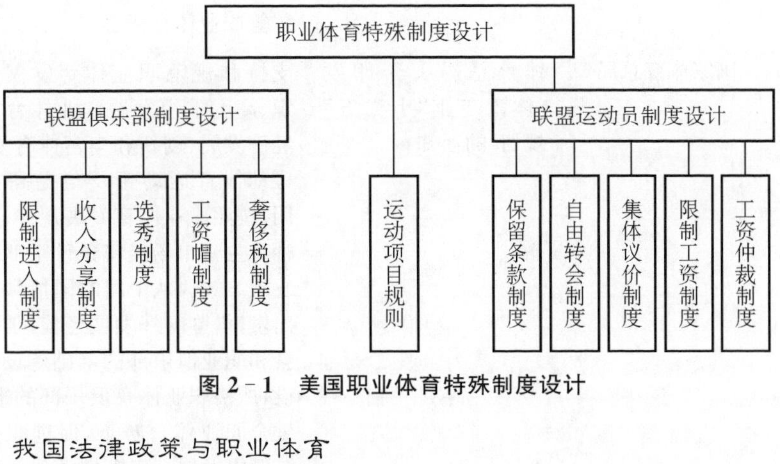

图 2－1　美国职业体育特殊制度设计

（二）我国法律政策与职业体育

就我国职业体育政策建设而言，自 1993 年以来，国家以及省市层面纷纷出台了一系列政策举措，大力扶持职业体育的发展(表 2－1)，针对职业体育的法律法规逐渐丰富。1995 年出台的《中华人民共和国体育法》，为体育依法、合规发展作出宏观指导。《中华人民共和国体育法》颁布施行后，《奥林匹克标志保护条例》《公共文化体育设施条例》《反兴奋剂条例》《彩票管理条例》《全民健身条例》《北京2022年冬奥会和冬残奥会奥林匹克标志知识产权保护专项行动方案》等规定和制度陆续出台。2022年，新修订的《中华人民共和国体育法》正式通过，其明确提出“国家促进和规范职业体育市场化、职业化发展，提高职业体育赛事能力和竞技水平”，从法律层面保障了我国职业体育健康发展。

表2-1 我国职业体育相关政策

时间	发文单位	政策名称	相关政策内容
1993年5月	国家体育运动委员会	关于培育体育市场加快体育产业化进程的意见	运动协会向事业实体转变，广开经费来源渠道，有条件的协会应成立经济实体，逐步扩大自收部分的比重，真正做到国家办与社会办相结合。足球、网球等项目应加大改革力度，积极创造条件，向职业化过渡
2006年7月	国家体育总局	体育事业“十一五”规划	研究、探索符合中国国情的职业体育发展道路，健全职业体育的管理体制，完善职业联赛的各项制度，加强对职业俱乐部的规范管理
2010年3月	国务院办公厅	国务院办公厅关于加快发展体育产业的指导意见	职业体育是体育发展的重要组织形式之一。积极探索中国特色职业体育发展道路，对于拓宽体育发展渠道、扩大体育社会参与、发展大众体育具有积极意义。要从国情和项目特点出发，借鉴国际经验，鼓励引导、规范发展足球等职业体育赛事
2011年4月	国家体育总局	体育总局关于印发《体育产业“十二五”规划》的通知	支持和规范职业体育发展。充分认识、高度重视发展职业体育对于促进经济发展、创新和丰富体育发展模式、推动体育运动普及与提高方面的作用，按照职业体育发展规律，积极探索社会主义市场经济条件下职业体育的发展方式。从中国的国情和项目特点出发，借鉴国外发展经验，加强项目协会和职业俱乐部的基础建设和规范建设，严格职业体育俱乐部的准入标准，健全职业体育赛事，促进职业体育规范健康发展。积极推动建立政府依法监管、协会管办分离、俱乐部自主运作的中国特色职业体育管理体制和运行机制。积极探索研究推动职业体育发展的扶持政策

（续表）

时间	发文单位	政策名称	相关政策内容
2014年10月	国务院	国务院印发《关于加快发展体育产业促进体育消费的若干意见》	推进职业体育改革。拓宽职业体育发展渠道，鼓励具备条件的运动项目走职业化道路，支持教练员、运动员职业化发展。完善职业体育的政策制度体系，扩大职业体育社会参与，鼓励发展职业联盟，逐步提高职业体育的成熟度和规范化水平。完善职业体育俱乐部的法人治理结构，加快现代企业制度建设。改进职业联赛决策机制，充分发挥俱乐部的市场主体作用
2016年11月	国务院办公厅	国务院办公厅关于进一步扩大旅游文化体育健康养老教育培训等领域消费的意见	2016年内完成体育类社团组织第一批脱钩试点。以足球、篮球、排球三大球联赛改革为带动，推进职业联赛改革，在重大节假日期间进一步丰富各类体育赛事活动
2018年12月	国务院办公厅	国务院办公厅关于加快发展体育竞赛表演产业的指导意见	大力发展职业赛事。着力发展足球、篮球、排球、乒乓球、羽毛球、冰球、围棋等职业联赛，鼓励网球、自行车、拳击、赛车等有条件的运动项目举办职业赛事，建立具有独立法人资格的职业联赛理事会，合理构建职业联赛分级制度。遏制非理性投资和无序竞争。积极探索适应中国国情和职业体育特点的职业运动员管理制度，借鉴“名人堂”等国际经验建立职业体育荣誉体系，推动实现俱乐部地域化
2019年8月	国务院办公厅	国务院办公厅关于印发体育强国建设纲要的通知	推进职业体育发展。鼓励具备条件的运动项目走职业化道路，支持教练员、运动员职业化发展，组建职业联盟。完善职业体育俱乐部法人治理结构，加快俱乐部现代企业制度建设。建立体育经纪人制度，积极探索适应中国国情和职业体育特点的职业运动员管理制度。完善职业体育联赛体制机制，充分发挥俱乐部的市场主体作用，培育形成具有世界影响力的职业联赛

（续表）

时间	发文单位	政策名称	相关政策内容
2019年9月	国务院办公厅	国务院办公厅关于促进全民健身和体育消费推动体育产业高质量发展的意见	推动体育赛事职业化。着力发展现有职业联赛，鼓励有条件的运动项目举办职业赛事，合理构建职业联赛分级制度。支持成立各类职业联盟。支持校际体育赛事发展，探索商业化运营模式。发展体育经纪人队伍，挖掘体育明星市场价值

综上，良好的法律政策为职业体育的发展带来了广阔机遇，但我们需要意识到，同西方较为健全的法律法规保障体系相比，我国针对职业体育的法规建设依然存在不足。在现阶段不断推进国家治理体系和治理能力现代化的进程中，我国需要逐步建立坚实的法律保障，以实现职业体育健康稳定的发展。

第二节　职业体育发展的经济环境

职业体育作为现代经济社会的重要组成部分，是随着不断增长的国民经济以及不断优化的产业结构而逐渐发展起来的，其经济本质是生产体育产品与服务，满足不断增长的市场需求，通过市场交换来实现自身的经济价值。本节从国民经济的发展、产业结构的变动、市场需求的变化出发对影响职业体育发展的经济环境进行分析。

一、国民经济与职业体育

一个国家的社会经济活动和生产力的发展水平体现着该国国民经济的整体情况。职业体育伴随着生产力不断进步而出现。农业社会时期，体育由最早的无体育意识阶段进入经验体育意识阶段，工业社会时期又逐渐过渡到现代体育意识阶段，即理性体育意识阶段。由于现代社会生产力的进一步提升，人们的价值观念随之更新，更加追求健康的生活方式，职业体育便顺应时代要求逐渐成长起来。

（一）国外国民经济与职业体育

1. 美国国民经济与职业体育

以美国为例，尽管20世纪30年代的经济大萧条对美国国民经济和职业体育产生了巨大冲击，但在动荡之后，伴随着快速复苏的美国经济，美国职业体育进入大发展时期。20世纪上半叶，以建筑、汽车、电气为代表的一系列产业成为这一时期支撑美国经济发展的重要支柱，职业体育在此基础上迅速成长起来。

以建筑业为例，产值从1919年的120亿美元增长到1928年的近175亿美元。建筑业的井喷为职业体育场馆的建设提供了重要机遇。始建于1922年，位于洛杉矶的玫瑰碗体育场观众席位在当时达到了约57 000个；1923年，纽约洋基队启用的新体育场拥有52 325个观众席位。建筑业的发展不仅提升了职业体育场馆的建设水平，还促进了其他工业的发展。在20世纪20年代，汽车工业成长为美国最大的工业部门，而汽车工业的发展又推动了钢铁、石油、化工、公路建设等一系列工业部门的发展。电气工业在这一时期发展也很快，同样促进了美国的经济繁荣。这一时期，一系列工业部门的发展，为美国职业体育的基础设施建设提供了历史机遇，奠定了发展基础。

专栏2-1:玫瑰碗的传奇故事

了解洛杉矶以及美国体育赛事和娱乐文化的读者对玫瑰碗体育场(Rose Bowl Stadium)应该都不陌生。玫瑰碗体育场建于1922年，被公认为美国国家历史地标和加州历史土木工程地标性建筑。这座传奇的体育场由著名建筑师迈伦·亨特(Myron Hunt)设计。历史上，玫瑰碗体育场扩建过多次。它起初是马蹄形的，而自1962年南部看台建成后就变成了一只“碗”。玫瑰碗体育场是世界第18大球场、美国第12大球场、全美大学生体育协会第11大球场，截至2023年共可容纳92 542人。这座传奇建筑背后，还有哪些故事呢？

1. 玫瑰碗赛

被称为“万碗之祖”(The Granddaddy of Them All)的玫瑰碗赛(Rose Bowl Game)是美国大学橄榄球季后赛中最为古老的一场比赛，于1902年1月1日首次开赛。在这场比赛中密歇根大学击败斯坦福大学夺得首个玫瑰碗冠军。其后玫瑰碗赛自1916年起每年举行一次。

玫瑰碗赛是全美大学生最为关注的赛事之一，因为历年获得参赛资格的球队均有着不俗的表现。在玫瑰碗赛中共诞生了19位海斯曼奖(Heisman Trophy)得主，该奖项被认为是大学橄榄球运动员能获得的最高荣誉，产生了29个全国冠军，211位全美最佳选手，117名大学橄榄球传奇人物入选“玫瑰碗名人堂”。

玫瑰碗赛之所以备受关注，是因为它创造了许多“第一”：第一次被当地电台转播的东西部碗赛(1926年)、第一个横贯大陆的电台转播体育赛事(1927年)、第一个被地方电视转播的大学橄榄球赛事(1948年)、第一个被全国电视转播的大学橄榄球赛事(1952年)、第一个被横跨东西两岸彩色电视转播的大学橄榄球赛事(1962年)。

2. 足球赛事

虽然玫瑰碗体育场以其举办的橄榄球赛而闻名，但它也是世界上最华丽的足球场馆之一。这里曾举办1994年世界杯决赛、1999年女足世界杯决赛和1984年奥运会金牌赛，因而也成为了世界上唯一一个承办过全部三项国际重要足球赛事的场馆。巧合的是，两届世界杯决赛都在加时赛环节比分持平，并最终以点球决定胜负。1994年世界杯决赛，在巴乔出场罚点球之前，意大利2比3落后，巴乔只有打进点球，意大利才能保留获胜的希望，但他将点球打高，巴西3比2夺得世界杯。最后罚丢点球的巴乔背影落寞，久久不愿离去，成为了世界杯经典画面。1999年有着“铿锵玫瑰”美誉的中国女足正是在此惜败于美国，奉献了一场精彩绝伦的比赛。

3. 超级碗

对于美国职业橄榄球的球迷来说，没有比NFL年度冠军赛超级碗(Super Bowl)更盛大的比赛了。超级碗通常在2月的第一个星期天举行，所以“超级碗星期天”也被广泛认为是一个非官方的美国节日。超级碗是世界上最受关注的年度体育盛事之一。截至2023年，玫瑰碗体育场已经举办了五次超级碗，分别是1977年第十一届超级碗、1980年第十四届超级碗、1983年第十七届超级碗、1987年第二十一届超级碗和1993年第二十七届超级碗。

4. 演唱会

除了体育赛事，玫瑰碗体育场还曾迎来许多传奇音乐人，比如赶时髦乐队(Depeche Mode)、金属乐队(Metallica)和枪花乐队(Guns N'Roses)、迈克尔·杰克逊(Michael Jackson)、滚石乐队(The Rolling Stones)、U2乐队、碧昂丝(Beyoncé)和Jay-Z、埃米纳姆(Eminem)和蕾哈娜(Rihanna)等，献上过许多精彩的音乐演出。2014年9月，男子团体单向组合(One Direction)在玫瑰碗体育场的演唱会门票连续三晚售罄。玫瑰碗的音乐故事还在继续。

资料来源：改编自《玫瑰色的洛杉矶，会有怎样的秘密？》。

此外，19世纪60年代到20世纪20年代的交通运输业得到大发展，美国的铁路、内河航运、海运以及公路运输能力均得到大幅度的提升。这期间，交通运输业的发展增加了职业体育的赞助机会。在20世纪初期，就有78个城市的运输公司直接对职业棒球进行赞助。20世纪中期，美国经济飞速发展，空中交通工具发达。棒球运动从原来美国的东岸，开始向西岸扩散。洛杉矶、旧金山等西岸大城市慢慢拥有了属于自己的职业棒球队。美国职业体育进入到“黄金时代”，以MLB、NHL为代表的职业体育管理模式开启了全新的体育管理运营先河。

21世纪以来，美国经济结构中的第三产业依然占据主导地位，职业体育的服务水平继续得到提高，美国人对参与职业体育活动表现出更加浓厚的兴趣，美国职业体育延续着良好的发展态势。综上所述，20世纪初期以来，美国国民经济的繁荣是其职业体育实现快速发展的重要保障。

2. 英国国民经济与职业体育

英国在18世纪率先开启工业化进程。以拳击项目为例，当时的工厂工人、河运工人为了赚取报酬而参加拳击比赛，组织者通过提高比赛精彩程度，吸引大量观众参与，进而从中获取高额利润。在此背景下，拳击运动在19世纪发展成为英国商业化程度较高的体育项目，表现出职业体育性质。在19世纪中叶，英国成为世界上工业最发达的国家，号称"世界工厂"，人们的收入水平和生活水平得到大幅提升，对体育的需求也逐渐增多，职业体育由此发展起来。

以足球项目为例，19世纪末，英国足球俱乐部开始由业余性、慈善性的组织转变为以追求经济利益为主的股份化商业组织。随着足球俱乐部股份制度的确立，占有主要股份的厂主等资本家开始掌握俱乐部的管理权、决策权，俱乐部的经营逐步商业化、产业化。在股份制确立之前，足球俱乐部由业余爱好者组织和管理，球员们往往由业余爱好者私人招募。球员与球队的关系比较简单，主要基于爱好和兴趣。而股份制的出现使得越来越多的资本进入职业体育领域，成立了更多的股份制职业体育俱乐部。在这种情况下，球队转变为由投资人及其团队来管理，球员们就像普通员工一样，被雇佣到球队当中，与球队形成了类似于雇主与雇工的雇佣和被雇佣关系。在这种关系下，球员们的薪资待遇、转会等方面的问题将更为重要和具体化。一方面，俱乐部要向球员们支付一定金额的工资，金额的多少视球员的表现而定，球员工资是俱乐部支出的重要组成部分；另一方面，各个俱乐部之间的球员是可以流动的，俱乐部可以通过球队之间球员的转会收取高额的转会费，为俱乐部获取一定的利润。此外，当时的英国足球俱乐部还可以通过赛季出场费和广告收入等其他方式获得相应的利润。

另外，在第一次工业革命的影响下，人们的收入水平提高，付费欣赏职业体育赛事的意愿得到增强。19世纪下半叶，由于城市生活的节奏快、压力大，选择付费观看职业体育赛事来舒缓压抑的心情和打发业余时间的城市人口进一步增多。在这种情况下，当时还处于发展初期的职业体育赛事获得了足够的资金和支持，职业体育的各种商业化活动顺利开展。经过一个多世纪的发展，在20世纪末到21世纪初，英国职业体育商业化逐渐走向成熟，英超联赛也逐渐成长为世界上最具商业吸引力的职业足球联赛。

（二）我国国民经济与职业体育

改革开放以来，我国整体经济规模以及发展水平呈现逐年攀升的态势，并于2010年成为世界第二大经济体。受新冠疫情影响，2020年全球经济遭受重创，世界主要经济体中仅中国实现经济正增长。与发展良好的国民经济相似，我国职业体育同样步入发展的快车道。1992年，党的十四大提出确立社会主义市场经济体制的改革目标，为我国体育事业的发展注入了充足活力。同年，足球改革全面启动，以此为突破口，竞技体育的职业化改革逐步开启。伴随经济的快速发展，我国职业体育无论是规模还是规范化程度均得到显著提升。以CBA为例，随着市场经济的发展，我国开始对原有篮球管理体制和赛制进行改革。2017年，姚明当选为新一届中国篮协主席，进一步推进了 CBA 的职业化、市场化改革并取得了较为突出的成就。

在新冠疫情背景下，坚实的国民经济基础为职业体育的发展提供了保障。北京市、上海市、浙江省、广东省等省市通过设置疫情纾困类专项基金、搭建企银供需平台、开通“融资纾困直通车”等举措，对受疫情影响较大的体育企业和积极应对疫情、创新体育产业业态的项目提供有效金融支持。北京作为冬奥会举办地，冰雪场所纷纷停业，损失惨重。为减少损失，2020 年 2 月 7 日，北京市体育局率先发布《关于申请受疫情影响滑冰滑雪场所水电补贴的征集公告》，对受疫情影响的滑冰滑雪场所给予适当额度的用水、用电补贴。2020 年 2 月 21 日，上海市体育局发布《关于全力支持本市体育企业抗疫情稳发展的通知》，明确实施税收优惠、失业保险稳岗返还、社保缴费、信贷支持、培训费补贴、灵活用工、技术创新等方面的政策，增强体育企业共克难关的信心。

体育产业受疫情影响严重，主要体现在海量赛事被推迟或取消、空场比赛或限制观众上座人数以及国际顶级赛事集体缺席等方面。随着体育大赛从 2023 年起相继回归，马拉松等各项国内赛事应办尽办，中超和 CBA 全面恢复主客场制，中国体育产业加速跑向复苏的春天。

专栏 2－2：疫情之下，各地多措并举为体育产业“输血提气”

2022 年 5 月 31 日，人力资源和社会保障部等多部门联合印发《关于扩大阶段性缓缴社会保险费政策实施范围等问题的通知》（以下简称《通知》），《通知》中明确将体育产业列入特困行业实施缓缴政策。上海市体育局紧随其后于 6 月 7 日发布《关于支持体育企业抗击疫情加快恢复发展的实施细则》，出台 10 项具体措施以助力体育企业纾困，涵盖体育场馆、金融信贷等多项有力经济举措。

疫情以来，浙江省接连出台《关于深化“三服务”活动 建立驻企服务员机制的通知》、《浙江省体育局致全省体育企业金融服务告知书》、《关于提供“普惠金融助力体育企业抗疫情稳发展”服务的告知书》和《关于组织申报 2020 年度浙江省体育产业发展资金项目库项目的通知》等多项政策，为疫情期间浙江省体育企业纾困解难。

未来我国职业体育依然大有可为。一方面，世界第二大经济体的经济总量为我国职业体育的成长提供了坚实的物质基础。另一方面，在构建以国内大循环为主体、国内国际双循环相互促进的新发展格局过程中，我国职业体育将迎来广阔的发展空间。但目前我国区域间的经济差距依然较为突出，经济增长呈现东中西和南北的不均衡态势。因此，未来我国职业体育的发展必须有计划、有步骤、分区域推进，如此方能利用好经济发展所带来的机遇，科学地促进职业体育发展。

二、 产业结构与职业体育

产业结构通常指产业间以及产业内的构成关系。一个国家的经济发展不仅表现为经济总量的增长，还表现为产业结构的优化，尤其在工业化中后期阶段，经济增长以结构的加速优化为重要特征。产业结构与职业体育存在着紧密的联系，职业体育也是产业结构调整的内容。当一个国家或地区的经济结构由传统的农业、工业向现代服务业转型时，与服务业关系密切的职业体育将成为新兴产业内容之一，逐渐发挥越来越重要的作用。

（一）美国产业结构与职业体育

美国在20世纪50年代进入服务业占主导地位的时代，到90年代，服务业就业人数占比已达70%。体育产业是服务业的重要组成部分。服务业相关部门可以作为职业体育赛事的承办方，通过有序的赛事组织和管理，提高体育产业的竞争力。服务业针对体育赛事所提供的服务不仅包括场地安排、安保管理等基础服务，还包括经纪服务、营销推广、新媒体运营等更高层次的服务。这些服务为职业体育提供了更专业的运营支持，助推职业体育的商业化活动顺利开展。服务业即第三产业对职业体育的发展起到至关重要的作用。

根据美国商务部公布的数据，2023年美国GDP总量达27.4万亿美元，其中第三产业创造的GDP占比达到了80%左右。随着第三产业的发展，职业体育的服务水平提高，美国人对体育消费的需求也在增加，他们越来越愿意将时间和金钱花费在体育活动上。这为美国职业体育提供了更广阔的市场和更多的商业机会。在这样的经济结构背景下，美国体育产业迅猛发展，围绕职业体育形成了包括赛事运营、体育中介、场馆管理在内的完整的产业链。

（二）我国产业结构与职业体育

伴随我国产业结构不断优化，第三产业早已占据国民经济半壁江山。党的二十大以来，高质量发展成为全面建设社会主义现代化国家的首要任务。

近几年，为推动实现高质量发展，新技术、新业态不断涌现，数字经济、平台经济、智能经济等新经济快速发展，产业结构加快转型，逐渐从以劳动密集型消费品工业和原材料型重化工业向以资本、技术密集型制造业和满足生产生活需要的现代服务业转变。产业结构的优化带来了更完善的现代化产业门类、更庞大的产业规模以及更完整的现代化产业体系，为我国职业体育的发展提供了坚实基础。与此同时，高质量发展需要一个健康稳定的社会环境，职业体育可以为此做出重要的贡献。开展职业体育活动，能够促进人们的身心健康、增强社会凝聚力，还可以丰富整个社会的文化内涵，这为高质量发展奠定了社会基础。

职业体育作为体育产业和服务业的重要组成部分，是扩大居民消费、吸引投资的重要载体,更是满足人们更高层次的体育参与需求和精神享受需求的重要途径。尽管产业结构优化为我国职业体育带来了发展机遇,但当前服务业在我国产业结构中占比相较于美国等发达国家还偏低,仍在一定程度上制约着职业体育的发展。

三、市场需求与职业体育

N. 格里高利 · 曼昆(N. Gregory Mankiw)的《经济学原理》中提道:市场需求是指在一定时间内和一定价格条件下,消费者对某种商品或服务愿意而且能够购买的数量。需要指出的是,能够购买的数量体现出居民收入水平的高低。居民收入是衡量一个国家人民生活水平的重要指标。随着居民收入水平的提高,人们的购买力和可支配收入的增加,会激发他们追求更高层次的需求,这与马斯洛的需求层次理论相符合。根据马斯洛需求层次理论,伴随着收入的增加,人们的需求也逐渐由低层次向高层次转变(图 2-2)。一般来说,居民收入水平与职业体育发展程度之间呈正相关关系,即居民收入水平越高,职业体育发展水平也会越高。职业体育产品作为市场化产品,带有较高层次的享受性与服务属性,对于满足人们更高层次的需求有着重要的作用。

图 2-2　马斯洛需求层次理论

专栏 2-3:马斯洛需求层次理论

需求层次理论由亚伯拉罕 · 马斯洛(Abraham Harold Maslow)最早提出,涉及生理、安全、归属与爱、尊重、自我实现五个层次。具体而言,生理的需要主要涉及食物、水、睡眠等,其处于最基础且最重要的地位。安全的需要是指人们需要稳定、安全、有秩序的环境,以避免受恐慌、焦虑现象的影响。归属与爱的需要主要指与其他人建立感情的联系或关系,如和他人建立亲密关系以及结交朋友等。尊重的需要主要是指获得声望与成就感。自我实现的需要则指人追求自身能力的突破,实现潜能的不断优化。

(一) 美国市场需求与职业体育

随着经济社会的发展,人民生活水平普遍提高,余暇时间增多以及商品经济对竞技体育的加速渗透,使得职业体育在世界范围内得以快速发展,一些群众基础好、观赏价值高、竞技性强的体育项目在许多国家走上了职业化道路。

人均GDP突破1万美元往往是体育产业发展的"分水岭"。1978年美国人均GDP迈上1万美元门槛后,社会公众的体育参与需求不断增多,体育竞赛表演业迅速成长,职业体育越来越受到美国公众的欢迎。21世纪初期以来,以NFL为代表的职业联赛也通过市场化运营成为全球顶级赛事,商业价值逐年提升。这一时期,美国职业赛事积极展开全球扩张,不断开拓海外市场,如NBA持续推广海外市场计划,每年的海外营销收入以超过10%的速度增长。美国体育赛事立足于提升赛事质量,通过成功的商业化运作不断开拓体育市场,还带动了传媒、旅游、健康等产业门类发展,形成了独具特色的赛事产业链。

(二) 我国市场需求与职业体育

改革开放以来,我国居民人均收入快速攀升。根据国家统计局公布的数据,我国人均GDP呈现稳定增长态势,2019年首次突破1万美元大关,这意味着居民消费将逐渐从衣食为主的生存型消费向文化、旅游、体育等享受型消费转变,人们将会追求更加丰富多彩的生活方式。人均GDP的增长和消费升级为职业体育提供了发展契机,于体育消费随之扩张。

从恩格尔系数来看,目前我国职业体育也具备良好的发展条件。恩格尔系数反映食品支出总额占个人消费支出总额的比重,数值越低,食品支出占比越小,对体育、旅游、文化等服务型消费的支出越多。根据发达国家体育产业发展的一般规律,当一国居民家庭恩格尔系数下降到40%,体育产业会加速发展,当下降到30%就进入到持续稳定的发展阶段。就我国而言,1981年城镇居民恩格尔系数为56.7%,1994年首次跌破50%大关。2022年城镇居民恩格尔系数为29.5%。城镇居民恩格尔系数在一定程度上反映了我国居民家庭恩格尔系数。随着我国城镇居民恩格尔系数的不断降低,人们对职业体育的需求也会增加,职业体育将迎来更加广阔的成长空间。

第三节 职业体育发展的文化环境

文化属于历史范畴,每个社会都有与之相适应的社会文化,并随着物质生产条件的变化而不断演变，深刻影响和制约着社会发展。职业体育作为高度专业化、商业化的竞技体育，其产生、运作及推广同样离不开所处的社会文化环境。一方面，不同国家、地区的文化环境塑造了不同的职业体育文化；另一方面，随着文化发展所形成的不同消费观念、生活方式也深刻影响着职业体育发展方向。

一、 文化多样性与职业体育

世界上每个民族、每个国家都有自己独特的文化，民族文化是民族身份的重要标志。文化作为人类社会所创造的一种文明，其表现形式丰富多彩，具有显著的多样性，也正是由于文化的多样性才塑造了全球范围内不同类别、不同特性的职业体育赛事。职业体育的成功往往与文化多样性密不可分。

（一）国外文化多样性与职业体育

1. 美国文化多样性与职业体育

以美国为例，由多种民族文化融合而成的美国本土文化，深刻影响着职业体育的发展。美国本土文化中重要的个体本位文化，鼓励职业运动员把职业赛场当作实现自身价值的舞台。不同肤色、不同种族、不同语言的美国人都能为美国职业体育贡献自己的运动才能。NBA 联赛中非裔美国人高超的篮球技能，就是美国文化多样性的生动体现。同时，文化多样性帮助美国职业体育吸引了来自不同文化和种族背景的观众及球迷，拓宽了职业体育市场。美国文化的多样性成为推动职业体育不断前进的重要动力，使现代职业体育不断朝着公平性、专业化、制度化方向发展。

专栏 2－4：NBA 中的非裔美国人——科比·布莱恩特

科比·布莱恩特(Kobe Bryant, 1978～2020)，美国职业篮球运动员，司职得分后卫。自 1996 年起效力于 NBA 洛杉矶湖人队，是 NBA 前篮球运动员乔·布莱恩特(Joe Bryant)的儿子。科比是 NBA 第一个高中生后卫，帮助洛杉矶湖人队拿下 5 次 NBA 总冠军，是 NBA 史上最年轻的 30 000 分先生。2 次成为 NBA 得分王，2 次 NBA 总决赛 MVP，1 次 NBA 年度 MVP，连续 15 次入选 NBA 全明星赛，2 枚奥运会金牌，于 2014 年 11 月 12 日加冕历史第一“打铁王”。2014 年 12 月 15 日，科比职业生涯总得分超越迈克尔·乔丹(Michael Jordan)，升至历史第三位。2016 年 4 月 14 日，科比正式退役。2017 年 12 月 19 日，斯台普斯球馆举行了科比的球衣退役仪式。

2020 年 1 月 26 日，科比在卡拉巴萨斯因直升机坠毁而遇难，享年 41 岁。全球有许多喜爱科比的篮球迷，一时间人们纷纷表达自己的悼念之情。人们提及最多的是科比的“曼巴精神”，其本质是科比体育精神的高度概括，体现着科比在其运动生涯中表现出的良好意志品质和体育精神。“曼巴精神”能够在国际社会具有广泛的影响力，除了科比本人的影响力和媒体对这种精神的宣传外，其精神本身的内涵也具有举足轻重的作用。

“曼巴精神”的基础是保持热情、持之以恒。热情是人参与活动或对待外部事物所表现出来的积极、主动的情感或行为。纵观科比的运动生涯，无论所处的环境是顺境还是逆境，科比自始至终保持着对篮球事业的热情，而这样持之以恒的热情来源于对事业的热爱。“曼巴精神”的核心是克服困难、永不言弃。科比的运动生涯并不是一帆风顺的，伤病、质疑以及竞争对手的强大，充斥着科比的整个运动生涯。面对伤病，科比总是带着对赛场的渴望和对篮球事业的热爱，用顽强的意志和执着的精神一次又一次战胜伤病重返赛场。面对质疑和竞争对手的强大，科比用坚定的决心和意志，努力提高和保持自己的竞技实力，在竞争激烈的赛场上证明自己。“曼巴精神”的路径是严于律己、提升实力。竞技体育最本质的追求是运动员竞技能力的直接较量，而要提高和保持竞技能力，就要不断参与运动训练。对这一本质规律的准确认知是科比一直保持高水平竞技表现的关键。面对多种外部因素的干扰，科比总能保持对运动训练的专注，总是花大量的时间投入到运动训练中，不断打磨自己的各项技术。

进入新时期，我国正由体育大国向体育强国迈进。随着体育赛事的国际化发展，我国人民能够通过多种途径接触到各种外来体育文化。对于外来体育文化，我们应该取其精华，去其糟粕，“曼巴精神”是对科比体育精神的高度概括，吸收“曼巴精神”的精华，能够促进我国体育文化和体育事业繁荣发展。

资料来源：改编自《美国篮球运动员科比“曼巴精神”的形成、内涵及价值》。

2. 英国文化多样性与职业体育

英国是一个历史悠久的文化大国，拥有多种不同的文化。许多来自不同国家和地区的移民居住在英国，这使得英国的文化多样性得以充分体现和发展。这种文化多样性也反映在英国职业体育领域中，有许多来自不同国家和地区的运动员参加职业体育赛事，还有许多来自不同文化和社会背景的支持者。这样的多元性不仅吸引了更广泛的观众群体，也使得英国的职业体育更具有活力和影响力。

英国文化具有多民族特征。英国是一个联邦制国家，分为英格兰、苏格兰、威尔士和北爱尔兰四部分，主要由四个民族组成，分别是英格兰人、苏格兰人、威尔士人和爱尔兰人，他们各有不同的民族性格和气质。英国的文化多样性在不同地区的足球联赛得以体现。英国的足球联赛，不仅有英超，还有苏超、威超和北爱超。文化多样性还反映在球迷文化中。每个地区的球迷都有着各自的特色和传统，例如英超“红魔”曼联球迷、苏超凯尔特人球迷、威超新圣徒球迷、北爱超林菲尔德球迷等。多民族的文化特征强化英国职业体育，特别是职业足球在各地区之间的竞争与合作，促进了职业体育的创新和发展。

英国文化具有绅士风度特征。英国人讲究绅士风度，注重行为举止和交往礼节，追求公平竞争。英国所倡导的“公平竞争精神”“体育作为人的基本权利”等一系列多样化的价值观对英国职业体育产生深刻影响。英国从17世纪开始就陆续建立许多体育俱乐部，到了19世纪，各种体育俱乐部、体育协会、体育联盟已经遍及英伦三岛，并且制定了一系列竞赛规则。具体而言，1863年英格兰足球协会制定并通过了全球首部足球竞赛规则，后续的足球竞赛规则均在其基础上补充、修改、完善而来。到19世纪末期，曲棍球、高尔夫、田径、棒球等项目均有了统一的规则，这些规则都体现了公平、公正。在英国公平竞争精神的影响下，以英超、温网为代表的一系列职业赛事已成为全球最具影响力的赛事。在“体育作为人的基本权利”的价值观影响下，英国民众通过付费观看比赛或成为职业运动员，广泛参与到足球、网球等运动中，从而推动了职业体育的发展。

总的来说，英国文化多样性和职业体育之间存在着密切的联系。文化多样性为职业体育提供了活力和影响力，也在职业体育中得到了体现和推广。同时，英国职业体育也为来自不同文化和社会背景的从业者提供了平等的工作机会和就业环境，推动着英国文化的多元发展。英国文化的多民族特征和绅士风度特征为英国职业足球带来了更多样的风格和更广阔的球迷基础，也为其树立了良好的形象和品牌，英国绅士推崇的公平竞争精神也为英国职业体育赛事注入活力。

（二）我国文化多样性与职业体育

我国文化多样性对于职业体育的发展有着重要的影响。职业体育的多元化和包容性，也体现着我国文化的多样性和包容性。我国地域广阔、民族众多，拥有丰富多样的文化，职业体育不可避免地受到文化多样性的影响。

在我国，不同地区、不同民族的人们对职业体育的理解、观念、偏好都有所不同。例如，在西南地区的苗族、彝族等少数民族中，受少数民族文化的影响，体育运动生活化、娱乐化的特点更加明显。他们喜爱打陀螺、踢毽子、射弩等传统运动项目，这些体育项目因为地域和文化的特色而吸引着大量的观众和爱好者。职业体育在这些地区的发展方式也以地方特色为主导。在东北地区，由于地理环境和气候特点的影响，形成了特色鲜明的冰雪文化，冰雪运动的优势更加突出，职业体育也更多地涉及滑冰、滑雪、冰球等项目。而在南方沿海地区，由于水域广阔，气候温暖，形成了水上运动文化，水上运动项目更受欢迎，职业体育围绕着游泳、跳水、帆船等项目开展。

二、消费观念与职业体育

人们对消费水平、消费方式等问题存在不同的态度和看法。消费者受到来自家庭、学校、社会等周围环境的社会文化价值观念和价值规范的影响，又受到自身收入水平的制约，从而形成一定的消费观念。随着收入水平的提升，人们拥有更多的可支配收入，在工作之余愈发重视身心健康和锻炼身体的重要性，休闲娱乐消费意愿得到增强。人们越来越愿意投入自己的时间和金钱来参与体育活动和观看职业体育赛事,更新了对职业体育的消费观念。

从体育产业相关研究来看,一般一个国家人均 GDP 超过 1 万美元后,体育产业会迎来大爆发,人们的消费观念和生活方式会趋向多样化,更注重提高生活质量和健康水平,让疲惫的身心得以休息。伴随着收入水平的提高,可以调节生活节奏、使业余生活变得轻松愉快的体育消费正逐步被人们接受,人们越来越热衷于体育休闲,把欣赏职业体育赛事当成一种高品位的享受。

在西方,职业体育被看作是一种体育休闲活动。以美国为例,19 世纪末到 20 世纪初,越来越多的美国人对体育持以积极的态度。随着职业体育的不断发展,体育正式进入美国人的生活,并逐渐成为现代美国文化最重要的代表之一。体育消费被认为是一种健康消费,在美国人的消费结构中,体育的比重始终保持在较高水平,成为不可缺少的日常内容,这为美国职业体育的发展创造了良好的环境。

进入 21 世纪,越来越多的人意识到健康的重要性,从而转变了传统的消费观念,更加重视能带来健康的体育消费。体育消费具有不可逆性,即在收入水平允许的条件下,人们一旦开始重视自己的健康并自觉持续运动,体育消费将会成为一种习惯,并且随着人们收入的增长和体育产品的迭代升级,体育消费的内容会越来越丰富,消费层次会越来越高。从活动内容来看,人们的体育活动会由免费参加的乒乓球、篮球、足球等开放式活动向付费参加的健美健身等封闭式活动转变。“健美健身”越来越成为一种新的时尚,付费欣赏高水平体育赛事也越来越成为人们在闲暇时间放松身心的重要选择,这些都有助于职业体育的发展。

第四节 职业体育发展的技术环境

科技创新是推动人类社会发展的强大动力。自 18 世纪中叶以来,人类经历了三次科技革命,推动人类从手工艺时代进入蒸汽时代、电气时代和信息时代,每一次技术进步都对社会生活产生巨大影响。过去十年,数字技术高速发展,随之而来的数字经济正深刻改变着整个社会,职业体育也深受科技创新影响。

一、 科技革命与职业体育

科技革命是对科学技术进行全面的、根本性的变革。近代历史上发生过三次重大的科技革命。18 世纪下半叶,蒸汽机的发明和使用,引起了第一次科技革命;19 世纪末,电力的发现和使用推动了第二次科技革命;第二次世界大战后,以原子能、电子计算机、空间技术和生物工程的发明和应用为主要标志的第三次科技革命应运而生。

第一次科技革命始于英国，其结果是机器大生产代替手工工场生产，社会生产力和人们的生活质量显著提高。第一次科技革命也给职业体育的发展带来了全新机遇。一方面，钢铁工业的崛起使开展职业体育所需的各种器材和设备的性能大幅提升。另一方面，交通运输业的变革，使体育赛事的参与范围和辐射范围更加宽广。第一次科技革命对英国职业体育的发展产生了深远的影响。

第二次科技革命中电力的发现和使用，对职业体育的发展同样具有划时代意义。一方面，电的发现和使用为职业体育赛事的开展提供了便利的条件，减少了自然因素对比赛的干扰，提升了比赛质量。另一方面，电影和电视机的发明和应用，为未来职业体育文化实现全球范围内的传播起到关键性作用。内燃机催生了赛车等运动项目的出现。这一时期，越来越多的科学家投身于职业体育的深层次研究当中，以生命科学为代表的现代科学逐步渗透到职业体育领域。这些科学研究成为促进职业体育竞技水平不断提升的关键力量。

20 世纪四五十年代，以电子计算机的发明和应用为标志之一的第三次科技革命兴起。这一时期，现代高科技开始广泛应用于职业体育赛事中，使得职业赛事更具有娱乐性、刺激性、竞争性，提高了赛事产品的质量。现代科技创新对职业体育的影响是多方面的，主要包括更先进的体育设施生产技术、运动员训练选材手段、新媒体传播技术、大型赛事组织管理技术等。其中，先进的体育设施生产技术提高了体育场馆的性能，有利于运动员竞技水平的发挥和观众观赛体验的提升；科学化、数字化训练选材手段的应用保证了大量优秀运动员不断充实到职业联赛当中，提升了职业体育赛事的竞技水平和精彩程度。以数字化、网络化、智能化为特点的新媒体传播技术和大型赛事组织管理技术的广泛应用，让人们在赛场内外能够欣赏到更加清晰、激烈、精彩的比赛。

二、数字技术与职业体育

数字技术是一项与电子计算机相伴相生的科学技术。当前，数字技术带来的智能化已成为现阶段经济社会发展最为显著的特征。数字技术的发展也是助力职业体育发展的关键力量。一方面，在数字时代，职业体育商业模式不断创新，特许商品搭载数字平台拓展销售空间，助推销售收入持续提升；体育场馆积极进行数字化改造，提升赛事服务质量，增加比赛收入。另一方面，在新冠疫情背景下，数字技术在全球范围内助力职业体育摆脱危机。在赛事暂时无法重启的阶段，5G、VR、AR 等数字技术帮助职业体育赛事与观众建立了新的连接。赛车、网球、自行车等职业赛事通过网络平台打造虚拟竞技，成功拓展出新的发展空间。尽管疫情对中超、CBA 等本土职业体育赛事产生了不利影响，但联赛管理部门依托数字技术，为观众提供了多样化的球迷体验场景，从而保障了各大赛事的顺利运营。今后，数字技术将更加广泛、深度地运用到职业体育赛事中,促进职业体育的发展。

专栏 2-5:中超回归空场复赛,5G 云科技创新观赛体验

受新冠疫情影响,2020 赛季中超联赛组委会为保障赛场气氛,提高空场赛事的竞争性、观赏性,在比赛期间推出了 LED 球迷展示、视频与音响相结合等现代科技互动手段。PP 体育与咪咕联运平台也在新赛季提供赛事真 4K 与 VR 的独家转播,通过 5G 云观众、云包厢、云呐喊等创新产品与服务,创造了现场感。球迷在比赛现场能够通过云连线为自己的主队加油助威,这些科技创新举措全面提升了疫情期间中超的赛事观赏体验。

专栏 2-6:数字科技为马拉松赛事赋能

2020 年,第 34 届杭州马拉松在武林广场鸣枪开跑,万名跑者用跑步传递自信与乐观。作为世界田联的金标赛事,第 34 届杭马组委会按相关要求不断优化疫情防控和办赛方案,从人脸识别技术应用,到运用于大型马拉松赛事的数字大屏,数字科技正在改变着马拉松这项古老的赛事。同属于杭马特色的线上赛在 2020 年从"云跑"升级为"AI 云动汇",并且采用视觉智能分析技术帮助选手科学训练。一系列的改变因科技而生,也令杭马的数字化越来越具体,数字科技成功为马拉松赛事赋能。

第二章复习思考题

第三章

职业体育赛事的运营与管理

【导　读】

职业体育赛事是由职业体育联盟、职业体育俱乐部等团体进行的有组织的、以盈利为目标的市场化、多样性的体育赛事，是职业体育的核心内容。本章首先对职业体育赛事的起源、发展、概念和特征进行介绍，梳理职业体育赛事的盈利性、市场化和多样性等特征。其次，根据利益相关者理论，分别介绍了职业体育赛事的核心利益相关者、蛰伏利益相关者和边缘利益相关者。进而，本章介绍了职业体育赛事的申办和组织实施，并结合案例讨论了职业体育赛事的运营内容和运营模式。最后，本章讨论了职业体育赛事效益的评估内容和评估方法。

【学习目标】

◆ 了解职业体育赛事的概念和特征
◆ 理解职业体育赛事的利益相关者
◆ 掌握职业体育赛事的运营内容与运营模式

【思维导图】

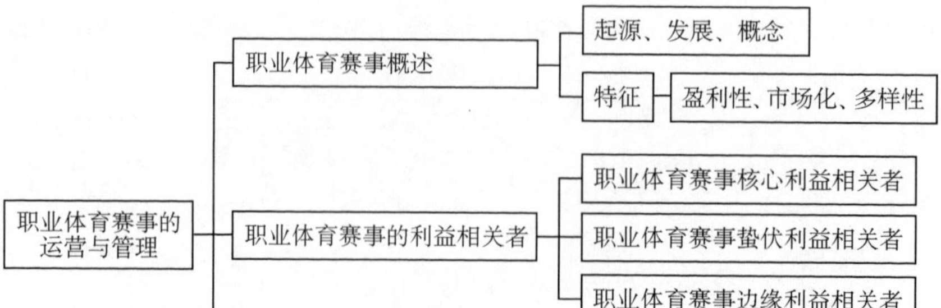

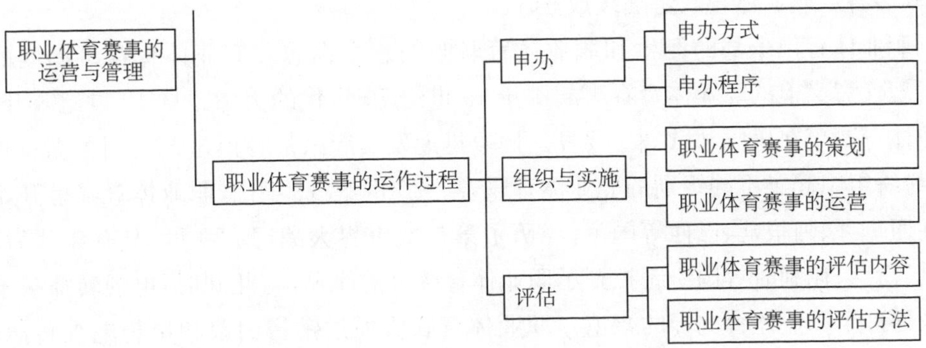

第一节　职业体育赛事概述

一、职业体育赛事的起源和发展

职业体育赛事的雏形萌发于17世纪初到18世纪中叶的英国。由于其各项规章制度和管理模式还未确立或完善，此时还不能称为真正的职业体育赛事。在这一时期，英国完成了从封建社会向资本主义社会的过渡，社会生产力得到解放，商品经济取得发展，形成了“重商主义”的经济环境。在这种经济环境的影响下，英国出现了一些以简单体育比赛为内容的商业性体育表演，例如赛马、板球、拳击、斗牛等。传统的乡村体育、健身娱乐体育开始向商业体育转变，吸引了众多的参与者和观众，社会底层大众为了谋生而参加体育比赛，而贵族和绅士为了娱乐和谋利组织体育比赛。体育比赛商业化发展起来。

现代马术起源于16世纪的英国，在当时欧洲大陆的王室和贵族阶级中流行。这一时期，英国的封建贵族喜欢利用马匹显示自己的身份和地位。在18世纪初，赛马场已经遍及整个英格兰，贵族阶层经常组织业余的赛马比赛。于是，业余体育俱乐部和业余体育赛事在这样的历史背景下发展起来。1750年，一些贵族在英国的纽马克特成立了第一家赛马俱乐部，意图规范当地的赛马规则和比赛秩序，俱乐部内各个成员通过捐资等各项活动来维持俱乐部的运营，这标志着业余体育俱乐部的诞生。与此同时，除业余赛马以外的其他各种业余体育赛事在欧美开始流行起来。

虽然英国具有深厚的业余体育俱乐部基础，但并不是最早出现职业体育俱乐部的国家。受商业化的影响，美国在1861年南北战争后开始逐渐摆脱业余体育俱乐部模式的束缚，成为世界上最早出现职业体育俱乐部的国家。1869年，世界第一家职业体育俱乐部——辛辛那提红袜棒球队在美国成立。美国棒球运动成为世界职业体育的先驱。1871年，美国成立了其第一个职业体育联盟组织——国家职业棒球员协会，其后各大职业体育联盟陆续成立。

职业体育俱乐部的诞生和职业体育联盟的建立标志着职业体育赛事制度的确立。现代意义上的职业体育赛事起源于19世纪70年代的美国。从19世纪末开始，职业体育赛事在美国和欧洲主要发达国家迅速发展起来。各俱乐部之间根据竞技水平，纷纷组织起了不同级别的职业体育联赛。20世纪30年代，职业体育赛事开始出现在西班牙、阿根廷、巴西等国家；经历了第二次世界大战，到20世纪50年代后，土耳其、荷兰、比利时等国纷纷拉开了职业体育赛事的序幕，与此同时，电视转播技术的介入促进了职业体育比赛的兴盛。职业体育联盟通过销售门票和出售电视转播权、广告权、冠名权等营销手段，将职业体育赛事打造成带有商业性质的“娱乐活动”，促使职业体育赛事和消费市场紧密地联系在一起。

在亚洲，日本于1950年确立了现代职业棒球联赛体制。1993年，日本首次开展了职业足球联赛。韩国的职业体育联赛起源于1982年，以三星和MBC的首场职业棒球联赛为标志。随后，在1983年和1997年，韩国分别开展了职业足球联赛和职业篮球联赛。在我国，始于1994年进行职业化改革的甲A联赛是首个职业体育赛事。

除了职业体育俱乐部、职业体育联盟组织的赛事外，职业体育赛事还包括各单项运动项目的职业巡回赛事，如职业高尔夫球巡回赛、网球大满贯赛事、世界一级方程式锦标赛等。这些赛事大多起源于19世纪末到20世纪初，例如第一届美国高尔夫公开赛于1895年举行；温布尔登网球锦标赛、美国网球公开赛、法国网球公开赛和澳大利亚网球公开赛分别于1877年、1881年、1891年和1905年举办了首届赛事。进入20世纪，经过长足发展，这些单项运动项目的巡回赛成为具有广泛影响力的职业体育赛事。

二、职业体育赛事的概念

通过了解职业体育赛事的起源，我们可以看出，职业体育赛事是一种特殊的体育赛事。一些国外学者从体育赛事对城市发展的影响角度出发，对体育赛事进行了分析。布伦特·里奇(Brent Ritchie)和马西亚·莱昂(Marcia Lyons)在1988年卡尔加里冬季奥运会前后及赛事期间，对该届奥运会的认知感和认同感进行了跟踪调查，发现当地居民认为举办这届冬季奥运会的最大成果就是吸引了游客，带动了经济的发展，提高了卡尔加里的知名度。史蒂芬·埃塞克斯(Stephen Essex)从奥运会历史的视角切入，研究奥运会对城市发展、区域政策以及国际地位等方面的正向影响，指出奥运会在体育和城市发展之间架起了一座桥梁。

部分国外学者把体育赛事分为标志性体育赛事、大型体育赛事和超大型体育赛事。科林·霍尔(Colin Hall)认为标志性体育赛事是对举办地经济、政治、文化和社会影响巨大的赛事。唐纳德·盖兹(Donald Getz)对标志性体育赛事和超大型体育赛事进行了针对性区分，认为标志性体育赛事是于某地重复举办并与赛事举办地共同塑造独特形象的体育赛事，而与标志性体育赛事不同的规模庞大的奥运会则应该被称为超大型体育赛事。泰德·海德克（Ted Hayduk）认为大型体育赛事是政治、经济和社会话题的增长领域。

依据我国学者所做的有关研究，体育赛事的核心为竞技体育活动。例如，田麦久认为：体育赛事是在裁判员的主持下，按统一的规则要求，组织与实施的运动员个体或运动队之间的竞技较量。杨铁黎认为，体育赛事是各种竞赛活动的总称，可以分为公益性体育赛事和商业性体育赛事。黄海燕、张林认为：体育赛事是以体育竞技为主题，一次性或不经常发生，且具有一定期限的集众性活动。

因此，依据对体育赛事的分析，我们将职业体育赛事的概念定义为：由职业体育联盟、职业体育俱乐部等团体进行的有组织的、以盈利为目标的市场化、多样性的体育赛事。通常，职业体育赛事包括职业体育联赛、大型单项体育赛事和一般商业性赛事等。

三、职业体育赛事的特征

（一）盈利性

盈利是体育企业组织、运营、管理职业体育赛事的最终目标，也是区分职业体育赛事与其他赛事的基本标志。当举办一项体育赛事是为了盈利时，其运作的一系列程序便会呈现鲜明的商业色彩。从赛事策划、赛事运营，再到赛事评估，都会围绕着盈利这个目的。在追求经济效益的同时，职业体育赛事往往还要兼顾社会效益。

（二）市场化

职业体育赛事的运作流程需要遵循市场规律。职业体育赛事的组织机构在定价、外包、采购等方面会根据市场的供需关系进行动态调整。在品牌打造、门票销售、招商引资等方面，职业体育赛事的组织者会根据市场经济情况、国家政策、科技水平等一系列因素进行合理安排，体现出市场化特征。

（三）多样性

职业体育赛事是体育产业的重要组成部分，其交易对象具有多样性特征。职业体育赛事的交易对象既有看得见的有形产品（如运动员、场馆设施等），又有存在于人的感知中的无形产品（如比赛中体现的精神、文化、价值观等）。由于多样性的存在，职业体育赛事需要平衡多方利益，不仅要为观众提供精彩纷呈的比赛，还要为运动员、场馆设施所有者、政府和其他企业争取应得权益。

职业体育赛事在其开发运作的过程中，必定要与各种各样的利益主体发生联系。与其关系紧密的利益主体不仅有教练员、运动员、主办机构等与赛事直接相关的利益相关者，还有其他行业的企业，如赞助商、服务商、媒体等。赛事举办成功与否同利益相关者息息相关，这也增加了职业体育赛事申办、组织、运营、管理的复杂性和难度。因此，未来我国需要构建多元化的赛事发展模式，走中国特色职业体育发展道路。

第二节　职业体育赛事的利益相关者

一、利益相关者

（一）利益相关者的概念

利益相关者这一概念最早可以追溯到1984年爱德华·弗里曼（Edward Freeman）出版的《战略管理：利益相关者管理的分析方法》（*Strategic Management: Stakeholder Approach*）一书。书中明确提出了利益相关者理论，并认为利益相关者是指能够影响一个组织目标的实现，或者受到一个组织实现其目标过程影响的所有个体和群体。后来，麦克斯·克拉克森（Max Clarkson）引入专用性投资的概念，将利益相关者的概念进一步具体化。他认为利益相关者是在企业中投入了一些实物资本、人力资本和财务资本或其他有价值的东西，并由此承担风险的个体或群体。

综合上述观点，国内学者将利益相关者界定为："在企业的生产活动中进行了一定的专用性投资，其活动能够影响或改变企业的目标，或者受到企业实现其目标过程的影响，并承担了一定风险的个体或群体"。这里的"专用性投资"内容包括人力、物力、财力、政策支持以及其他投资等多个方面。

（二）利益相关者的分类

美国学者罗纳德·米切尔（Ronald Mitchell）通过研究利益相关者理论产生和发展的历史，提出了一种评分法以界定利益相关者。米切尔指出，有两个问题是利益相关者理论的核心：一是利益相关者的认定，即谁是企业的利益相关者；二是利益相关者的特征，即管理层依据什么关注特定群体。他从合法性、权力性和紧急性对可能的利益相关者进行评分，然后根据分值的高低确定个体或群体是否是企业的利益相关者以及是哪一类型的利益相关者。

米切尔认为，要成为企业的利益相关者，至少要符合以上一个属性。基于这三个属性，他把利益相关者分为三类：确定型利益相关者、预期型利益相关者和潜在利益相关者。确定型利益相关者同时拥有合法性、权力性和紧急性。这些个体或群体是企业首要关注的对象；预期型利益相关者具有三个属性中的任意两个，其与企业保持着较密切的联系；潜在利益相关者是只拥有三个属性中任意一个的个体或群体。

后来，国内学者陈宏辉、盛亚等人从利益相关者的主动性、重要性和紧急性三个方面，将利益相关者分为核心利益相关者、蛰伏利益相关者和边缘利益相关者三种类型。主动性是指利益相关者对于组织决策或行动的直接参与程度，主动性高的利益相关者表现出强烈的意愿和决心去影响组织的决策和行动。重要性是指利益相关者对组织决策或行动的直接影响程度，重要的利益相关者对于组织有着重要的地位和作用，他们的利益会直接影响组织的生存和发展。紧急性是指利益相关者要求组织做出决策或行动的直接性和紧迫性，紧急性高的利益相关者会要求组织在短时间内做出反应。

陈宏辉、盛亚等国内学者认为，核心利益相关者是组织发展中最为重要的利益相关者。他们的主动性、重要性和紧急性都很高，需要组织高度重视和积极应对。蛰伏利益相关者是指一些被组织决策和行动所影响，但目前尚未表达或很少表达反馈信息的利益相关者。蛰伏利益相关者通常包括潜在竞争对手、潜在顾客和潜在投资者等。他们的主动性、重要性和紧急性相对较低，但仍需组织密切关注。边缘利益相关者是对组织利益影响相对较小的利益相关者，他们的主动性、重要性和紧急性都更低。

二、 职业体育赛事的利益相关者

基于利益相关者理论和职业体育赛事的自身特点，本章将职业体育赛事的利益相关者界定如下：在职业体育赛事举办过程中进行了一定的专用性投资，其活动能够影响体育赛事的成功举办，也可能受到体育赛事举办过程的影响，并承担了一定赛事风险的个人或组织。

就职业体育赛事而言，“举办过程”是一个“赛前—赛中—赛后”的完整过程，包括赛前部分的申办和筹备过程、赛中部分的组织和运营过程以及赛后阶段的收尾和评估过程。其次，“专用性投资”的内容包括人力（如赛事组委会、运动员、裁判员、志愿者、医护人员、安保人员等）、物力（如场地器材、比赛服装等）、财力（如主办方提供的经费、赞助商提供的资金等）、政策支持以及其他投资等方面。最后，“赛事风险”不仅仅指赛事本身的风险，还包括影响各关联主体的各类风险。

依据国内学者对利益相关者分类法的研究，在职业体育赛事的利益相关者中，核心利益相关者一般包括举办地政府、赛事所有权人、赛事主办机构、主办社区以及赞助商；蛰伏利益相关者包括媒体、赛事参与者和观众；赛事工作人员和其他利益相关者归属为边缘利益相关者（图 3-1）。

（一）职业体育赛事核心利益相关者

1. 举办地政府

职业体育赛事的成功举办与政府的大力支持密不可分。从职业体育赛事的实际运营来看，政府是体育赛事成功举办的重要参与者。政府在体育赛事的运作环节中

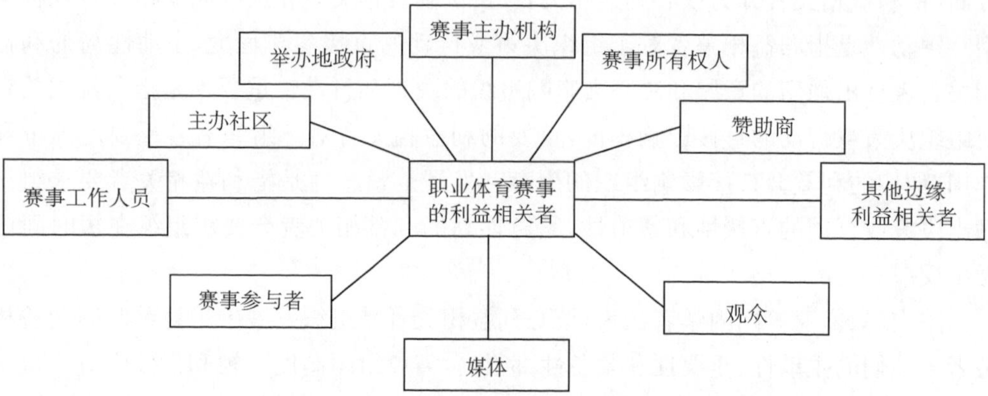

图 3-1 职业体育赛事的利益相关者

主要参与赛事的申办和赛事的组织。

从职业体育赛事申办的角度看，越来越多的国家意识到举办体育赛事会对举办地带来积极的影响，并由此将举办各级职业体育赛事作为提高城市经济发展水平、改善居民生活水平和提升城市知名度的重要手段。近年来，不少国家的政府都在积极申办以足球世界杯为代表的各项体育赛事，例如，2022 年 10 月 24 日，我国国家体育总局、教育部、财政部、中国足协联合印发的《中国女子足球改革发展方案（2022—2035 年）》指出，中国将积极申办 2031 年女足世界杯。

从赛事的组织角度看，举办地政府对职业体育赛事的组织投入了巨大的人力、物力和财力。体育赛事的成功举办离不开社会各个部门的有效配合，政府可以在各个部门之间起到协调作用。在涉及场馆设施、医疗卫生、交通运输、安全保卫等一系列公共资源的使用时，政府可以使用行政力量进行调配。

举办地政府对于体育赛事的利益诉求主要体现在两个方面：一是赛事的经济影响，包括直接经济影响和间接经济影响两部分。前者是赛事本身的经济效益，后者是赛事的举办对关联产业的拉动作用，即通过赛事的举办，促进包括城市旅游业、餐饮业、酒店业等在内的相关产业的发展；二是赛事的社会影响，包括赛事的举办对于城市形象的改善、城市知名度的提升等。

2. 赛事所有权人

所有权，是指所有权人依法对自己的财产享有的占有、使用、收益和处分的权利，它是最为重要的物权形式。体育赛事所有权人就是依法拥有赛事这四项权利的个人或组织。赛事所有权人能够决定赛事的定位、竞赛规则、赛事发展方向、赛事举办地点与时间等一系列重大问题。

赛事所有权人的利益诉求一般有两个方面：一是体育赛事的社会影响力和长远发展；二是赛事的商业价值和经济效益。为了职业体育赛事的长远发展，赛事所有权人需要制定赛事的战略发展规划，并依据实际情况调整赛事的规则。例如，国际乒乓球联合会为了提高比赛的观赏性和适应电视转播的需要，将乒乓球从直径38毫米的小球改为直径40毫米的大球，并将局分由原来的“二十一分制”调整为“十一分制”。

3. 赛事主办机构

职业体育赛事的主办机构一般为具有独立法人资格的经济实体，通过组织职业体育赛事来获取经济利益是其举办赛事的首要目的。同时，赛事主办机构也需要通过主办、组织职业体育赛事来获得良好的声誉和形象，这是赛事主办机构对无形资产的利益诉求。例如，作为上海ATP1000大师赛和世界一级方程式锦标赛(F1)中国大奖赛的主办机构，上海久事国际赛事管理有限公司在致力于优化盈利模式的同时，也在着力将这两项赛事打造成具有良好口碑的经典赛事，为企业树立优质的社会形象。

4. 主办社区

社区是若干社会群体或社会组织聚集在某一个领域里所形成的一个生活上相互关联的大集体。这里所说的主办社区是指居住在赛事举办地的大集体，包括主办社区的居民、主办社区的环境等。主办社区的居民对体育赛事的举办持以支持态度，将有利于赛事各项工作的开展。主办社区的环境是举办体育赛事的有力保障，主要包括社区的基础设施环境和自然环境。其中主办社区的基础设施环境主要有体育场馆、道路、酒店、饭店以及一些临时建筑物等。主办社区的自然环境与职业体育赛事也有一定的联系，如帆船、滑雪、攀岩、马拉松、山地自行车等项目，都需要以自然环境为依托。

主办社区的利益诉求主要有两个方面：一是有形收益，如社区基础设施建设的改善、社区配套服务的完善、社区就业率的增长等；二是无形收益，包括社区居民凝聚力和归属感的提升、居民合作意识的增强等。社区既有“地缘”的概念，也有“人缘”的概念，它是由相互联系的居民形成的生活区域，体育赛事的举办为巩固这一联系提供了机会和可能。

5. 赞助商

赞助商是职业体育赛事的重要利益相关者。对体育赛事进行赞助是企业进行市场营销的绝好机会，尤其对一些大型商业性体育赛事的赞助，已经成为企业提升产品知名度和美誉度的重要手段。赞助商的利益诉求主要体现在以下两个方面：一是提升品牌知名度。例如，联想集团为推广其新的品牌标识“Lenovo”，选择赞助国际奥委会；二是进入目标市场，如长安汽车股份有限公司为了开拓华东市场，选择赞助在上海举办的篮球联赛。

(二) 职业体育赛事蛰伏利益相关者

1. 媒体

职业体育赛事与媒体的关系密不可分。在职业体育赛事中，媒体主要通过对赛事的精彩报道，拓宽受众群体，提高发行量，从而带来更多的经济效益。除了赛事的新闻价值以外，媒体还充分利用赛事的转播价值，获取经济利益。媒体能够通过电视转播和报道,有效提高受众对于媒体的关注程度。随着计算机处理技术和互联网技术的发展,网络媒体、移动媒体等数字化新媒体为体育赛事的发展带来了新的机遇,正在产生不可估量的积极影响。

专栏3-1:英超联赛的转播价值

1990年,英国独立电视台体育频道的主管格雷格·戴克(Greg Dyke)邀请五大豪门俱乐部(曼联、利物浦、阿森纳、托特纳姆热刺、埃弗顿)的负责人聚餐,席间戴克提出了联赛独立出售转播权的想法。当时英格兰前四级联赛的转播权是打包出售的,戴克的提议能让各支俱乐部获得更多的收入,五大豪门都觉得这个想法不错,很快他们便向英足总提出了申请。

由于当时英足总与主管前四级联赛的联赛管理委员会存在利益冲突,为了削减后者的权力,英足总很爽快地答应了五大豪门的提案,并且未收取任何款项。于是,五大豪门为了转播权而提出的英格兰足球超级联赛,就这么诞生了。1992年,英国独立电视台向英超联盟开出了5个赛季1.91亿英镑的转播报价,然而当时热刺俱乐部的老板当场就把这个报价泄露给了天空电视台。天空电视台便把该方案摆在了英超各队代表的桌上,还提出了基本由所有俱乐部均分转播费的分配方案。在热刺及一群中下游俱乐部的支持下,天空电视台的这份报价得到了采纳,而这也奠定了英超至今仍在遵守的转播费分配原则。

英超的国内转播权与海外转播权一直是分开的。天空电视台拿下的转播权仅限于英国国内,而一家名叫"CSI"的英国公司则是拿下了1992～2001年英超在亚洲地区的转播权。我国的电视台最早于1995年开始转播英超比赛,当时各地的地方台仅需十几万美元,便能从CSI手中拿到英超的转播权。到了20世纪90年代末,该价格已经涨到了80万美元。2001年,英超亚洲区的转播权易手,ESPN以每赛季1亿英镑的价格赶走了CSI。同一时期,网络转播开始兴起。由于当时的网络版权还未得到重视,不少英超球迷选择观看盗版的英超比赛。

我国的英超转播在2007年进入了一个崭新的时代。这一年,天盛公司以5 000万美元购得英超2007～2010赛季在中国大陆地区的全媒体转播权。这是英超第一次单独出售我国大陆地区的转播权,而且这次的版权范围还覆盖到了网络转播的部分。天盛公司拿下版权后,将我国球迷推入了付费观赛的时代。然而,这是天盛公司一次非常失败的决策。从2007～2008赛季开始,球迷在电视上只能通过天盛旗下的欧洲足球频道收看英超比赛,单月的点播费用高达188元,看完一个赛季需要支付1 880元。在费用过高的情况下,观众对付费收看天盛公司高昂的英超赛事并不感兴趣,天盛公司收不抵支。最终,天盛为挽回损失不得不在2009～2010赛季又回到了将版权分销给各地方台的老路。通过版权分销,天盛公司扩大了其英超版权的销售范围和渠道，减少了版权销售风险。各地方台通过独立的市场策略和销售网络，能够共同达成一定的销售目标，不仅增加了自身版权销售收入，还保障了天盛公司的版权分销收入。

新英体育在2010年进入了英超球迷的视野，他们以3 000万美元的价格购得之后3个赛季英超在内地及澳门地区的独家转播权。新英体育在吸取了天盛公司的教训后，推出了付费与免费并行的模式，他们只会推出部分场次进行收费。同时，网络转播在这一时期迅速发展，国内的各大门户网站纷纷从新英手中引进网络转播权，并免费放送，让球迷们大为受益。新英体育的这些举措使得我国的英超球迷数量大幅增加。

2016年，PPTV以7.21亿美元从新英手中拿下英超2019～2022赛季在内地及澳门地区的独家转播权。然而，2020年9月，受新冠疫情影响，PPTV与英超终止了合约。随后，腾讯体育接手，全程转播了英超2020～2021赛季剩余全部赛事。2022年7月22日，爱奇艺体育与英超联盟正式达成合作，将全程转播接下来四个赛季的英超赛事。

资料来源：改编自《为转播权而生！从十几万到7亿美元，这些年水涨船高的英超转播费》。

2. 赛事参与者

赛事参与者主要包括运动员、教练员、裁判员等。一般而言，运动员的利益诉求涉及以下三个方面：一是希望赛事期间能够取得满意的竞赛成绩；二是希望赛事能为其带来良好的经济收益；三是希望在赛事举办期间能够享受到良好的竞赛环境和服务。教练员的利益诉求与运动员相似：一是运动员取得满意的竞赛成绩；二是赛事为其带来经济和名誉收益；三是享受良好的赛事服务。对于裁判员群体，利益诉求主要为获取经济收益，以及通过职业赛事提升自身在业界的影响力和知名度。

3. 观众

体育赛事以其特有的魅力吸引着广泛的观众。体育赛事的观赏价值和娱乐价值是观众的首要利益诉求。体育赛事本身的精彩程度能够决定观众的数量。通常情况下，体育赛事的项目普及程度越高、级别越高、竞争性越大，观众就越多。另外，体育赛事也是促进人们沟通交流的重要平台。人们希望通过共同欣赏体育比赛，增进交流，加深感情，这也是观众的利益诉求之一。

（三）职业体育赛事边缘利益相关者

1. 赛事工作人员

一般来说，体育赛事工作人员的构成相对较为复杂，既有政府相关部门的协调人员，又有赛事主办机构的工作人员以及其他人员。但不同类型的工作人员拥有基本相同的利益诉求。他们希望赛事能为其带来经济收益、成就感和自我价值的实现等。

2. 其他边缘利益相关者

其他边缘利益相关者主要包括志愿者和普通群众。志愿者对职业体育赛事的诉求主要包括赛事期间获得的物质收益和价值认同。普通群众的利益诉求主要是赛事举办能为其带来居住环境的改善和居民自豪感。

第三节 职业体育赛事的运作过程

一、职业体育赛事的申办

（一）申办方式

1. 竞争举办权

通过竞争方式获得体育赛事举办权的体育赛事主要包括大型单项职业体育赛事和北美职业体育联盟的总决赛，如国际足联世界杯、亚足联冠军联赛、NFL超级碗等。这些赛事在世界或地区范围内具有较大的影响力。通常，这些赛事的举办对申办城市或申办国家的经济实力要求较高，竞争对手较多，申办周期较长，准备工作相当复杂。因此，往往需要经过若干轮激烈的竞争才能获得申办权。如2010年12月2日，卡塔尔经过4轮投票才获得2022年国际足联世界杯的举办权。

专栏3-2：NFL超级碗对申办城市的要求

作为北美体育收视率最高的赛事，一年一度的超级碗吸引了无数人的关注。NFL为保证超级碗比赛的顺利进行，对举办城市的硬件和软件设施的要求也到了近乎苛刻的地步。2017年6月，在明尼苏达赢得2018年超级碗的举办权之后，《明尼阿波利斯星坛报》披露了一份来自NFL官方长达153页对超级碗申办城市的要求。

1. 门票要求

超级碗比赛所有的门票收入必须完全归NFL所有，包括所有豪华包间的门票收入。按规定，球场至少要有7万个观众座席。而根据NFL官方给出的价格，在2015年超级碗，门票最低单价为2 950美元。可见，门票收入是NFL超级碗收入的重要来源。

2. 天气要求

在超级碗周末，如果比赛城市的历史平均气温达不到50华氏度（即10℃），NFL就会要求比赛场地安装可移动顶棚，以防恶劣天气对比赛的影响；如果比赛城市达不到最低气温要求，且球场是完全露天的，NFL就会要求比赛所使用的草皮安装经过NFL技术认可的地热系统。而地热系统的安装，NFL不会承担任何费用。

3. 客房要求

在申办过程中，申办城市必须确保距离球场1小时车程内的酒店客房数量达到球场观众席数量的35%。例如，2015年的超级碗在亚利桑那州的凤凰城大学体育场举行，球场最多可容纳大约 72 200 名观众。相应的，至少要有 25 270 间酒店客房是在球场的 1 小时车程范围之内。

4. 交通要求

NFL 要求至少有 750 辆公交车，500 辆豪华轿车，1 000 辆出租车，以及 10 000 辆租赁车辆可以投入到超级碗期间使用。

5. 停车要求

NFL 要求比赛当天，至少有 35 000 个停车位供观众停车。

6. 赛后清场要求

NFL 将不承担任何赛后清场工作的费用。除非 NFL 打算将场地的部分设施作为官方认证的产品出售。

7. 社交场地要求

NFL 要求免费使用当地的三块顶级高尔夫球场和两条保龄球轨道，用于 NFL 的社交活动。

面对如此苛刻的举办要求，超级碗的申办却依旧竞争激烈。其背后巨大的经济利益无疑是强力推手。对于举办地而言，超级碗有着难以估量的经济效益，主要体现在旅游业、餐饮业以及官方产品销售上。超级碗被誉为“黄金碗”可谓实至名归。

资料来源：改编自《满足什么样的条件才有资格承办超级碗?》。

2. 购置举办权

就职业体育赛事而言，大部分赛事的举办权是通过购置的方式获得的。举办权的购置可分为一次性、多次性和长期性等多种方式。例如 2001 年在上海举行的世界斯诺克锦标赛和 2004 年 F1 摩托艇世界锦标赛(中国站)的举办权以一次性购置申办的方式购置而来，这些属于流动性赛事；世界一级方程式锦标赛和上海网球大师赛等赛事的举办权以多次性购置申办的方式购置而来，这些赛事在举办地有约定的期限；北京中国网球公开赛等赛事的举办权以长期性购置申办的方式购置而来，这些赛事在举办地是一项长期的体育赛事。

3. 自主举办权

自主举办是指体育赛事承办者即为体育赛事的所有者的一种赛事申办方式，其拥有的举办权即为自主举办权。因此，这类赛事的申办一般取决于组织者自身所具有的经济实力、赛事是否具有良好的市场基础以及赛事是否与当前市场需求相一致。通常，这类赛事对拉动区域经济的增长具有明显的正向效应。例如，肯德基三人篮球赛、虎扑“路人王”篮球赛以及阿里体育主办的健康快乐跑活动 Wo.Run，其赛事举办者即是赛事的所有者，具有自主举办权。

4. 征询举办权

征询举办是指国际体育组织通过针对性的征询，由被征询的城市提出申办或者直接由国际体育组织委托其举办的一种申办方式。被征询的城市拥有的举办权即为征询举办权。例如2002年世界杯足球赛，日本在当时的国际足联主席阿维兰热先生的征询下，才有了申办的想法。

（二）申办程序

职业体育赛事的申办程序中，审批者一般就是赛事的管理者，申办者就是赛事的实施者。在我国，竞争举办权和自主举办权是职业体育赛事的主要申办方式。为鼓励社会力量参与体育事业，达到进一步简政放权，加快转变政府职能的目标，2014年国家体育总局出台了《关于推进体育赛事审批制度改革的若干意见》。该意见提到，除全国综合性运动会和少数特殊项目赛事需要申办之外，包括商业性和群众性体育赛事在内的全国性体育赛事的审批一律取消。

2023年1月1日，新修订的《体育赛事活动管理办法》开始施行，对持续深入推进体育赛事活动“放管服”改革、防范化解体育赛事活动安全风险隐患、完善体育赛事活动监管机制、加快推进体育强国建设具有重要意义。该办法提到，除申办国际体育赛事活动和举办需要行政许可的体育赛事活动外，国家体育总局对体育赛事活动一律不做审批，公安、市场监管、卫生健康、交通运输、海事、无线电管理、外事等部门另有规定的，主办方或承办方应按规定办理。由此，更多的职业体育赛事能够通过自主举办的方式进入市场，丰富人们的业余生活，促进体育产业的发展。

就国际性体育赛事而言，竞争举办权和购置举办权是主流申办方式，征询举办权和自主举办权并不常见。通过竞争申办的方式获得举办权，赛事管理机构往往需要重点考察举办城市或举办国家的经济实力。在购置举办权的过程中，职业体育赛事的举办者与赛事所有者是购买者与销售者的关系，赛事申办需要通过利益交换的方式实现，这种方式相比多方角逐的竞争申办较为直接。对于职业化程度较高的单项体育赛事，如ATP网球世界巡回赛、世界一级方程式锦标赛等赛事的申办程序采取的是竞争举办权和购置举办权相结合的方式。这种方式可以更好地保证赛事的质量和水平，同时也能够最大限度地满足举办者和赛事所有者的利益诉求。

专栏3-3:郑州竞争申办国际女子职业网联世界巡回赛

2019年3月20日上午，经WTA董事会的表决，郑州竞争申办WTA P700级别顶级赛获得成功。该项赛事名称为“2019郑州网球公开赛”，意味着这项WTA顶级赛事，正式落户我国河南郑州。WTA世界巡回赛是由WTA授权，中国网球协会、河南省体育局、郑州市人民政府主办，中原网球中心承办的一项国际女子顶级网球赛事。

郑州网球公开赛的落地和举办对中国网球发展有着至关重要的作用和意义。在网球赛事体系层面，既填补了中国没有WTA顶级赛的空白，完成了中国对WTA各级别赛事的全覆盖，又填补了中原地区没有高级职业网球赛事的空白，在中国实现了"东西南北中"都有国际级网球职业巡回赛的全方位布局；在产业层面，郑州网球公开赛的举办为郑州发展现代文体产业进行了勇敢的探索，积累了经验；在运动员个体层面，为中国女子网球运动员提供了更多的参赛机会，让她们能够在与世界级高手的实战对抗中提升综合能力，实现自我突破。

资料来源：改编自《2019首届郑州网球公开赛揭晓球员阵容，世界前十半数出战》。

二、职业体育赛事的组织与实施

（一）职业体育赛事的策划

职业体育赛事的策划是依据体育赛事活动的规律，按照科学的流程开展的一项系统性工作。职业体育赛事的策划要符合赛事市场的发展需要，按照一定的程序进行，基本流程如图3-2：

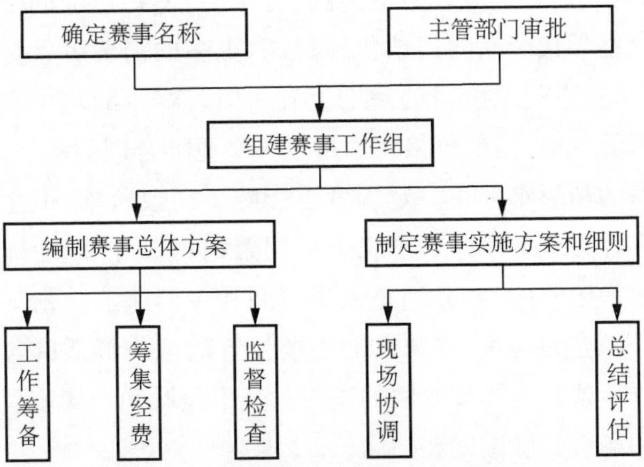

图3-2　职业体育赛事策划的基本流程

（二）职业体育赛事的运营

1. 职业体育赛事的运营内容

（1）门票

门票通常是由赛事主办方负责制作、发行、销售并监管使用的一种有价票证，表现为消费者以货币进行交易来获得现场观看竞赛表演的权利，票面价格的高低体现出职业体育赛事的观赏价值。门票的销售权是指赛事主办方通过直销或分销门票而获得盈利的权利。门票收入是职业体育赛事收入的重要来源，例如，NBA等职业体育赛事的门票收入约占联赛总收入的30%。

赛事门票价格受到多种因素的影响：

第一，运动项目的观赏性。如橄榄球、篮球、拳击等观赏性强的运动项目，门票价格相对较高。观赏性强的运动项目给观众带来更高的娱乐价值和更好的视觉享受。观众可以在比赛中感受运动员和球迷的活力，与现场观众一同分享比赛的胜利和喜悦。一些观赏性较弱的运动项目，门票价格相对较低。

第二，比赛水平。国际足联世界杯、欧洲足球五大联赛、网球四大满贯等顶级赛事，因其比赛水平较高，门票价格也相应较高。在职业联赛中球队整体的技战术水平、比赛双方实力接近程度、球星实力等也都是影响票价的重要因素。

第三，观众对赛事的接受和关注程度。在美国，人们对美式橄榄球、冰球等赛事的接受和关注程度较高，则相应的门票价格就高；一些关键场次的球迷关注度高，比如决赛、德比战，则票价也会相应变高。

第四，国家和城市经济社会发展水平。经济社会发展水平的提高促进城市化进程的加速、基础设施建设的完善和科技水平的提升，这为职业体育赛事提供了更人性化、便捷化和科技化的场馆设施，提高了比赛的安全性和观赏性，由此推高了门票价格。国内居民消费水平较高的城市，如北京、上海、广州等地，职业体育赛事的票价相应较高。

第五，替代品价格。一个地区的电影院、音乐会、博物馆等同于体育竞赛表演的替代产品。如果这些替代产品的门票价格过高，更多的消费者就会倾向于选择观看赛事，由此可能带来赛事门票价格的短期上升。但若赛事的热度没有达到预期或是由于竞赛水平降低等原因，门票价格将回落至一个更加合理的水平。

尽管赛事本身的精彩水平在一定程度上影响了门票价格，但主办方仍然有拓宽门票销售渠道的多种方式。除一般意义上的门票销售以外，职业体育俱乐部还提供两项特殊的门票销售运营内容，分别是豪华包厢和专属座位。豪华包厢是指职业体育赛事为满足特殊顾客的需求，在自己的主场设置的豪华舒适的包厢。专属座位指的是球迷购买赛季年票并选择其专属的座位。豪华包厢和专属座位的运营收入取决于球迷对俱乐部和赛事的忠诚度和归属感。

专栏 3－4：拳坛“世纪之战”的商业价值分析

2015 年梅威瑟(Floyd Mayweather)和帕奎奥(Manny Pacquiao)的“世纪大战”硝烟散尽，梅威瑟赢得了最终的胜利。虽然比赛时长只有 36 分钟，但是比赛的总价值超过了 5 亿美元。这是足以载入拳击史册的经典之战。与这场拳击比赛有关的收入，无论是拳手分成还是电视转播费，都轻松地创造了历史纪录。

付费有线电视收入。付费有线电视是职业拳击的主要收入来源，为了收看帕奎奥和梅威瑟的这场比赛，观众选择标清模式需要支付 89.95 美元，高清模式则需要支付 99.95 美元。据统计，超过 440 万个家庭购买了这场比赛的付费有线电视收看项目，超过了 2007 年梅威瑟对阵奥斯卡·德·拉·霍亚(Oscar De La Hoya)创造的 248 万个的购买纪录。这场比赛仅在付费有线电视方面就产生了超过 4 亿美元的收入。

门票收入。梅威瑟和帕奎奥的比赛地是美国拉斯维加斯市的米高梅大花园竞技场，这里一共可容纳1.68万名观众，门票分为五个档次，分别为1 500、2 500、3 500、5 000和7 500美元。7 500美元的门票价格也创下了米高梅大花园竞技场历史上最高拳击门票价格的纪录。据统计，这场比赛的门票总收入高达7 200万美元。由于想看比赛的观众太多，大部分门票在出售之前都已经被米高梅大酒店、赞助商、主办方、双方阵营和电视转播商预订了，面向公众发售的门票很少，1 500美元的门票在开票后1分钟内被抢光。

酒店和赌场收入。在梅威瑟和帕奎奥的比赛预告新闻首次被报道的15分钟内，比赛场地周边的米高梅酒店从5月2日到5月3日的6 800个房间立刻被订完，房间住宿最低价格为一晚600～700美元。由于比赛在拉斯维加斯举办，很多赌徒聚集在拉斯维加斯大道旁的赌场里观看了现场闭路电视直播，费用为每位150美元左右，观看人数超过3万。仅仅这两笔收入就超过了1 000万美元。此外，在赌场内对本次比赛的下注金额也是个天文数字。同时，拉斯维加斯的其他相关产业，也因为这次拳击比赛获得了绝佳的盈利机会。

资料来源：改编自《帕奎奥VS梅威瑟：拳坛“世纪之战”的商业价值分析》。

(2) 媒体转播权

媒体转播权是指体育组织或赛事主办方拥有在举办职业体育赛事时允许他人以电视、网络的形式进行转播，并从中获利的权利。媒体转播权是版权的一部分。职业体育赛事版权产业链的上游是赛事所有方、中游是赛事版权代理方、下游是媒体，最后是观众。上游的赛事IP持有方委托版权代理公司出售转播权或直接向媒体出售转播权；中游的版权代理公司负责将赛事版权分销给不同国家和地区以及不同的媒体，出售赛事转播权；下游的传统电视媒体、新兴网络媒体和融媒体等通过转播比赛或制作体育节目，为观众提供精彩的赛事信息；最后，观众收看比赛并带来体育消费。

顶级职业体育赛事的转播权属于稀缺资源。相应的，其转播权价格也很高。顶级的职业体育赛事是指在某个运动项目中，规模、影响力和水平最高的，且具有庞大的观众群体和消费者群体的体育赛事，比如斯诺克、网球四大满贯、世界一级方程式锦标赛等大型单项职业体育赛事。顶级职业体育赛事具有独家性、一次性、真实性、及时性等特点，因而商业价值高。

(3) 体育赞助

体育赞助是指企业通过对各类体育主体和活动，包括赛事、运动队、运动员、体育场馆等，提供资金、物资、技术服务等方面的赞助，以利用体育无形资产的方式达到宣传自身产品和形象目标的一系列营销活动。体育赞助通常以广告赞助的方式呈现。职业体育赛事可运营的广告种类繁多，涉及多种体育无形资产，主要包括场地广告、印刷广告、服装广告、媒体广告、赛事冠名权和赛事标志物使用权等。

赞助商对于职业体育赛事主办方来说价值重大。首先，赛事价值能够得到认可，从而激发从业人员的荣誉感和积极性。其次,赞助商投入赞助费后利用强大的市场关系和媒体资源激活赞助,与此同时也帮助赛事品牌做了宣传。一般来说,国内外知名的大型企业更热衷于赞助职业体育赛事。这些企业拥有规范的企业管理手段,有助于促进赛事的规范化发展。通过了解某职业体育赛事的赞助商分类及权益,我们能更深入地认知广告赞助(表 3-1)。

表 3-1　某职业体育赛事赞助商分类及其权益列表

类别	赞助金额	赞助权益					
		赛事冠名权	赛事标志使用权	现场展示权	媒体展示权	赛事官方制作物	招待礼仪权
冠名赞助商	1 000 万元起	√	√	√	√	√	√
高级合作伙伴	500 万元起	×	√	√	√	√	√
官方赞助商	150 万元起	×	√	√	√	√	√
官方供应商	50 万元起	×	×	√	√	√	×

(4) 赛事衍生品开发

赛事衍生品开发是指开发与职业体育赛事相关的服装、纪念品、电子游戏、报纸杂志等产品。赛事衍生品的市场需求与赛事水平关系密切。高质量竞赛是树立赛事品牌的根本,观众只有认可赛事,才可能购买赛事衍生品。通过开发衍生品,将形成以体育竞赛表演企业为主体,以纺织、旅游、互联网技术等为支撑,以广告、印刷、现场服务等为配套的产业集群。

专栏 3-5:澳网赛事衍生品进军中国电商

遍布全球的高水平职业网球运动员,过完圣诞节和新年假期,甚至来不及多做休整就要与家人分别,踏上开年最重要的网球赛事——澳网(AO)。这甚至成为所有高水平职业网球运动员的生活惯例。作为澳大利亚规模最大的赛事之一,澳网不仅是一项世界级的网球赛事,还是一项无与伦比的体育和娱乐盛会,向全世界展现网球衍生而来的无穷魅力。

除了为球迷带来夏日比赛的享受之外,澳网还开发了特有的赛事衍生品,比如我们在电视上看到的球员擦汗使用的拉夫劳伦毛巾和球迷在社交媒体上秀出的那颗超大可爱的 AO 网球。值得一提的是,澳网还成功开拓了中国的电商平台,将衍生品销售给广大中国球迷。

2022 年 1 月 13 日,澳网在中国的某电商旗舰店正式上线,为受新冠疫情影响的广大中国球迷带来了便捷的购物体验。澳网电商旗舰店的赛事衍生品包括爆款球员毛巾和澳网潮流精品等,球迷可以尽情挑选自己心仪的纪念品。澳网赛事衍生品主要包括以下三个系列。一是“AO FAN 澳网本色”:以标识性的澳网标志、澳网专属色、澳网象征物为设计主体，还原澳网本真纯粹的形象；二是“澳网乐潮玩家”：更贴近生活场景，添加时尚潮流元素，赋予青春活力和朝气蓬勃；三是“HERITAGE 经典传承”：为网球爱好者打造的专业系列产品，助网球选手成为赛场上独领风骚的那一位。

澳网进军中国电商领域，印证了澳网深耕不辍中国市场的信心和决心，全新领域将为澳网品牌赋能，继续挖掘增量市场。澳网进军中国电商领域，不仅可以将澳网品牌推广到更广阔的中国市场，还可以为广大中国球迷提供更多优质的产品和便捷的服务，增强与中国球迷的互动。

资料来源：改编自《持续挖掘增量市场，中国职业体育 IP 运营服务商标杆“孚”出水面》。

2. 职业体育赛事的运营模式

按照职业体育赛事的运营主体不同，运营模式可分为以下三类。

(1) 政府主导型

举办地政府是赛事运营管理的主体。在这类运营模式中，举办地政府利用其职权、制度、信誉等资源要素，以市场为依托，实现赛事运营目标。在赛事运营管理过程中，政府一般优先考虑赛事的社会效益，以维护社会的公共利益，同时兼顾赛事的经济效益，以保障赛事主办方的权益。

(2) 企业主导型

这类运营模式的核心是以体育相关企业或其他生产型企业为赛事的运营管理主体，包括体育中介公司、体育传媒公司和具有雄厚资本优势的生产型企业等。这些企业运营管理赛事的主要目的是赚取利润，利用其在人才、信息、资金等方面的优势，提供高效的赛事运营和管理服务。因为市场竞争激烈程度的加剧，生产型企业迫切需要宣传自己的产品和品牌。借助承办体育比赛来推广和营销产品越来越成为生产型企业宣传品牌价值的重要手段。在赛事运营管理过程中，企业主体一般优先考虑赛事的经济效益和长远效益，以实现自身利益最大化。

专栏 3-6：企业主导引进 F1 赛事中国第一人

世界一级方程式锦标赛(F1)作为在世界范围内颇具影响力的一项职业体育赛事，在中国市场的发展却一直无法和欧洲五大联赛以及 NBA 相提并论。即使在普及性上，F1 赛事也无法与其他职业体育赛事如斯诺克、高尔夫球、网球赛事相比。尽管从 2004 年起，F1 中国大奖赛就开始逐年在上海举办，但长期缺少中国国籍的参赛选手在一定程度上降低了中国观众的归属感和忠诚度。缺少“中国元素”是 F1 赛事在中国进行市场开发的“拦路虎”。

2017 年，美国的自由媒体集团(Liberty Media Group)收购 F1 之后改变了经营策略，在市场营销和数字媒体方面投入重金，而寻找有潜力的中国车手也是其开拓中国市场的策略之一。

2021年11月16日，中国车手周冠宇签约阿尔法·罗密欧车队，成为第一个参加F1正赛的中国车手。这不仅是他个人的圆梦时刻，对于F1赛事在中国的发展也是一个历史性机遇。阿尔法·罗密欧车队的领队在接受采访时表示，周冠宇加入F1将为包括索伯集团、阿尔法·罗密欧、冠名商波兰石油公司在内的合作伙伴以及整个F1赛事带来巨大商业机会。2024年4月19日至21日，周冠宇正式亮相F1中国大奖赛，各档位门票“秒没”，现场观赛人数超20万。

（3）混合型

政府和企业是混合型运营模式的主体。当赛事承办风险较大或所承办赛事的规模与成本较大时，举办地政府、体育中介公司、体育传媒公司和生产型企业等企业主体会共同运营管理赛事，联合承担风险，并共享相应的赛事效益，以减少和控制风险，实现效益最大化。在赛事运营管理过程中，它们一般优先考虑赛事的当前效益，兼顾赛事的长远效益。

三、职业体育赛事的评估

（一）职业体育赛事的评估内容

1. 经济效益评估

本节尝试从赛事财务效益、政府财政效益、相关行业和人员的收入等角度出发，对职业体育赛事的经济效益进行评估。

（1）赛事财务效益

赛事财务效益评估是站在主办方的角度，对所取得的赛事收益进行评价。赛事收益主要包括门票收入、转播权收入、赞助收入、衍生品销售收入、赛事其他收入等。

（2）政府财政效益

政府财政效益评估，即对举办地政府因赛事所获得的财政收入情况进行评估。职业体育赛事的政府财政收入指的是因体育赛事的举办，体育竞赛表演业和其他相关行业获得收入的增加而向政府缴纳的税收。

（3）相关行业收入

职业体育赛事相关行业的收入指的是由于体育赛事的举办而给体育赛事相关的行业，如体育中介、体育传媒、体育彩票、旅游、餐饮、住宿、交通等带来的收入。这部分收入主要来自前来观看体育赛事的观众，尤其是举办地以外的观众。他们促进了相关行业的发展，特别是辐射作用明显的体育旅游产业。在体育旅游的带动下，餐饮、住宿、交通等行业随之发展起来。

（4）相关人员收入

职业体育赛事相关人员的收入主要包括：运动员的工资和奖金收入、举办地居民收入、工作人员收入、裁判员收入、志愿者收入等。

2. 社会效益评估

相对于经济效益而言，职业体育赛事带来的部分社会效益不能被直接量化，只能通过定性的方法来分析。由于社会效益通常指的是所获得的有利效果，因此，在本节对职业体育赛事社会效益的评估中，暂不考虑负面影响。

（1）就业影响

就业影响指的是职业体育赛事的举办所带来的就业机会增多，包括体育赛事本身提供的就业机会，还包括该项职业体育赛事相关行业提供的就业机会。这些就业机会提供的岗位可以是长期性的，也可以是临时性的。

（2）城市影响

城市影响指的是体育赛事的举办对于举办地所带来的影响，包括城市知名度、城市美誉度、城市基础设施建设等方面的影响。

（3）媒体价值

媒体价值指的是各类媒体对于赛事各方面积极因素的宣传价值。这些价值可以通过媒体的级别、发行量、报道篇幅等进行计算。

（4）体育意识和体育行为

参与职业体育赛事的过程，实际上是一个知行合一的过程。通过参与职业体育赛事，人们可以提升自身对体育知识和行为的正确认知，由此认可体育的价值，增强体育意识。在体育实践活动中，人们将正确的体育意识运用到与他人的交流和互动中，进而提升体育行为水平，达到更高的规范化程度。体育意识和体育行为是职业体育赛事社会效益评估的重要方面。

（5）项目推广和技术提高

如果职业体育赛事在项目推广和技术提高方面具有更大的影响力，就会得到更多的社会关注和社会参与，赛事竞技水平也会得到提高，进而创造更多的经济价值和社会价值。职业体育赛事可以通过电视转播将运动项目推广到全球，比如英超通过电视转播吸引了来自世界各地的球迷，其商业价值也因此提高。在此过程中，英超向世界展现了球星们高超的球技，为足球运动员的技术训练提供了典范，由此提高了足球项目整体水平。

（二）职业体育赛事的评估方法

以上内容对职业体育赛事的评估内容进行了简要介绍，包括经济效益评估和社会效益评估，但尚未提及具体的评估方法。对职业体育赛事进行评估是体育赛事管理中的必备环节和国际通用内容。掌握正确的评估方法，才能够帮助管理者更好地进行赛事管理，确保赛事举办的目标得以实现。职业体育赛事的评估方法主要有成本收益分析法、数据包络分析法和利益群体分析法等。

1. 成本收益分析法

成本收益分析法是指以货币单位为基础对投入与产出进行估算和衡量的方法。

在用成本收益分析法对职业体育赛事进行评估时，成本主要是体育赛事举办过程中投入的社会劳动和资源消耗的真实价值，而收益是指赛事产出的全部有益的效用，包括以价值形式表示的劳动成果和以使用价值衡量的效用。

成本收益分析法是评估职业体育赛事经济效益的传统方法，其最大的特点在于能够量化体育赛事带来的经济影响，从而提供一个相对准确的结果。成本收益分析法可分为静态分析法和动态分析法。静态分析法是指当体育赛事的成本和收益发生在同一个时间点，或处于同一个时期内，可以不考虑时间变化因素，用实际发生的货币价值进行计算。动态分析法是指当成本和收益处在不同的时间点，则必须把各个不同时间点发生的成本和收益运用折现方法折算到同一时间点的货币价值，然后合并为总成本或总收益的折现值进行对比分析。

我国学者运用成本收益分析法对 2008 年上海网球大师杯赛（以下简称“大师杯”）的经济收益进行了测算。通过编制投入产出表，建立成本收益模型，最终得出结论：大师杯创造了约 2.48 亿元的总产出，对上海市的经济产生了一定的拉动效应。对所得效果、税收效果和就业效果进行综合分析，发现大师杯对上海的住宿业、批发零售业、金融保险业和房地产业的影响较大，在税收和就业方面对第三产业的贡献更为明显。

专栏 3－7：2019 年上海市体育赛事影响力评估

2020 年 6 月 1 日，上海市体育局、上海体育学院联合发布了《2019 年上海市体育赛事影响力评估报告》。该报告显示，2019 年，上海举办的 163 项国内外体育赛事，总共吸引了 17 万人次参赛，192 万人次现场观赛。其中 12 项重大体育赛事一共为上海带来了 30.9 亿元的直接消费，相关产业拉动效应超过 102 亿元。在这 12 项重大赛事中，上海 ATP1000 网球大师赛、F1 中国大奖赛、上海国际马拉松赛三项赛事直接经济效益的贡献占比超过 70%。

重大体育赛事对第三产业的拉动效应非常显著。2019 年，12 项赛事对第三产业的拉动效应达 61.08 亿元，占比为 59.9%。其中，赛事与旅游产业的联动效应特别突出，共吸引国内外超 50 万人汇聚上海，旅游六要素“吃、住、行、游、购、娱”的拉动效应达 40.60 亿元。

此外，上海各地区也纷纷以体育赛事为媒介，集聚发展体育产业。浦东新区借助区域场馆优势，积极打造以马术、电竞、冰雪运动等为特色的赛事集聚区，构建体育产业生态圈；闵行区以上海 ATP1000 网球大师赛为基础，打造融体育赛事、运动休闲、健身培训、商务娱乐、度假为一体的旗忠国际化体育休闲集聚区；奉贤区以世界摩托车越野锦标赛为契机，整合全区优势产业资源，加快打造“汽车未来空间”。

资料来源：改编自《魔都体育赛事有多强，图解〈2019 年上海市体育赛事影响力评估报告〉》。

2. 数据包络分析法

数据包络分析(Data Envelopment Analysis, DEA)是一种非参数化评价方法,它以相对效率概念为基础,旨在解决一组决策单元(Decision Making Unit, DMU)中多个投入变量和多个产出变量的相对有效性问题。运用这种方法进行评估时,需要将DMU投入、产出的指标权重作为变量,进行综合运算来确定有效生产前沿面,并根据各DMU与有效生产前沿面的距离状况,确定各DMU是否“DEA有效”。

应用数据包络分析法的一般步骤为:①确定评估目标;②建立评估指标体系;③收集和整理数据,进行计算;④分析评估结果并提出决策建议。

数据包络分析法最显著的特点是能够直接通过投入与产出之间的加权和之比,计算决策单元的投入产出效率,不需要考虑投入与产出之间的函数关系,而且不需要预先估计参数和权重假设,从而避免了人为赋权及指标量纲不同所带来的诸多困难。如果需要对职业体育赛事进行多目标综合评价,就应该使用数据包络分析法。

例如,我国学者在对夏季奥运会的经济效益进行评价时,通过对1984年至2008年共7届夏季奥运会的数据进行收集,挑选出能够充分反映奥运会短期经济影响的投入、产出数据,并设立相关指标。同时,把奥运会本身当作决策单元,选择合适的DEA模型进行奥运会短期经济效益相对效率评价,得出了1984年洛杉矶奥运会、1996年亚特兰大奥运会以及2008年北京奥运会达到了“DEA有效”的结论。

3. 利益群体分析法

利益群体分析法通常适用于评估职业体育赛事的社会效益。使用利益群体分析法可以帮助赛事主办方理解赛事的社会价值,在赛事管理活动中尽可能兼顾所有利益相关者的诉求,从而维护其各自的利益。一项赛事有着众多的利益相关者,在对赛事进行利益群体分析时,主要看其是否能在相对公平的前提下,以最优的资源配置,有效满足利益相关者的需求。

利益群体分析法一般按下列步骤进行:①构造职业体育赛事利益相关群体一览表;②评估各利益相关者对赛事成功与否产生的影响;③根据赛事的目标,对各利益相关者进行调查,由于社会效益目标难以量化,调查通常采用访谈或发放问卷的形式;④根据调查结果,分析各利益群体对目标实现的满意度。

第三章复习思考题

第四章

职业体育俱乐部的经营与管理

【导　　读】

随着经济社会的发展和改革的深入，职业体育俱乐部已成为体育竞赛表演业的重要载体之一。职业体育俱乐部的商业化运营和规范化管理，成为职业体育繁荣发展的重要环节。本章首先介绍职业体育俱乐部的起源和发展历程，其次阐述职业体育俱乐部的概念和内涵，并结合案例论述职业体育俱乐部的经营和管理。

【学习目标】

◆ 掌握职业体育俱乐部的概念与特征
◆ 学习职业体育俱乐部的经营模式
◆ 学习职业体育俱乐部的管理模式

【思维导图】

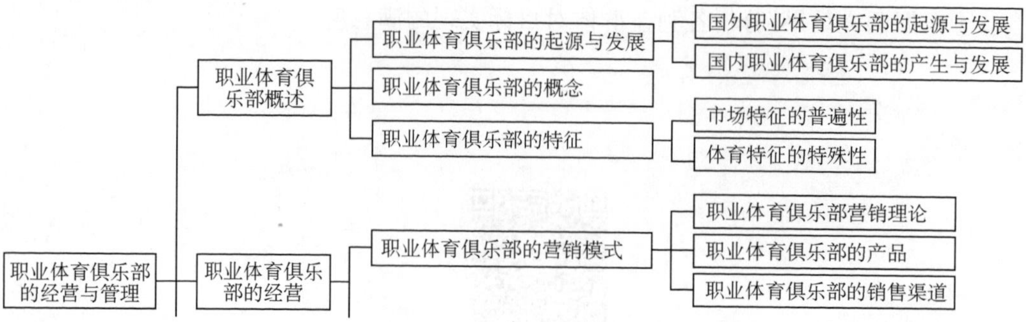

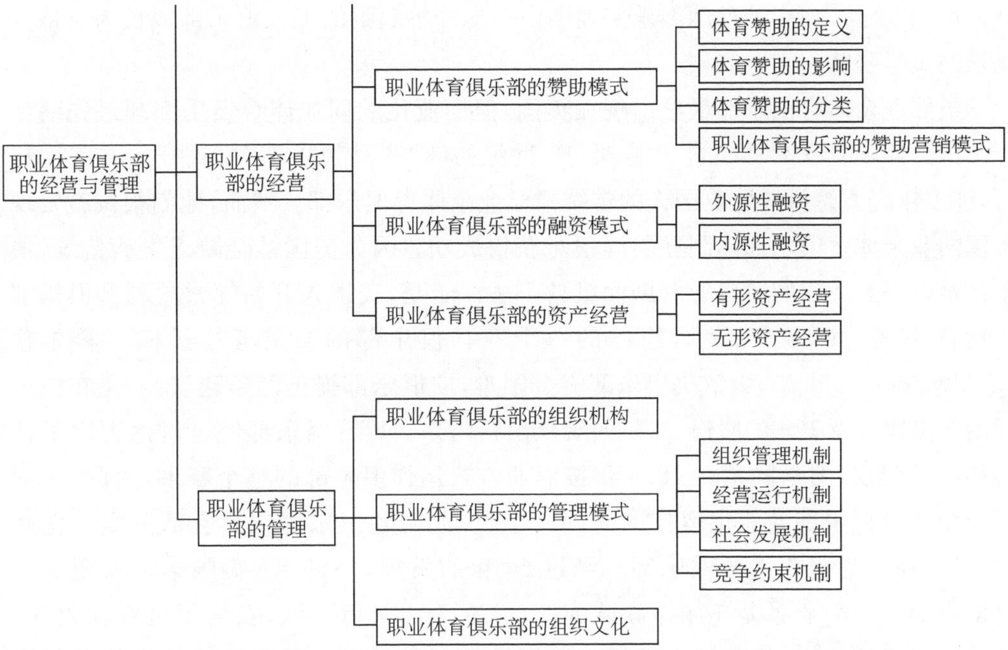

第一节　职业体育俱乐部概述

一、职业体育俱乐部的起源与发展

（一）国外职业体育俱乐部的起源与发展

职业体育俱乐部由业余体育俱乐部发展而来。业余体育俱乐部最早诞生于英国。1750 年，英国的一批贵族在纽马克特资助成立了著名的“赛马俱乐部”，标志着业余体育俱乐部的诞生。该俱乐部通过成员捐资组织各项活动，奖励比赛中的优胜者，并在解决比赛纠纷、制定比赛规则、确定会员资格、指定管理人员以及处罚违纪会员等方面发挥着重要作用。“赛马俱乐部”的模式很快就被英国的板球、拳击等运动项目仿效，并进一步在欧美的许多国家流行。

1857 年，世界上第一个足球俱乐部——谢菲尔德足球俱乐部建立，随后许多足球俱乐部在英国的新兴工业城市成立，但早期的俱乐部一般是由爱好足球的工人们自发组建的，多数球员另有职业。1878 年，曼彻斯特联足球俱乐部的前身——牛顿希斯 LYR 足球队由一群铁路工人组建。他们在工作之余，经常约请本公司的其他球队或其他铁路公司的球队比赛。1886 年，阿森纳足球俱乐部由英国伍尔维奇地区的日晷广场(Dial Square)一家名为“皇家阿森纳”的武器制造所的工人成立，初时按地区命名为“日晷广场”。1886 年圣诞日，球队易名为“皇家阿森纳”(Royal Arsenal)。

在之后的50年，阿森纳足球俱乐部逐渐由一支并不起眼的工人俱乐部成长为英格兰足坛的头号强队。

虽然业余体育俱乐部最早出现在英国，但商业化的职业体育俱乐部却最先萌生于美国。伴随着欧洲移民进入美洲，19世纪初叶“赛马俱乐部”模式开始在美国流行，许多年轻人纷纷按照英国人的传统建立业余体育俱乐部。然而，他们很快就发现英国的业余体育俱乐部体制在美国很难获得成功。因为美国社会缺乏贵族传统，俱乐部难以得到贵族们慷慨的资助而维持下去。于是，美国人开始探索盈利型俱乐部的运作模式。1828年，美国纽约的一个赛马俱乐部的会员考德沃德·科尔顿(Caldwalder Colden)，为解决俱乐部资金困难，向俱乐部提出两条建议：一是在俱乐部内部出售一万美元的股份；二是向观众出售门票。尽管俱乐部经过讨论否决了他的第一条建议，但是同意在1829年按商业方式运作俱乐部的整个赛事，由此，开创了业余体育俱乐部商业化运作的先河。不过，此时各俱乐部仅具有部分商业化属性，尚未演变为职业体育俱乐部。经过40年的发展，1869年，美国第一家职业体育俱乐部——辛辛那提红袜棒球队成立，并在美国进行巡演，获得了可观的收入。此后一些工商业主、政客纷纷投资成立职业棒球俱乐部。美国职业体育俱乐部发展的春天悄然而至。

与美国不同的是，英国业余体育俱乐部的职业化道路更加曲折。以足球为例，19世纪初，英国各种正式或非正式的足球比赛十分流行，规范协调这些比赛显得非常迫切。1863年世界第一个足球协会组织——英格兰足球总会(以下简称“英足总”)成立，标志着现代足球运动的诞生。随后，英足总制定并通过了世界第一部较为规范的足球竞赛规则，并从1871年开始组织每年一次的英格兰足总杯比赛。随着足球比赛胜负结果的影响越来越大，致使比赛竞争趋于激烈，各个业余足球俱乐部对运动员的要求也越来越高。一些俱乐部为了取胜，开始向社会招募优秀运动员，并为他们的训练和比赛提供报酬。这些以比赛报酬为主要生活来源的运动员逐渐职业化，但也在英国足坛引发了关于业余性质与职业性质的激烈争论。

然而，英足总更倾向于足球的业余性质。1882年，英足总规定“禁止从俱乐部获得工资收入的球员参加业余比赛、联盟赛和国际比赛，任何雇佣该类球员的俱乐部都将被逐出联盟”。但各个俱乐部都开始意识到足球的商业化前景，一直在暗中招募职业球员进行比赛，英足总与俱乐部的矛盾越来越大。在巨大的压力面前，英足总最终让步，于1885年宣布承认职业球员的合法地位，英格兰境内的俱乐部纷纷由业余性质转为职业性质。职业足球的合法化使俱乐部获得了广阔的市场，并开始酝酿职业联赛。在俱乐部和相关部门的努力下，英格兰终于在1888年创办了全国性的甲级联赛并延续发展至今。19世纪末到20世纪初，随着英国在对外扩张的过程中传播了先进的足球文化和管理理念，欧美各国也先后开始了足球的职业化进程，职业体育俱乐部如雨后春笋般涌现。

20 世纪 80 年代以来，随着时代的变迁和社会的进步，人们面临着越来越多的挑战和压力，对身心健康产生一定消极影响。观看体育赛事成为人们舒缓压力的有效方法之一。同时，伴随着技术进步和经济全球化，体育产业也蓬勃发展，各项赛事规模日益扩大。作为赛事基础的职业体育俱乐部也得到了发展的良机，一些俱乐部通过长期的苦心经营也逐渐形成了自己的品牌。根据福布斯 2023 年全球最有价值足球俱乐部排行榜显示，2023 年世界足坛品牌价值最高的球队是皇家马德里足球俱乐部，以 60.7 亿美元位列第一。皇家马德里、曼彻斯特联、巴塞罗那、利物浦、曼彻斯特城、拜仁慕尼黑和巴黎圣日耳曼等 7 家足球俱乐部，品牌价值全部超过 40 亿美元，极具影响力(表 4－1)。

表 4－1　2023 年世界足坛品牌价值排名

俱乐部名称	品牌价值/亿美元
皇家马德里	60.7
曼彻斯特联	60.0
巴塞罗那	55.1
利物浦	52.9
曼彻斯特城	49.9
拜仁慕尼黑	48.6
巴黎圣日耳曼	42.1
切尔西	31.0
托特纳姆热刺	28.0
阿森纳	22.6

2019 年末，新冠疫情暴发导致全球体育产业遭受重创。2022 年，各大体育赛事基本恢复至疫情前的常态，早期的赛事停摆或取消、空场比赛以及上座率限制等情况，已经逐渐消失。欧美体育也展现出强劲的复苏势头。2023 年 1 月，知名足球数据机构足球基准(Football Benchmark)公布了 2021～2022 赛季欧洲八个联赛冠军的财务报告，其中除了葡超冠军波尔图收入下降 6%以外，包括曼城、皇马等其余欧洲七个联赛冠军收入均实现正增长。与此同时，大洋彼岸的北美四大职业联赛同样表现出色。MLB 在 2022 赛季营收超 108 亿美元，创下了该赛事的新纪录，各俱乐部收入同样实现增长；勇士以 71 亿美元领跑 2022 年 NBA 球队估值榜，NBA 球队平均估值达到 28.6 亿美元，相比 2021 年增长 15%。

(二) 国内职业体育俱乐部的产生与发展

1992 年，在北京红山口召开全国足球工作会议后，我国职业体育俱乐部的建立率先在足球项目展开，其中北京、广州、上海和大连等城市的足球职业化走在全国前列。1992 年末，国内最早的职业足球俱乐部——北京国安足球俱乐部成立。1993 年初,太阳神集团与广州体委签约,成立广州太阳神足球俱乐部,为我国首家股份制职业足球俱乐部。同年,上海开始筹建我国第一个与体委完全脱钩、由企业自主管理的足球俱乐部,并在年末实现了上海足球队与市体委脱钩,球队由上海申花(集团)公司接管。1994 年,万达集团入主大连市足球队,并改组为大连万达足球俱乐部,球队夺得当年职业化后的首届全国足球甲级队 A 组联赛冠军。

然而,1996 年以来,中国职业足球的发展可谓跌宕起伏,国家队在国际重大比赛中战绩不佳,只在 2002 年唯一一次入围世界杯决赛圈。国家队战绩不佳降低了球迷对职业足球的关注度及对球员和俱乐部的认可程度,从而削减了职业联赛的观赛人数和赞助收入,导致我国职业足球的商业价值下降。这在很大程度上影响了我国职业足球俱乐部的正常运营,俱乐部不断出现各种矛盾和问题。有的俱乐部为了激励球员,追求比赛成绩,不顾实际财务状况,滥发奖金或大幅度增加工资,导致自身经营困难;有的俱乐部为了争夺优秀球员,不惜通过抬高价码和签署"阴阳"合同等违规行为,扰乱运动员转会的正常秩序,既破坏了职业足球的公平竞争,也进一步加剧了财政困难;还有的俱乐部急功近利,不愿意培养后备人才,导致青少年球员日益短缺,不利于中国足球长远发展。

此外,消极比赛、操纵比赛、裁判不公和收受贿赂等现象也时常出现。2010 年,中国足球掀起反腐浪潮,多名足协要员、球员和裁判被依法逮捕。2022 年,中国足球又掀起了新一轮足球反腐风暴,涉事球员和官员广泛,涉案金额巨大。在此背景下,联赛生态遭到严重侵蚀,俱乐部生存空间进一步缩窄。一系列负面新闻表明我国足球职业化道路充满艰难曲折。

新冠疫情期间,我国职业足球俱乐部运营非常困难。以广州恒大淘宝足球俱乐部(现更名为广州足球俱乐部)为例,由于 2020 年上半年的赛事活动取消,俱乐部收入大幅下降。同时球员薪酬、转会成本居高不下,使得俱乐部亏损进一步加剧。俱乐部大部分主力球员被迫转会,使得球队竞技实力大幅下降。还有一些俱乐部财务状况难以为继,被迫解散,如中超的天津天海、江苏队、重庆两江竞技、武汉长江、广州城等;中甲的广东华南虎、辽宁宏运、上海申鑫等;中乙的保定容大、延边北国等。中国足球近 5 年已有超过 40 家职业足球俱乐部解散。

三年赛会制结束后,中超恢复主客场制,球迷正式回归球场。据统计,首轮中超的 8 场比赛有累计 191 553 名观众走进球场观赛,场均观众人数为 23 944 人,比 2019 年全年的平均数据多出 630 人,其中北京国安主场涌入了 46 818 名球迷,是首轮联赛上座率最高的球场。这一时期,专业足球场建设提质增效,其中"新工体"成为全国首批、北京首座国际标准的专业足球场;上海申花队的新主场——上海体育场历经三年翻新后在新赛季亮相;有着"白玉碗"美誉的上海浦东足球场也正式在中超联赛亮相。此外,中国足坛反腐让联赛环境焕然一新。中国足协的清欠行动彻底解决了欠薪问题,联赛恢复健康生态;俱乐部纷纷转为低成本运营,本土年轻球员迎来了更多施展才能的机会。2023 年，中国职业足球俱乐部逐步回到正常轨道，中国足球也重新出发。

篮球方面，1995 年中国篮协以全国男篮甲级联赛赛制改革为突破口，以产业化、职业化为方向，推动了我国篮球职业化进程和职业篮球俱乐部的建立。1995 年，在北京召开的全国男篮甲级联赛会议上，中国篮协推出了《中国篮球协会运动员转队暂行条例》和《俱乐部暂行管理条例》，揭开了我国篮球职业化改革的序幕。1995～1996 赛季，中国篮球确定走职业化发展道路，联赛命名为中国男子篮球甲级联赛，参赛队伍达到 12 支。中国篮球职业化迈出了第一步。1997 年，已经进行两年的中国男子篮球甲级联赛更名为中国男子篮球甲 A 联赛。

篮球职业化改革两年以来，发展迅猛，但弊端也开始显现。虽然俱乐部作为投资方进行出资和管理，但不完全拥有球队的产权。在决策权和经营权方面，中国篮协依靠行政属性掌握绝对话语权。这导致俱乐部不能作为自负盈亏的经营者对自身进行妥善的经营管理，很多俱乐部因此连年亏损。这些都说明当时中国篮球的职业化程度不高。1995～2004 年，中国篮球协会实体化程度低，职业篮球俱乐部商业化程度也低，这造成了中国篮球协会在管理中拥有绝对的权力，职业篮球俱乐部不得不依附于中国篮球协会。2005 年，联赛正式更名为中国男子篮球职业联赛（CBA），篮球职业化更进一步。2005～2015 年，准入制的确立和联赛委员会的成立在一定程度上促进了职业篮球俱乐部的商业化，但中国篮球协会与国家体育总局篮球运动管理中心的关系没有发生实质性的改变，俱乐部在与中国篮球协会的关系中仍处于弱势。

2016 年初，由姚明和 18 家俱乐部共同酝酿的中职联篮球俱乐部（北京）股份有限公司成立，希望“自下而上”催促 CBA 联赛实现“管办分离”，加快职业化进程。中国篮球协会认为此举具有积极意义，同样“自上而下”拟定了《CBA 联赛管办分离改革“分两步走”方案》，并得到国家体育总局批准。随后中篮联（北京）体育有限公司（简称“CBA 公司”）成立，积极落实中国篮球协会实体化的各项工作。中国篮球协会与职业篮球俱乐部二者的关系也逐渐从政府本位期间的“权威领导、依附和遵从”的关系转变到社会本位期间的“控制、契约和服从”的关系，二者的协作与互动增多，开始共同承担职业联赛健康发展的责任。

排球方面，1996 年，中国排球协会以赛制改革为突破口，首次推出了跨年度的主客场制联赛。1998 年，中国排球协会先后下发了《中国排球协会俱乐部运动员转会暂行规定》《中国排球协会关于排球俱乐部管理暂行规定》《中国排球协会关于发展排球俱乐部的意见》等文件，以规范转会市场、提高联赛水平。我国排球联赛经过 20 多年的发展，职业化程度依然比较低。各俱乐部主要依靠企业的赞助和政府的扶持得以运作。尽管在企业和政府的帮助下，资金得到保障，但我国职业排球俱乐部的投入规模依然较小，俱乐部用于营销宣传、市场开发、后备人才培养的支出被严重压缩，竞赛水平也难以提高。这既跟排球项目的普及程度、市场认可度有关，也与多年来或多或少存在的重女排国家队、轻联赛的发展理念有关。尽管中国女排已成为中国体育的一面旗帜，但是排球运动的群众基础、国民参与度和在青少年当中的普及度未能获得相应程度的提升。近年来后备人才储备情况也不容乐观。

现阶段还存在着各俱乐部商务运营能力不强；管办不分致使权、责、利纠缠不清；联赛的市场化程度不高等问题，制约着职业排球俱乐部的发展。目前，我国职业排球俱乐部的商务运营团队数量较少，且团队中的运营人员缺乏运营技能。国家体育总局排球运动管理中心与排球联赛的组委会本该属于两个完全独立的部门，却存在着权、责、利纠缠不清的问题。职业体育俱乐部应该是一个向公众提供竞赛表演服务及相关产品的企业化组织，但目前我国排球联赛的各俱乐部依然没有摆脱省市体育部门的实际控制，市场化程度比较低。

乒乓球方面，1993 年底，由北京市体委与香港联汇丰集团、澳门南光集团合作，建立了我国第一家乒乓球俱乐部——北京联汇丰乒乓球俱乐部。1994 年中国乒乓球协会提出“双轨制”，对俱乐部运动员实施“双重身份，统一管理”。1995 年中国乒协开始推行乒乓球俱乐部赛事。1996 年，12 家全国各地的乒乓球俱乐部相继成立，同年颁布了《中国乒乓球协会俱乐部章程》。1999 年，联赛更名为“中国乒乓球俱乐部超级联赛”（简称“乒超联赛”）。乒超联赛的推出标志着中国乒乓球运动的职业化和市场化。2000 年，首届中国乒乓球俱乐部超级联赛开幕。2005 年，联赛的规章制度在中国乒协等管理部门的领导下开始调整改进，包括准入制度、俱乐部主场、俱乐部的注册规定、办赛时间和周期等。俱乐部之间的差异趋向平衡，同时球员与俱乐部之间的协议也得到了规范管理，品牌乒乓球俱乐部也开始出现。以山东鲁能乒乓球俱乐部为例，作为培养世界冠军的“摇篮”，截至 2021 年 8 月，俱乐部球员获得 32 次世界冠军、8 次全国冠军，共为国家队输送了 36 位球员。

目前，我国乒乓球俱乐部的职业化尚处在初级阶段，显著特点是俱乐部与省市队并存的“双轨制”。该制度对乒乓球原有训练体制不作根本性改革，采取俱乐部和专业队共同发展的模式，从而明确了运动员、省市队和俱乐部之间的权利和义务，既保留了举国体制集中管理的长项，又发挥了市场经济体制的优势，保证了乒乓球在国际上的优势地位。俱乐部经费主要来自政府扶持与企业赞助，市场化程度不高。运动员一方面代表省市队参加国家赛事，另一方面也代表各个不同的俱乐部参加职业联赛，具有双重身份。俱乐部的目标本应是追求长期的经济利益，邀请企业参与俱乐部的建设，与企业形成共赢的局面。而多数俱乐部只是为了追求短期回报，导致在消耗了企业赞助的同时，企业却无法获得长期回报，从而降低了企业建设乒乓球俱乐部的兴趣，使得乒乓球的职业化异常艰难。

二、职业体育俱乐部的概念

“俱乐部”这个词单从字面上理解就是人们聚集在一起进行娱乐活动的组织团体或其场所。职业体育俱乐部是一种社会化的体育组织，是现代体育和市场经济相结合的产物，是大多数体育发达国家发展体育运动、开展体育活动普遍采用的组织形式。本书对职业体育俱乐部做出如下定义：主要从事为付费观众提供体育竞赛表演服务与产品的具有独立法人资格的经济实体。

职业体育俱乐部向消费者提供体育比赛以满足后者在体育娱乐方面的需要与兴趣。与传统体育协会相比，职业体育俱乐部是一种更加专业化、制度化、商业化的组织(表 4-2)。职业体育俱乐部是具有独立法人资格的经济实体，能独立承担民事责任，职业运动员成为生产产品与服务(进行比赛)的工人，比赛则是俱乐部生产产品与服务的过程，传统体育协会会员演变为俱乐部广大球迷，观众付费观看比赛、媒体支付转播费、赞助商支付赞助费等就是运营的内容。

表 4-2　传统体育协会与职业体育俱乐部的区别

传统体育协会	职业体育俱乐部
建立在会员团结的基础上	建立在提供各种产品与服务的基础上
每个会员都参与管理	专业人员进行管理
会员以娱乐为目的自愿加入	顾客来自对产品和服务的认可
会员是协会的一部分	会员是顾客
董事会和经理来自会员之中	董事会和经理来自外部
协会的事务往往是非正式的委派	严格正式地安排俱乐部事务
会员自娱自乐为主	顾客以观赏职业运动员比赛为娱乐
非正式的责任划分	责任划分明确

资料来源：改编自 *The European Sport Club System, in Masteralexis*。

三、职业体育俱乐部的特征

(一) 市场特征的普遍性

处于市场经济环境中的职业体育俱乐部具备一般企业应有的特点，表现为如下市场特征：

第一，职业体育俱乐部是由投资者、经营者、管理者、运动员和教练员等组成的集合体。其内部分工明确，各部门有序地进行组织、经营、管理、训练和竞赛等活动。

第二，职业体育俱乐部需要遵守法律法规，履行法律义务。职业体育俱乐部是经注册登记的、具有独立法人资格的经济实体，拥有明确的产权及其所必需的其他各种权利，自主经营、自负盈亏，从事各种经济活动，并承担民事责任。

第三，职业体育俱乐部是按市场经济机制，对其运营内容加以经营管理的体育产业组织。职业体育俱乐部通过提供体育竞赛表演服务与产品，获取门票收入、转播费和赞助费等，并采用一系列营销手段，充分体现体育比赛的商业价值，在此基础上获得相应的经济回报，以维系俱乐部的正常运作。

第四，职业体育俱乐部是追求经济利益最大化的经济实体。职业体育俱乐部的投资者以获取利益最大化为核心追求，以资本在运作过程中不断增值作为俱乐部的运作目标，由此形成了企业化的经营管理模式，建立起商业化的运行机制。

（二）体育特征的特殊性

职业体育俱乐部不仅是市场经济的经营实体，还由于其经营内容归属于体育产业，故而具有相应的体育特征：

第一，高水平运动员是职业体育俱乐部的核心资产。高水平运动员对职业体育俱乐部的经营管理具有不容忽视的作用。他们拥有卓越的竞技水平和技术能力，能带来更具观赏水平的体育比赛、更广泛的观众基础和更高的商业价值，并为职业体育俱乐部创造巨大的经济效益和社会效益。

第二，竞赛水平是职业体育俱乐部的生存基础。一方面，俱乐部的竞赛水平与其经济效益息息相关。竞赛水平高的俱乐部不仅有机会参加各种国内外比赛，包括商业性比赛，而且可以制定较高的门票价格，获取较多的门票收入、转播费和赞助费。另一方面，俱乐部的竞赛水平还与其社会效益紧密相连。俱乐部的竞赛水平高，吸引观众多，观众基础就越好，就越能引起社会的关注，产生巨大的社会影响。通过筑牢经济基础和社会基础，俱乐部的生存基础随之建立。

第三，无形资产是职业体育俱乐部可持续发展的重要支撑。职业体育俱乐部的无形资产包括俱乐部冠名权、转播权、广告权、俱乐部标志物使用权等。实物产品由于附着了俱乐部的无形资产，提高了社会知名度和市场品位，增强了市场竞争力，因而获得了超出实际价值的商业附加值。俱乐部社会形象越好，社会知名度越高，无形资产的市场价值也越高，越能带动俱乐部实现可持续发展。

第四，竞争均衡是职业体育俱乐部合作共赢的良好基础。职业体育俱乐部组成职业联盟，由各俱乐部共同建设的职业联赛既有对抗也有合作，在比赛中互相学习对方的优点，促进各俱乐部的竞赛水平达到均衡状态。各俱乐部的竞赛水平越接近，比赛水平就越高，也越具有悬念，越能吸引更广泛的观众，带来更大的商业价值。同时，在职业联盟的约束下，各俱乐部遵守相关章程和规定，通过制约促进合作，达到均衡状态。各俱乐部在对抗与合作中共同生产产品与服务，建立起协调、合作、制约的关系，在竞争中保持均衡，实现了合作共赢。

第二节　职业体育俱乐部的经营

一、职业体育俱乐部的营销模式

（一）职业体育俱乐部营销理论

4P营销理论产生于20世纪60年代的美国，随着营销组合理论的提出而产生。1953年，尼尔·博登（Neil Borden）在美国市场营销学会的就职演说中创造了"市场营销组合（marketing mix）"这一术语，其意是指市场需求或多或少受到所谓"营销变量"或"营销要素"的影响。杰罗姆·麦卡锡（Jerome McCarthy）于1960年在其《基础营销》（*Basic Marketing*）一书中将这些要素概括为4类：产品（product）、价格（price）、渠道（place）、促销（promotion）。

1967年，菲利普·科特勒（Philip Kotler）在其畅销书《营销管理：分析、计划、执行与控制》（*Marketing Management: Application, Planning, Implementation and Control*）中进一步确认了以4P为核心的营销组合方法（图4-1），此后4P营销理论成为现代市场营销的经典理论。4P营销理论中的"4P"具体是：①产品：注重开发产品的功能，要求产品有独特的卖点，把产品的功能诉求放在第一位；②价格：根据不同的市场定位，制定不同的价格策略，产品依据企业的品牌战略定价，要注重品牌的含金量；③渠道：企业可以不直接面对消费者，企业与消费者的联系可以通过培育经销商、分销商和建立销售网络来搭建；④促销：企业使用各种营销手段，包括广告、宣传、公关等，将产品与服务的信息传递给消费者，以达成销售目标。促销是企业营销的重要手段，通过提高品牌知名度、塑造企业形象等方式，吸引消费者并实现营销目标。

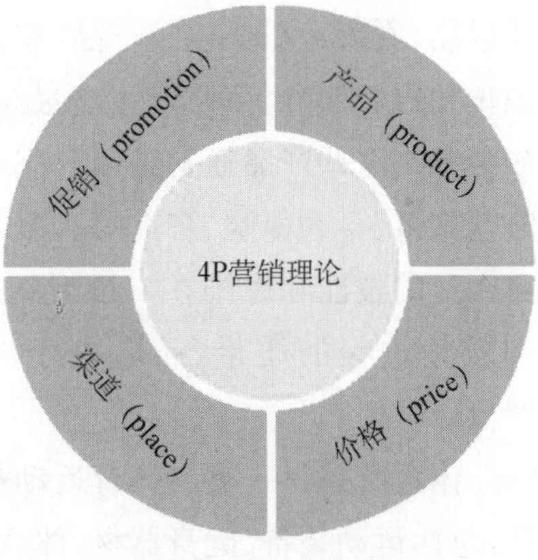

图4-1　4P营销理论

体育市场在形成和发展的过程中引入了4P营销理论并使该理论与体育领域的实践进行了相应的结合，并运用到职业体育俱乐部的营销实践中（图4-2）。对4P营销理论的正确理解和综合运用能使我们更加深刻地理解体育市场的运作规律，从而帮助我们制定出更加符合实际情况的市场营销计划。下文以产品和渠道为例进行阐释。

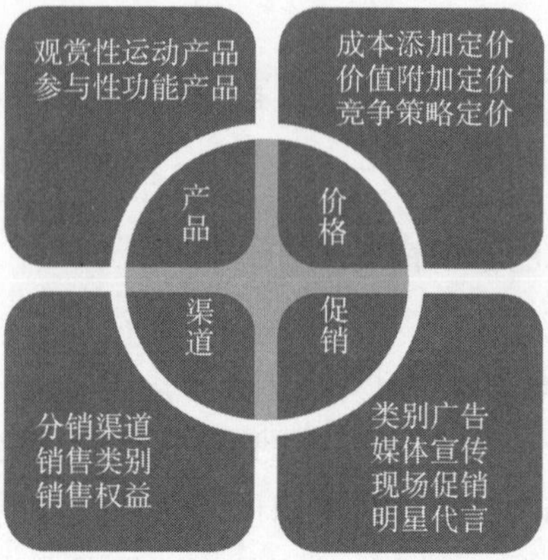

图 4-2 职业体育俱乐部的 4P 营销理论分析框架

（二）职业体育俱乐部的产品

1987 年，菲利普·科特勒定义“产品”为：任何能提供给市场的、满足消费者需要的东西都是产品，其种类包括物品和服务。一般认为产品分为物质产品和服务产品。物质产品和服务产品是两种不同类型的产品，其区别主要在于它们的性质和形式。物质产品是一种以物质形式出现的产品，通常是可以看得见、摸得着的有形物品，比如食品、衣服、汽车、电子产品、家具等。这些产品需要经过生产加工、物流运输、营销销售和售后服务等环节，才能最终被用户购买和使用。服务产品则是一种无形产品或劳务。这些产品通常是以时间或过程方式提供的，比如教育、竞赛表演、健康医疗、航空旅游、金融保险、咨询等。服务产品不像物质产品那样可以被存储，而是通过专业人员的技能和思维在一段时间内提供。服务的优劣不仅取决于提供服务的人员和服务过程的质量，还取决于消费者的主观感受，不同偏好的消费者有不同的评价。

体育产品是一类与体育运动相关的，能够满足消费者需要的物质产品或服务产品，包括运动装备、健身器材、体育竞赛表演服务等。这些产品和服务可能用于或来自于不同的运动项目，比如足球、篮球、网球、游泳等。它们在促进和提高个人或团体的运动表现和健康水平方面，发挥着重要作用。

具体而言，职业体育俱乐部提供的产品分为两类，一类是物质产品，如印有俱乐部标志的队服、队帽等，除了满足观众的情感需求外，还具有一定的功能性作用。另一类是服务产品，如组织一场精彩纷呈的赛事，满足观众情感需要。虽然不同消费者的消费心理和消费行为并不相同，但真正吸引消费者的是能够充分满足其物质需求和精神需求的体育产品。因此，对于职业体育俱乐部提供的物质产品来说，可以在创造和完善产品核心功能的基础上添加心理和情感因素，从而充分满足消费者的精神需求；对于职业体育俱乐部提供的服务产品而言，不仅需要通过体育比赛充分展现健康向上的体育文化，满足消费者的精神需求，还需要开发附着体育文化的物质产品，满足消费者的物质需求。

由于职业体育特征对体育产品的定价有很大的影响，在制定职业体育俱乐部产品价格时，除了考虑成本、需求和竞争三个基本要素之外，必须对职业体育的特征加以考虑，主要有以下四个特征。

1. 无形性

职业体育提供的体育竞赛表演服务是无形的服务产品，受不同消费者偏好的影响，其定价比有形的物质产品更困难。

2. 时空性

职业体育的服务产品受时间因素和地理因素的影响较大，体育竞赛表演服务在何时何地举行都会影响消费者的决策，定价较为困难。

3. 同质性

在竞技规则、比赛场地、比赛时间等方面，同一类别的体育赛事之间差别不是很大，具有同质性。消费者会按照相同的方式去购买赛事服务和衍生品，产品与服务的价格竞争较为激烈。

4. 不可储存性

赛事服务只在一段时间内提供，赛事结束即代表服务结束。不同消费者对此表现出不同的偏好，忠诚的消费者认可短暂的赛事服务时间，但一般的消费者可能会认为这是在浪费时间，由此对定价造成不便。

（三）职业体育俱乐部的销售渠道

职业体育俱乐部的产品生产出来后，需要进行销售，以实现利润最大化的目标。销售渠道为产品到达消费者搭建了桥梁。销售渠道是产品从生产者到消费者之间经过的各个环节和路径。正确选择、管理和优化销售渠道，将有助于扩大产品的市场覆盖范围，提高品牌知名度，增加销售业绩和市场份额，从而推动企业实现长期发展。

销售渠道中最重要的是分销渠道。菲利浦·科特勒认为分销渠道就是产品从生产者到消费者的过程中，连接企业与消费者的作用环节。从这个角度看，任何一种销售模式都可以称为“分销”。分销渠道指的是生产者或供应商采取的一种渠道销售模式，不仅包括将产品直接销售给消费者的直销模式，还包括将销售产品的任务分配给一些具有相应销售能力和渠道优势的合作伙伴的各种销售模式。运用分销渠道，可以扩大销售网络，减少销售成本，提高市场占有率和销售额。

具体而言，职业体育俱乐部产品的分销渠道主要有以下方式。

1. 俱乐部自营店铺

职业体育俱乐部可以在自己的官网、门店、体育场馆中销售相关产品，比如门票、球衣、球帽等赛事衍生品。这种销售方式可以让球迷和观众直接购买到球队的产品，并且通过营销策略，挖掘潜在的消费者。

2. 电子商务平台

职业体育俱乐部可以在一些大型的电子商务平台上销售产品，比如淘宝、京东、拼多多等。这种方式可以扩大销售的市场覆盖范围，在互联网平台上提升俱乐部的曝光率和知名度。

3. 商业赞助

职业体育俱乐部可以将广告屏幕、球馆、队服等看作变现的渠道，将其出租或进行品牌推广，获取商业赞助带来的收入。企业可以通过与俱乐部合作，赞助俱乐部和比赛，提升品牌知名度和品牌价值。

4. 转播平台

职业体育俱乐部可以将自己的比赛在电视或网络上转播的权利转让给广播电视台或媒体公司，以获取经济收益。在过去，体育赛事多由电视台进行转播。随着互联网的迅速发展，近年来职业体育俱乐部的转播权销售逐渐向在线平台拓展，比如腾讯体育、咪咕体育和PP体育等。

在销售过程中，为了提高销售效率、控制价格波动、实现品牌效应等，需要对职业体育俱乐部产品销售渠道进行管理和控制。职业体育俱乐部产品销售渠道的管理和控制包括三个基本要素。

1. 渠道成员

构成职业体育产业链的任何一个组成部分，都是渠道成员。因此，俱乐部、广告公司、赞助商、媒体机构、消费者等都可称为“渠道成员”。消费者是整个分销渠道的终点。俱乐部、广告公司、赞助商、媒体机构的诸多努力都是为了满足消费者的需要，实现俱乐部产品的销售，从而最终实现各自的利益。因此，消费者的类型、购买行为、购买特征都是它们关注的焦点。

2. 渠道结构

销售渠道的结构，可以分为长度结构、宽度结构以及广度结构三种类型。其中，长度结构是指按照其包含的渠道合作伙伴（购销环节），即渠道层级数量的多少来定义的一种渠道结构，如零级渠道、一级渠道、二级渠道、三级渠道等；宽度结构，是根据每一层级渠道合作伙伴的数量来定义的一种渠道结构；广度结构，实际上是渠道的一种多元化选择，即俱乐部采用了混合渠道模式来进行销售。

3. 渠道控制

渠道对实现最终的销售至关重要，俱乐部产品需要借助各种渠道才能到达消费者，一旦失去对渠道的控制，将极大影响俱乐部的经营。因此渠道的控制非常重要。俱乐部建立起渠道系统，仅仅是完成了实现分销目标的第一步，而要确保公司分销目标的最终实现，还必须对渠道系统进行适时、合理、有效的控制。发展至今，各职业体育俱乐部一般以自己的官方网站（或特定授权的售票通道）作为球迷购票的渠道来实现渠道控制。

二、职业体育俱乐部的赞助模式

（一）体育赞助的定义

体育赞助是现代企业营销的一种行之有效的方式，是指企业通过对各类体育主体和活动，包括赛事、运动队、运动员、体育场馆等，提供资金、物资、技术服务等方面的赞助，以利用体育无形资产的方式达到宣传自身产品和形象目标的一系列营销活动。这些营销活动有助于企业提升品牌形象、提高品牌知名度、彰显社会责任以及与公众保持良好关系，为企业创造有利的生存和发展的环境。

（二）体育赞助的影响

体育赞助的积极意义是显而易见的。首先，赞助费用是职业体育俱乐部重要的收入来源。职业体育俱乐部可以通过政府扶持、企业赞助来筹集资金。企业赞助是重要的筹资方式。其次，体育赞助还可以提高受赞助运动项目的普及程度，拓宽运动项目的市场和赞助商目标产品的市场。比如疫情期间，NBA 的体育赞助依然持续增长，为赛事运作、项目推广和项目市场化提供了支持。

然而，体育赞助也会产生一定的负面影响。赞助商总是期望能取得较高的投资回报，故他们可能会要求对所赞助的体育领域实施更高程度的影响或控制。这可能会导致在体育赛事中产生过度商业化的问题，削弱体育运动所带来的纯粹乐趣和精神价值。如越来越多的赞助商愿意通过分担转会费的形式，参与俱乐部球员转会事宜。1997 年巴西前锋罗纳尔多（Ronaldo）转会国际米兰时，就曾让赞助商耐克分担过转会费。虽然这对国际米兰球迷来说是个重大的好消息，但对罗纳尔多在巴萨时期的形象和声誉产生了消极影响。罗纳尔多在巴萨时期已经成为球队的核心和国际足坛最为出色的前锋之一，此时他突然离队，让球迷们感到失望和愤怒。同时也对他的个人形象产生了负面影响，许多人质疑他的动机和价值观。

（三）体育赞助的分类

根据不同的赞助对象，体育赞助可以分为多种类型。常见的包括赛事赞助、场地冠名赞助、运动员赞助和俱乐部赞助（详见职业体育俱乐部的赞助营销模式）。其中，运动员赞助具有独特的优势和效果。

1. 赛事赞助

赛事赞助是指赞助商向赛事组织者提供资金、物资或技术服务以获取赛事的体育无形资产使用权的商业行为。无论赞助商规模大小，普遍都能从赛事赞助中获得丰厚回报。例如，在 1980 年莫斯科奥运会上，百事可乐就与可口可乐进行了一场激烈的营销战，由于百事可乐更为出色，结果盈利颇丰。而在 1996 年亚特兰大奥运会上，可口可乐制定了全面出击的赛事赞助营销策略，在整个亚特兰大城的公园、街道、体育馆等公共场所都换上了可口可乐的广告和标识，亚特兰大在奥运期间变成了一座“可口可乐城”。同时,可口可乐还开展了一系列的全球营销活动,使其不仅在美国本土的市场份额得以扩大,而且在全球的销售量也节节高升,创造了1996年第三季度盈利同比增加21%的奥运营销经典,而其竞争对手的同期利润却出现了大幅下滑。

2. 场地冠名赞助

体育场馆冠名权是指企业或组织通过支付一定的费用,购买对某个体育场馆的冠名权,使得该场馆在一定时期内使用该企业或组织的品牌名称作为场馆的名称,例如将原有的“城市名+体育馆”的名称改为“某品牌名称+体育馆”。这种冠名方式可以使得企业或组织的品牌名称通过场馆的赛事和其他活动广泛曝光,从而提升品牌的知名度,塑造良好的社会形象,使合作双方获得各自的经济利益和社会效益。如北京的五棵松体育馆曾是2008年北京奥运会篮球比赛的主会场,也是第一家获得冠名的北京奥运会场馆。此后于2011年获得万事达卡国际组织冠名,2017年获得上汽通用汽车有限公司冠名,五棵松体育馆的名称改为“凯迪拉克中心”。通过冠名奥运场馆,万事达卡国际组织和上汽通用汽车有限公司都获得了相应的经济利益和社会效益。

3. 运动员赞助

由于体育明星的一举一动都可能产生轰动效应,引发“粉丝经济”,赞助商对其进行包装,将在整体销售上得到更多商业回报。在不同的体育赞助方式中,运动员赞助具有独特的优势和效果,能快速直接地带来丰厚的商业回报。例如,Hookit是一家专注于研究球星商业价值的数据公司。其研究表明,2015年克里斯蒂亚诺·罗纳尔多(Cristiano Ronaldo)在社交媒体发布的59张帖子,共为赞助商耐克带来了3 600万美元的商业收入,并为所有的赞助商产出了总计1.76亿美元的商业价值。

(四)职业体育俱乐部的赞助营销模式

职业体育俱乐部的赞助营销模式是指职业体育俱乐部运用体育赞助的方式,通过与品牌合作和寻求赞助商的支持以获得资金、物资和技术服务的营销模式。职业体育俱乐部的赞助营销模式主要由五大要素组成,即赞助主体、信息系统、体育市场、整合营销、赞助环境。五大要素相互制约、相互依存。

1. 赞助主体

赞助主体包括赞助方、被赞助方和中介方。赞助方与被赞助方可以直接联系和接触,也可以通过中介方达成合作。中介机构在职业体育俱乐部赞助营销中起着非常重要的作用,因为中介机构不仅熟悉职业体育俱乐部赞助市场的整体状况,而且具有赞助方面的专业人才、专业知识和丰富的经验。

2. 信息系统

在现代市场经济快速发展的新媒体背景下,无形的网络将更多的体育消费人群整合在一起,为人们的交流提供了方便。企业通过信息系统与体育消费人群进行信息交流,获得广大消费者的理解与支持,以确保职业体育俱乐部赞助营销能够充分发挥应有作用并实现营销利益最大化。同时，企业通过信息系统与消费者进行互动，能够及时调整营销策略，促进自身不断发展。

3. 体育市场

随着人们对健康的关注度不断提高，体育市场愈发兴盛。同时，职业体育俱乐部成为体育市场中的重要组成部分。俱乐部利用其知名度和流量优势，向各种不同行业的赞助商提供丰富的营销资源。在体育市场中，足球、篮球、网球、乒乓球等项目的参与者规模庞大，使得体育市场的消费群体具有多元化特征。此外，体育比赛的流媒体直播也得到了快速发展。通过流媒体直播，赞助商可以向多元化的消费群体传达品牌价值，利用体育明星推广体育用品。这些都为职业体育俱乐部的赞助营销提供了充足的发展机遇。

4. 整合营销

整合营销是一种相对完善且系统化的营销对策。简言之，即该营销对策注重对多种营销工具和营销方式进行系统的整合，并强调营销方式的多元化。职业体育俱乐部和赞助商运用整合营销将俱乐部开展的活动作为主要的营销平台，并将赞助商品牌文化作为活动核心，着重提升和传达品牌价值，进而实现各类体育活动与赞助营销的有机整合。赞助商可以通过围绕公益、文化与社会热点，结合多元化营销手段，达到最佳的整合营销效果。

5. 赞助环境

在新媒体背景下，企业要想获得良好的发展便需了解当前的赞助环境，并积极借助各类营销活动与工具，将职业体育俱乐部开展的各类活动与市场资源进行有机整合，才能确保赞助营销活动方案的可行性。良好的赞助环境对职业体育俱乐部赞助营销至关重要，即使遭遇新冠疫情的严重冲击，体育赞助仍然是俱乐部可靠的主要收入来源。欧洲赞助协会(ESA)和尼尔森体育联合会(Nielsen)发布的报告显示，新冠疫情使欧洲赞助市场的总价值从2019年创纪录的306.9亿欧元下降到2020年的236.3亿欧元，跌幅达23%，但其中体育赞助只下降了9%。这表明新冠疫情对体育赞助的影响不大，但职业体育俱乐部和赞助商依然需要积极与赞助环境相接轨。

三、职业体育俱乐部的融资模式

从资金来源角度看，可以将融资方式划分为外源性融资和内源性融资。对职业体育俱乐部而言，外源性融资是指通过股权融资和债权融资等方式，从外部获取资金以满足运营和发展需求；而内源性融资则是指通过提高自身盈利能力，从现有业务中获取资金。

（一）外源性融资

外源性融资方式主要包括股权融资和债权融资。

1. 股权融资

股权融资是指通过发行股票等方式，在股票市场募集资金的一种融资方式。股权融资利用股票市场的机制以实现资金在相对盈余部门和相对缺乏部门之间的流动。投资者参与股权融资后，将成为公司的股东，拥有股东权利。实现股权融资的方式主要有三种：企业在股票市场上进行股票的发行、配股和再融资。股权融资的双方都可以从中获益，投资者作为新的股东依法享有各项权益，而经营者通过融资解决了资金问题，从而扩大了业务规模和范围，增加了企业的市场份额，提高了企业的市场竞争力。近年来，国内职业体育俱乐部最受瞩目的股权融资事件当属2014年阿里巴巴集团入股广州恒大足球俱乐部，融资的结果是新更名的广州恒大淘宝足球俱乐部在2015年正式登陆新三板，成为亚洲第一支上市的足球俱乐部。股权融资凭借其巨大的融资数额和无还本付息义务的优势成为职业体育俱乐部的重要融资方式。

2. 债权融资

债权融资是通过协议、发行等多种方式以公司名义形成债权，债权人处于公司经营的“外部人”地位，其收益并不受公司经营情况好坏的影响的一种融资方式。换言之，相较于股权融资，债权融资具有明显的“外部性”。债权融资按照资金来源渠道差异，可以分为民间融资和资本市场融资。通俗来讲，民间融资是指企业向个人或民间组织，以按期支付利息和到期偿还本金为前提条件进行借款获得资金的行为。资本市场融资是指企业在债券市场发行债券，债权人通过买入债券完成对企业的投资。目前，在世界职业体育市场上，银行信贷和商业信用融资是职业体育俱乐部较为常用的债权融资方式。由于银行信贷能在短时间内提供较大额度的资金，成为世界职业体育俱乐部进行短期融资的首选方式。2020年，阿森纳足球俱乐部签下法甲里尔的巴西中卫加布里埃尔·马加良斯(Gabriel Magalhães)，转会费为3 000万欧元，但由于俱乐部现金不足，于是采用债权融资方式完成交易，即首期支付500万欧元，剩余金额将在未来三年内支付，并支付一定的利息。

(二) 内源性融资

内源性融资主要由企业留存收益组成，是指公司将上一会计年度的经营成果转化为投资的过程，即在公司内部融通资金。内源性融资利用了企业内部所持有的可用资产，在使用时具有较大的自主权。同时，因其具有低成本性和低风险性，已成为俱乐部筹集发展资金时首要的融资方式。例如，2020～2021赛季，皇马采取了一系列财务紧缩举措和内源性融资举措，包括减少球员引进和流失、降低球队工资开支、动用留存收益以及削减运营成本等，以减弱疫情影响。根据皇马公布的2020～2021赛季俱乐部年度财报数据，与2019～2020财年相比，皇马的净债务从2.41亿欧元减少到4 600万欧元。这一系列举措使皇马成功渡过危机。

四、职业体育俱乐部的资产经营

从资产形态角度对资产进行分类，职业体育俱乐部的资产包括有形资产和无形资产。一般而言，有形资产可以用于俱乐部形象塑造和投资增值，无形资产可以提高俱乐部的影响力和商业价值。

（一）有形资产经营

有形资产通常是相对无形资产而言的，具有一定实物形态的资产是有形资产。通常认为，有形资产是指企业或组织的固定资产和流动资产。职业体育俱乐部的有形资产主要包括训练基地、训练及辅助设施、综合性配套服务设施、货币资金、短期投资等。例如拜仁慕尼黑足球俱乐部为运动员的伤病诊疗和体能康复配置按摩室、诊疗室、温水浴池、现代化康复中心等设施。这些设施不仅有助于预防和治疗由于训练和竞赛造成的伤病，同时也是俱乐部重要的有形资产。合理经营俱乐部有形资产将有利于提高运动员竞赛水平、塑造良好的俱乐部形象和投资增值。

（二）无形资产经营

职业体育俱乐部的无形资产经营主要包含冠名权经营、转播权经营、广告权经营、运动员价值经营、俱乐部标志物使用权经营等。

1. 冠名权经营

冠名权经营实际上是职业体育俱乐部寻找冠名赞助商并进行开发的过程。在欧美职业体育俱乐部中，场馆冠名权、球队冠名权等已经成为重要的收入来源。这些冠名权对于俱乐部经营至关重要，可以帮助俱乐部获得更多的赞助收入，同时也是双方宣传品牌价值和提高知名度的重要方法。例如，我国职业足球俱乐部大多数是在体委管理、企业赞助的竞技运动队的基础上演变过来的。随着职业化改革的深入，一些企业出资从政府手中将俱乐部完全收购过来，以经营者的身份参与俱乐部的管理。由于企业以追求经济利益为目标，所以开始对俱乐部冠名，以提高企业知名度，获取经济回报。当然，也有一些经营者将俱乐部冠名权转让给第三方企业，以获得一笔可观的收入来补贴球队的支出。

2. 转播权经营

职业体育俱乐部的转播权是指俱乐部拥有在举办职业体育赛事时允许他人以电视、网络的形式进行转播，并从中获利的权利。以英超为例，2022 年 2 月，英超联盟在股东大会上确认在未来的三个赛季，联赛海外转播费将首次超过英国国内。根据《每日邮报》的分析，转播费大幅上涨能够提高英超各家俱乐部的收入，在新的转播合同生效后，所有参加英超联赛的俱乐部都将得到超过 1 亿英镑的转播分成。

3. 广告权经营

体育广告是广告主以付费的方式，通过多种传播媒介或各种体育活动传递品牌价值和商品信息，以刺激消费者的心理，促使其产生消费行为的商业性活动。广告权经营成为职业体育俱乐部的主要经济来源。以中超俱乐部为例，早在2013赛季，北京国安的球衣广告权就卖出了近亿元。在2018赛季，中超球队的球衣广告权也曾卖出过1.62亿元的天价。在2023赛季，成都蓉城将球衣广告收入作为俱乐部营收的重要来源，胸前广告是成都建工。

4. 运动员价值经营

运动员是俱乐部重要的人力资源，也是俱乐部十分重要的特殊资产。职业运动员的竞技能力影响俱乐部整体竞技水平。运动员价值是指运动员在体育领域或其他领域所表现出的无形的竞技能力、知名度和影响力等，是职业体育俱乐部重要的无形资产。现阶段一些具有广泛知名度和影响力的球星可以为俱乐部带来各种收入，包括衍生品收入、转播收入和赞助收入等。以克里斯蒂亚诺·罗纳尔多为例，在确定加盟尤文图斯后的第一天，他的球衣销量就达到了惊人的52万件，仅用一天时间就超过了尤文图斯全年销量的一半，其球衣收入达到了7 540万欧元。

5. 俱乐部标志物使用权经营

俱乐部标志物使用权经营是指职业体育俱乐部将自己的标志物授权给其他企业或组织进行商业开发和使用的一种经营方式。俱乐部标志物使用权经营可以帮助俱乐部扩大影响力和提高知名度，加强品牌形象的塑造，并为俱乐部带来资金支持。企业或组织则可以通过使用俱乐部标志物，改善自己的品牌形象，提高市场竞争力。例如，随着区域链技术的发展，以NFT(None-Fungible Token)为代表的数字收藏品成为俱乐部标志物使用权经营的新宠。据英国媒体*Decrypt*报道，Sorare团队出品的身着尤文图斯球衣的克里斯蒂亚诺·罗纳尔多数字明星卡在NFT平台上售出了28.9万美元的天价，是此前NFT平台上价格最高的足球运动员埃尔林·哈兰德(Erling Haaland)数字明星卡12.4万美元售价的两倍多。

第三节 职业体育俱乐部的管理

一、职业体育俱乐部的组织机构

职业体育俱乐部有其特定的组织结构，俱乐部一般按照企业管理模式设置董事会、俱乐部主席、总经理及各职能部门。董事会是俱乐部最高的权力机构。俱乐部主席由董事会推选或指派，通常由出资最多的一方或由其指定代表担任，对俱乐部发展的重大问题做出决策。总经理负责领导主管具体业务活动的职能部门，直接对俱乐部主席负责。各职能部门负责具体业务执行，对总经理负责。

以西班牙皇家马德里俱乐部组织结构为例(图4-3)，这种组织结构根据俱乐部的实际情况，将职能结构与事业部结构进行有机结合，兼具二者的优势。职能结构按职能分工实行专业化的管理，代替了直线型的全能管理者，减轻了上层管理者的负担，可在部门内产生规模效益、促进组织实现目标。事业部结构实行分散经营，可跨职能部门实现高效协调。这两种结构促进了皇家马德里俱乐部实现出色的运营。

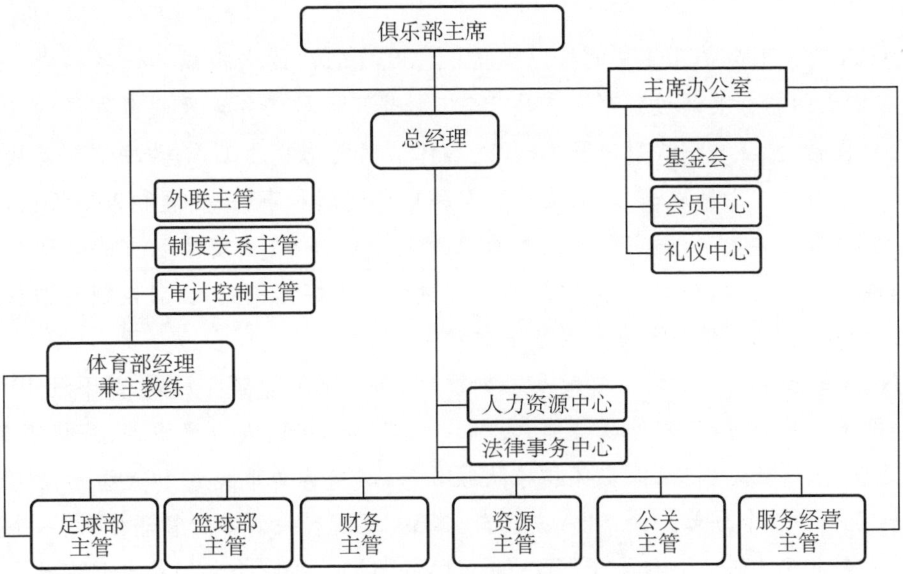

图 4-3 皇家马德里俱乐部的组织结构

皇家马德里俱乐部主席负责决策；总经理及其领导下的人力资源中心和法律事务中心，主席办公室及其领导下的基金会、会员中心和礼仪中心，以及外联主管、制度关系主管、审计控制主管、体育部经理兼主教练等负责协调监管；足球部主管、篮球部主管、财务主管、资源主管、公关主管、服务经营主管负责具体执行。其中，足球部主管主要负责俱乐部足球方面的工作；篮球部主管主要负责俱乐部篮球方面的工作；财务部主管负责俱乐部财务工作；资源主管负责管理俱乐部场馆设施和装备等；公关主管负责处理公共关系；服务经营主管负责俱乐部的运营工作。训练比赛是俱乐部最主要的任务，由主教练全权负责，总经理一般不予干涉。体育部经理兼主教练直接管理足球部主管，权力比较大。有的俱乐部主教练直接向董事会负责，这时主教练就成为俱乐部管理的核心。

二、职业体育俱乐部的管理模式

（一）组织管理机制

职业体育俱乐部自诞生至今，自下而上逐步形成了以联盟为枢纽、以竞赛活动管理为主要任务的管理体系。国内外职业体育俱乐部大多数采用三级管理的管理体系，即由全国性单项运动协会（或称联合会）、职业体育联盟（或称联赛）、职业体育俱乐部组成。它们之间是一种“伙伴关系”，既各自独立、互不干涉，又彼此依存、相互合作，以联盟利益最大化为前提，共同维护职业体育的正常运转。

专栏 4－1：NBA 组织管理体系

NBA 的董事会是其最高的权力机构，由 30 支球队的老板或其代表构成。NBA 的所有重大问题都要通过董事会来决定，其主要职责和任务涉及联盟发展的各个方面，主要包括：监督和审议财政预算；任免和评估联盟总裁的工作；为联盟制定战略规划；确定联盟的中心问题；代表联盟处理有关重要问题和事件；受理和审议诉讼；召开代表大会；表决和投票；确定职业队的数量及其合理分布；决定运动员的合理分配和流动；确定比赛规则，决定比赛日程；与全国性的电视媒体谈判，出售电视转播权及确定收入分享比例；处理与商业活动有关的事务等。

NBA 的日常运营活动由总裁及总裁领导下的 NBA 总部负责，总部下设 10 个部门，分别是行政管理部、内外联络部、大型活动部、财务部、人力资源部、法律事务部、篮球运营部、球员培训部、保安部和球队服务部，其中内外联络部和大型活动部还分别包括 6 个和 4 个分部。除 NBA 总部外，NBA 还设有一个资产管理公司、一个娱乐公司、一个电视传媒公司和女子 NBA 联盟（WNBA）。每一个部门都有其完整高效的内部分工，如资产管理公司下设 9 个分部，并且分工明确合理，保证了工作效率。

资料来源：改编自《NBA 运营模式对中国篮球市场的影响》。

（二）经营运行机制

职业体育俱乐部作为自主经营、自负盈亏、独立核算的经济实体，特别注重俱乐部经营水平的提高。其中，俱乐部的市场收益渠道多元化和资金使用增值化是经营运行机制的关键内容。详见本章第二节职业体育俱乐部的经营内容。

（三）社会发展机制

职业体育俱乐部必须有可持续的资金流入、高水平的后备人才和专业的体育管理人员，才能得以生存和发展。而这有赖于社会需求和社会支持，尤其是球迷对俱乐部的关爱和忠诚。如何吸引球迷，提高球迷对俱乐部的认可度和忠诚度是各职业体育俱乐部主要的社会发展机制内容。

欧洲足球无论是五大联赛的大俱乐部还是一些二级联赛的小俱乐部，都有自己独特且成熟的社会发展机制。以比利时球队华斯兰德贝弗伦足球俱乐部为例，俱乐部每年都会以自己的名义举办全市的小学生足球联赛，邀请当地十六所小学的学生参加，不分性别组队，通过比赛吸引了年轻球迷，提高了影响力。另外，职业体育俱乐部还要积极承担社会责任、传播体育精神、倡导健康生活方式、维护社会公平正义等。

比如,2022 年 8 月,山东泰山足球俱乐部携手山东省体育记者协会、济南市交通运输综合行政执法支队、葛洲坝集团交通投资有限公司山东区域运营管理中心共同在济泰高速柳埠收费站举办“超越 · 爱”公益系列活动,向坚守在一线的交通防疫工作人员赠送了慰问品。

（四）竞争约束机制

竞争约束机制主要是为了规范职业体育俱乐部的行为,协调各俱乐部之间的矛盾,平衡俱乐部之间的实力,进而增强比赛的不确定性和观赏性,保障联赛的整体利益。以 NBA 为例,其主要的约束机制包括:

第一,制度约束。通过球员合同和交易控制,限制球队间对球员转会的无序竞争,避免球队间为争夺球员而进行无序竞价。

第二,媒体转播约束。控制全国性电视转播权,把俱乐部的电视转播权集体捆绑起来与媒体公司谈判、交易,增强了俱乐部的谈判实力,保护了俱乐部的利益。

第三,工资约束。规定球员最高工资,征收工资“奢侈税”。这避免了俱乐部整体工资水平上涨过快,更避免了一些财大气粗的俱乐部疯狂囤积球星,使联盟内各俱乐部的实力维持相对的均衡,提高了比赛的竞争性和观赏性。

第四,收益约束。联盟收益约束表现为限制经济实力强的俱乐部,扶持经济实力弱的俱乐部,保持经济实力上的均衡,以实现竞赛实力的平衡。

三、职业体育俱乐部的组织文化

职业体育俱乐部的管理需要发挥组织文化的导向功能、凝聚功能和激励功能。组织文化是组织在长期的实践活动中所形成的并且为组织成员普遍认可和遵循的具有本组织特色的价值观念、团体意识、工作作风、行为规范和思维方式的总和。职业体育俱乐部组织文化是指职业体育俱乐部在运转过程中逐渐形成的,为俱乐部组织成员认可并遵循的,具有职业体育特色的信念、价值观和行为规范等要素的总和。其主要分为物质文化和精神文化。

（一）职业体育俱乐部物质文化

职业体育俱乐部的物质文化是指俱乐部组织文化赖以形成、存续、发展的体现着体育特色、代表着体育发展、标志着体育管理特点、象征着体育存在的物质所附着的文化。职业体育俱乐部物质文化体现在场馆设施、装备器材的设计和管理方面,使俱乐部组织成员凝聚在一起,激励成员共同奋斗。职业体育俱乐部的场馆设施包括俱乐部所属比赛场地、训练基地、俱乐部办公楼、运动员宿舍、俱乐部餐厅、运动员康复诊疗设施、俱乐部绿化设施以及俱乐部所属其他活动场地设施等,装备器材包括足球、球鞋、球衣、护具、训练跨栏架、训练跳格梯等。以英超豪门曼联的主场老特拉福德球场为例,其场馆设施体现着对球员无微不至的关怀。在看台下的一系列球员更衣室，洗衣房，休憩室等，采用了最科学、最实用的设计方案。更衣室墙壁是天然的木纹色，球员的衣服都整齐地挂在墙上。每位球员都有按人体曲线设计的舒适的皮革躺椅。有专门人员管理球员的衣物，该人员熟悉每一位球员的喜好，比如他们喜欢穿长袖还是短袖，中场休息是否喜欢换衣等，以保证球员不必为比赛之外的任何事分心。

（二）职业体育俱乐部精神文化

职业体育俱乐部的精神文化是指俱乐部内部的一系列共同的价值观和行为准则，是俱乐部组织文化的核心内容。这些精神文化涵盖了职业体育俱乐部的方方面面，从球员的职业素养、体育精神到球队的管理运作，从地方文化的传承到国际视野的拓展，都涉及俱乐部的精神文化。俱乐部的名称、队徽、队服、队歌和其他各类衍生品，都体现着俱乐部的精神文化。几乎每个职业足球俱乐部都有各具特色的俱乐部精神，它往往以简洁而富有哲理的语言加以概括，并通过俱乐部训言、队歌、队徽和雕塑等形式表现出来。例如，利兹联足球俱乐部的球迷在比赛开始前以及比赛进行中会高唱球队队歌《一起前进》(*Marching On Together*)。其他体现俱乐部精神文化的利兹联球迷歌曲还包括《我们是冠军，欧洲的冠军》(*We Are The Champions, Champions Of Europe*)，这首歌曲源于1975年利兹联在欧冠决赛中因为裁判的一系列误判而遭遇失败，球迷希望通过这首歌曲来纪念这段历史，同时呼吁球队应得的荣誉。

专栏4-2:CBA俱乐部队徽文化

CBA俱乐部精神文化是职业体育俱乐部精神文化的典型代表，其中最有意义的是CBA俱乐部的队徽。队徽代表着一座城市的文化特色，蕴含着球队的文化心理，铭刻着球迷的历史记忆。以辽宁猎人队和八一男篮队的队徽为例，其无不体现着鲜明的职业体育俱乐部精神文化。

"辽宁猎人队"这个队名是20世纪80～90年代辽宁男篮在全国各大联赛中使用过的队名。进入CBA之后，这个队名也曾延续下来。辽宁猎人队可以说是现在辽宁队的前身。辽宁男篮曾用这个队名取得过辉煌的战绩，可谓风光十足。值得一提的是，辽宁猎人队的队徽别具一格，造型酷炫且枪口冒着烟的猎人形象被众多球迷铭记于心。这么独特的队徽体现着辽宁队追求胜利、敢于拼搏的精神文化。2014年，著名篮球运动员王治郅在接受采访时表示，辽宁猎人队的队徽给他留下了深刻的印象，并说道"那时候每个队都有一个吉祥物，其他队的队徽都是动物，而辽宁队的队徽是个举着猎枪的猎人。因为辽宁队有猎枪，能把所有动物打了，但是八一男篮队的队徽是个火箭，所以猎枪打不了火箭"。此番形象的表述，侧面表现了辽宁猎人队曾经辉煌的战绩和奋勇拼搏的精神文化。

八一男子篮球队简称“八一男篮”，是中国男子篮球职业联赛老牌劲旅。八一男篮队自建队以来，发扬解放军优良传统和作风，本着为国争光，为军队争光的高度荣誉感和使命感，严格治队，严格训练，形成勇猛顽强，敢打敢拼，团结协作的战斗作风。历史上，八一男篮队多次夺得CBA总决赛冠军，其队徽里的火箭图形，蕴藏着我国长征系列火箭研发的艰辛，体现着国防军队攻坚克难、独立自主、顽强拼搏的精神文化，同时也是八一男篮精神文化的精髓。

资料来源：改编自《CBA队徽文化解析》。

第四章复习思考题

第五章

职业体育联盟的运营

【导　　读】

职业体育联盟是职业体育的重要主体。本章首先介绍了职业体育联盟的概念、起源和发展,在其基础上阐述了职业体育联盟具有的竞争实力均衡、垄断性和反垄断豁免等特点。其次,本章介绍了欧美国家职业体育联盟的发展历程和运营情况,以及日本和韩国的职业体育联盟的运营模式和发展特点,并结合案例分析了各职业体育联盟的商业模式。最后,本章介绍了我国职业体育联盟的发展现状和发展趋势。

【学习目标】

◆ 了解职业体育联盟的概念、起源和发展
◆ 理解职业体育联盟的特点
◆ 掌握各国职业体育联盟的运营情况

【思维导图】

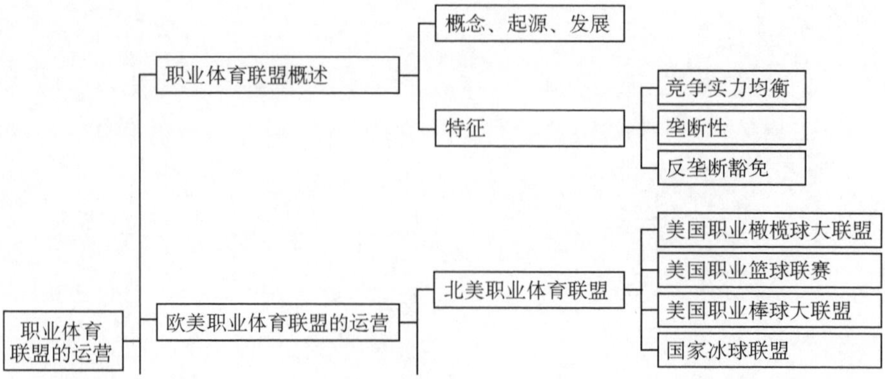

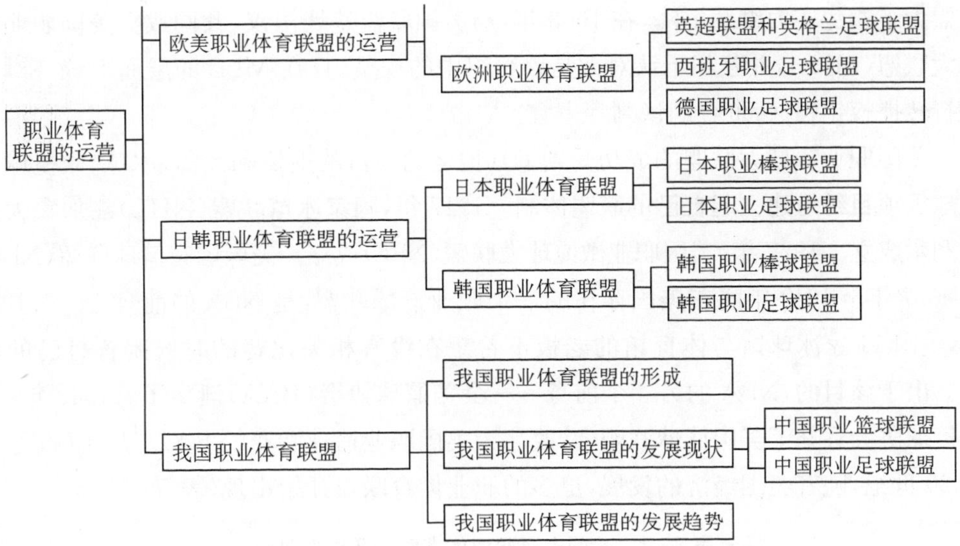

第一节　职业体育联盟概述

一、职业体育联盟的概念

职业体育联盟是指由多个职业体育俱乐部联合组成，通过一系列制度安排来促进俱乐部之间竞争实力均衡，以实现整体效益最大化目标的经济组织。以职业体育联盟为基础的运作模式是职业体育运作模式的典范。通常情况下，联盟由独立的职业体育俱乐部自发创建或联合组建，俱乐部的所有者组成联盟董事会，董事会委托联盟委员会管理联盟事务。

二、职业体育联盟的起源与发展

早在19世纪初，美国上流社会的体育爱好者就尝试将英国的业余体育俱乐部制度引入到发展中的美国体育，但收效并不明显。1869年，美国第一家职业体育俱乐部——辛辛那提红袜棒球队的成立开启了美国职业棒球运动的历史。1871年，美国成立了其第一个职业体育联盟组织——国家职业棒球员协会，虽然在名称上该组织尚未被称作联盟，但却是历史上公认最早的职业体育联盟组织。1876年该组织改称为全国职业棒球俱乐部联盟，简称“国家联盟(National League)”。1901年，由于国家联盟经营不善，大量裁减球员和教练，另一联盟开始有了生存空间——美国联盟(American League)成立。由于美国联盟不断以高薪吸引国家联盟的球星跳槽，国家联盟为了避免实力继续下降，在 1903 年，与美国联盟签署协议，共同成立美国职业棒球大联盟(MLB)，并互相承认对方是该组织中的一员，且在 MLB 的层面上统一对外进行转播权销售、劳资合同谈判等事宜。

美国职业棒球大联盟的成功受到了其他运动项目的追捧和效仿，冰球、橄榄球和篮球等项目纷纷建立起自己的联盟体制。1917 年，国家冰球联盟(NHL)在加拿大蒙特利尔成立。1922 年，美国职业橄榄球大联盟(NFL)成立。美国国家篮球联盟(NBL)是 1937 年至 1949 年间在美国存在的一个职业篮球联盟，是 NBA 的前身之一。1946 年，美国 11 家冰球馆与体育馆的老板不希望在没有相关比赛的时候闲置自己的场馆。出于该目的，NBA 的另一个前身——全美篮球协会(BAA)诞生了。1949 年，全美篮球协会吞并了美国篮球联盟，并改名为美国职业篮球联赛(NBA)。从 19 世纪末至 20 世纪，随着美国经济的发展，更多的职业体育联盟开始出现(表 5－1)。

表 5－1　美国主要职业体育联盟及成立时间

联盟名称	成立时间
美国职业棒球大联盟(Major League Baseball)	1903 年
国家冰球联盟(National Hockey League)	1917 年
美国职业高尔夫协会(Professional Golf Association of America)	1916 年
美国职业橄榄球大联盟(National Football League)	1922 年
全国运动汽车竞赛协会(National Association for Stock Car Auto Racing)	1948 年
美国职业篮球联赛(National Basketball Association)	1949 年
美国女子职业高尔夫协会(Ladies Professional Golf Association)	1950 年
美国职业足球大联盟(Major League Soccer)	1993 年

欧洲职业体育联盟的起源稍晚于美国。19 世纪末，受美国的影响，欧洲主要发达国家的职业体育联盟开始萌生并迅速发展起来。早期的英国业余体育俱乐部属于“上流社会”的团体组织，俱乐部根据申请者的职业、收入、社会地位来决定是否接纳其为成员。1863 年，英国成立了世界上第一个足球协会——英格兰足球协会，又称英格兰足球总会，从此翻开了英国足球发展的新篇章。随着英格兰足球协会的成立，足球的普及程度越来越高，影响也越来越大，越来越多的普通人开始参与足球运动。1871～1872 赛季，15 支足球俱乐部参加了英国历史最悠久的足球俱乐部比赛——英格兰足总杯。此时，足球运动已深入英国各个阶层。随着比赛激烈程度的提高，优秀运动员成为稀缺品。一些俱乐部为了获得胜利，开始向社会招募优秀运动员，并为他们提供报酬。对于职业足球运动员的出现，英国足球俱乐部之间曾发生过激烈争论。1882 年，各俱乐部约定进行业余比赛，比赛规则明文规定：“禁止从俱乐部获得工资

收入的球员参加业余比赛、联盟赛和国际比赛，任何雇佣该类球员的俱乐部都将被逐出联盟”。但到了1885年，英格兰足球协会认可并采纳了职业化发展的模式。随着足球职业化在英国的普及，1888年，一位居住在伯明翰的苏格兰商人威廉·麦格雷戈（William McGregor）和阿斯顿维拉足球俱乐部携手创建了世界上第一个职业足球联赛和英国历史上最早的职业足球联盟。该联盟由12支职业足球俱乐部组成，主要目的是保证俱乐部之间的比赛数量，让俱乐部和球员实现更多利益。联盟成立之初，威廉·麦格雷戈就宣称该联盟是一个自我管理的组织，其宗旨是为联盟内部球队服务。

到20世纪中叶，英格兰的职业足球联赛已经发展为拥有4个层级的全国性统一联赛，分别是英超、英冠、英甲和英乙。这个体系不仅统一了全英格兰范围内职业足球联赛的规则和安排，同时也为俱乐部提供了更丰富和更公平的比赛机会，促进了足球事业的发展。后来，世界各国的足球联赛广泛采用这一赛制。经过长时间的发展，目前欧洲的体育市场中，五大职业体育联盟的赛事在全球范围具有很强的影响力，分别是英格兰足球超级联赛、德国足球甲级联赛、意大利足球甲级联赛、西班牙足球甲级联赛和法国足球甲级联赛。

在亚洲，日本于1936年组建了职业棒球联盟，标志着第一个现代意义上的职业体育联盟在亚洲成立。然而，由于多方面原因，职业体育联盟在亚洲各国并没有迅速发展起来。20世纪末，韩国、日本、中国等亚洲国家纷纷初步建立或继续建立了一些自己的职业体育联盟，但与欧美国家相比，亚洲国家职业体育联盟的发展仍然处于初级阶段。

三、职业体育联盟的特征

（一）竞争实力均衡

比赛结果的不确定性是职业体育联赛吸引观众的核心要素。职业体育俱乐部经济实力与竞技实力的相对均衡能够保证竞赛结果的不确定性，对吸引消费者和实现联赛整体经济利益最大化具有重要作用。在职业体育中，没有哪一支俱乐部能够独自进行比赛，必须至少有两支竞争实力均衡的球队相互协作、共同生产，才能使每支球队都获得最大化的利润。因此，职业体育联盟会通过一系列市场因素和制衡机制，强化联盟的内部治理，建立联盟的规则和秩序，协调联盟内的各种矛盾，使各俱乐部保持着相近的经济水平和竞技水平，从而产生相互依赖、相互合作的关系，创造良性的竞争环境，最终使联盟经济利益最大化。

（二）垄断性

在大多数职业体育联盟中，联盟内各俱乐部在经济和法律上与联盟达成一致。联盟的行为主要包括设计各种规章制度和决策程序，比如章程、比赛规则、联赛规模、球员资格、进入门槛、收入分享以及各种营销活动等。联盟贯彻并执行这些规章制度和决策程序,以实现整体收益最大化,并促进运动项目的普及。一方面,联盟对规章制度和决策程序的设计与执行具有确定性和独占性,通过这种方式形成了秩序和规则,产生了稳定的治理结构和权力关系。另一方面,各俱乐部为了获得联盟的许可和认可,需要严格遵守联盟制定的各项规章制度,不能单独行动。这就体现出职业体育俱乐部对联盟的依赖,而联盟具有通过制定规则控制市场形态和竞争格局的垄断性。

卡特尔是垄断组织形式之一,职业体育联盟具有卡特尔的垄断性。按照经济学对卡特尔的定义,职业体育联盟的行为满足卡特尔的三个基本条件:一是,集体生产:职业体育俱乐部之间相互比赛,共同生产竞赛产品;二是,提高价格:职业体育联盟的门票价格和转播权价格呈现攀升的趋势;三是,控制产量:由于有着严格的联赛层级和赛程的限制,在一段时期内联盟的比赛安排是相对固定的。

(三) 反垄断豁免

就职业体育赛事而言,联盟通过控制市场份额和球队数量,在特定的地域内提供有限甚至是唯一的比赛产品。这不仅是比赛精彩性的需要,更是有效竞争的要求。同时,职业体育联盟的核心产品是体育赛事,与其他产业提供的产品有着本质的不同。职业体育赛事具有明显的团队生产特征,由联盟来协调俱乐部之间的活动。这便于从整体上为观众提供高水平的赛事产品。如果在完全竞争的市场条件下,各俱乐部为了追逐自身利益而争夺球迷,必然会使强队越强、弱队越弱,比赛精彩程度大幅下降,最后所有俱乐部的利益都会受损。因此,需要具有垄断性的联盟制度将俱乐部层面的竞技对抗和联盟层面的经济合作有机结合起来。

从垄断竞争的观点来看,垄断并不必然导致经济的低效率与浪费,有时反而有利于提高整个社会的经济效益和资源配置效率。垄断也并不必然限制竞争,在特定市场反而有利于形成有效的竞争。一般而言,反垄断豁免是指在特定条件下,垄断行为不被视为违法或不被处罚。反垄断豁免的实施主要是为了更好地平衡反垄断政策和其他政策之间的关系,有助于促进社会公共利益的实现。对于职业体育联盟,通过实施适度的反垄断豁免,能够帮助其维持在职业体育市场的有效竞争,为公众提供精彩激烈的体育比赛。目前,欧美国家普遍将反垄断豁免制度不同程度地纳入到当地的职业体育联盟。

专栏 5-1:北美职业体育联盟反垄断豁免

1961 年,支持北美四大职业体育联盟发展的《体育转播法》出台,主要内容为职业体育联盟享有电视转播反垄断豁免权,《谢尔曼反托拉斯法》不再适用于职业体育联盟或俱乐部之间的相关联合协议。其规定,职业体育联盟可以作为一个“单一实体”与电视台签订转播合同，并批准了四大职业体育联盟在电视转播权谈判方面的豁免。这样，职业体育联盟就可以利用卖方垄断优势，在电视转播谈判中占据主动，并以整个联盟的名义取得转播收益。1966年，这项法律扩大了适用范围，规定若两个及两个以上的职业橄榄球联盟合并经营并且不造成球队数目的减少，甚至增加球队数目，也可免受《谢尔曼反托拉斯法》的约束。这一修正条款为日后NFL和AFL的合并以及1967年超级碗的诞生扫清了法律障碍。

《体育转播法》颁布后，哥伦比亚广播公司(CBS)与NFL联盟总裁罗泽尔签署了一份价值465万美元的转播合同，购买了第一年的转播权，合同于1962～1963赛季生效。到了1964～1965赛季，购买转播权的价格涨到了1 410万美元。高昂的电视转播权价格以及签约后全国性的曝光为国家橄榄球联盟随后的巨大成就奠定了基础。1998～2005年，NFL的电视转播权价格已经高达176亿美元。巨额的电视转播合同不仅帮助NFL发展成美式橄榄球最高级别的职业联赛，还帮助其成为北美四大职业体育联盟之首和世界上最大的职业美式橄榄球联盟以及最具商业价值的体育联盟。

1991年，美国另一个职业体育联盟NBA与全国广播公司(NBC)签订的转播合同，使每一支球队平均分得了680万美元的电视转播费。NBA认为这种整体谈判与平均分配相结合的市场运作模式能够保证联盟的整体利益，所以对各支球队单独与地方电视台合作进行了严格限制。1991年的NBA电视转播方案规定，每支球队最多可以销售给NBC其主场或客场共41场比赛，转播所获得的收入可以直接归各球队所有。

资料来源：改编自 *The Enduring Power of the Sports Broadcasting Act*。

第二节　欧美职业体育联盟的运营

一、北美职业体育联盟的运营

北美职业体育联盟的规则完善、管理先进，具有独特的结构特点。历史上，北美各大职业体育联盟几经扩张、合并之后，形成了具有鲜明北美特色的“特许经营系统”。该系统的特点是各联盟中的俱乐部相对固定(没有升降级)、俱乐部地理分布相对均衡、对新加入联盟的俱乐部有着较高的门槛要求等。这种成员固定、准入制度严格的联盟结构被称为“封闭式联盟”。

首先，各职业体育联盟由规定数量的俱乐部组成，各俱乐部享有特许经营权，能够在俱乐部所在地区拥有市场独占权。通常，联盟俱乐部的分布以每个主要城市拥有一支球队为目标，只有纽约、芝加哥、洛杉矶这样的超大城市才能拥有两支或两支以上的球队。想要在联盟中成立新的俱乐部，必须在未开发地区建立球队并兴建体育场用于投标。新加入球队需要支付高额的准入费用，还需要得到现有联盟成员投票通过才能加入联盟。北美四大职业体育联盟代表着世界上最高级别的职业体育赛事水平，各俱乐部几乎从来不与联盟外部的对手进行比赛。

其次，尽管俱乐部成员是独立于联盟的经济实体，但各俱乐部通常只能在联盟的支持下进行经营。从联盟与其所属的俱乐部之间的关系看，北美职业体育联盟类似特许者，授予联盟内俱乐部一定的特许权，联盟和俱乐部共同拥有联赛经营的决策权和管理权。在北美四大职业体育联盟中，联盟自身管理机构决定其比赛规则、评分规则及新球员加入和转会规则。

由于联盟作为一个整体运作的企业，为维持俱乐部之间的竞争实力均衡并确保整体利益的最大化，联盟设置了工资帽、奢侈税（竞争平衡税）、选秀制度、收入分享制度、球员工会、劳资谈判、自由转会规则、电视转播权的开发等制度安排。这些制度根植于北美的国情、职业体育历史沿革和发展现状以及“封闭式联盟”的大背景中，以保护联盟整体利益为出发点，保证了联盟的高效顺畅运行，为各大联盟和俱乐部创造了丰厚的收益。以北美四大职业体育联盟的电视转播合同为例，NFL 在 2021 年与亚马逊、哥伦比亚广播公司（CBS）、美国广播公司（ABC）等电视转播媒体签订了 2023～2033 年的电视转播合同，总价值高达 1 130 亿美元；NBA 在 2014 年与美国广播公司（ABC）、娱乐与体育节目电视网（ESPN）以及特纳电视网（TNT）签订价值达到 9 年 240 亿美元的续约合同，新合同从 2016～2017 赛季开始生效，一直延续到 2024～2025 赛季，这也使得 NBA 拥有世界上第二昂贵的电视转播合同；MLB 与福克斯体育（Fox Sports）的电视转播合同，总价值达到 51 亿美元，时间跨度为 2022～2028 年；而 NHL 在 2011 年与全国广播公司（NBC）签订的 10 年转播合同的总价值也高达 20 亿美元。

专栏 5－2：北美职业体育联盟的工资帽与奢侈税

北美四大职业体育联盟以三种不同方式限制单个俱乐部用于球员工资上的支出：硬工资帽、软工资帽＋奢侈税、奢侈税。设置工资帽和奢侈税的初衷都是为了阻止球队为了签到顶级球员而花费大量资金用于支付球员工资，从而导致恶性竞争，使得强队更强、弱队更弱，联盟内的竞争均衡被打破。

“硬工资帽”是指联盟设置一个允许俱乐部发给球员薪资的最大金额，不允许任何俱乐部超出这个限额，若超过，俱乐部将受到重大制裁。“软工资帽”是指联盟对球员工资虽有限制，但存在一些特殊情况，允许球队支付的工资超过这一限制。例如在 NBA，球队被允许以集体劳资协议中规定的顶薪标准与本队的球员续约五年，无论其总工资是否超过最大金额限制。奢侈税并没有规定球队用于球员工资上的最大限额，但是会有一个相应的奢侈税起征点，球队若开出超过规定阈值的球员工资就需要面临奢侈税的征收。这个奢侈税起征点在集体劳资协议中有详细规定。

在北美四大职业体育联盟中，NFL 和 NHL 使用的都是"硬工资帽"方式。NBA 采用的是"软工资帽＋奢侈税"的形式。球队总工资超过奢侈税起征点的每一美元都需要缴纳奢侈税，超过奢侈税起征点越多，则需要缴纳越多。每年征收的奢侈税都会分发给那些不需要缴纳奢侈税的球队，以此来均衡各俱乐部的支出。MLB 则没有设置工资帽，完全通过奢侈税来均衡各队水平。在征收完奢侈税后，MLB 的税收办公室会重新分配这笔钱。

资料来源：改编自《工资帽真的要来了？请收下这份北美体育联盟工资帽科普！》。

（一）美国职业橄榄球大联盟（NFL）

NFL 也称美国职业橄榄球大联盟，居北美四大职业体育联盟之首，是世界上规模最大的职业橄榄球联盟，也是世界上最具商业价值的职业体育联盟。目前联盟共有 32 支球队，分为两个联合会：美国橄榄球联合会（AFC）和国家橄榄球联合会（NFC），每个联合会由四个分区组成，每个分区有四支球队。每支球队于每年 9 月至 12 月间进行 16 场常规赛，比赛日通常选在周日、周一或周四。常规赛结束后，每个联合会将有 7 支球队进入季后赛，经过三轮淘汰赛，两个联合会的冠军将在指定球场举办超级碗比赛，争夺最后的总冠军。

NFL 的发展壮大得益于广播电视等媒体的普及以及美国健全的电视转播机制。20 世纪 60 年代，电视在美国的普及使 NFL 逐渐成为电视转播的重要内容。电视媒体制作人在转播上的努力，使得 NFL 不仅是一项体育竞赛表演，更像是一种娱乐节目。电视媒体制作人借鉴综艺、情景剧的拍摄手法，抓住赛事任何有趣的一面，将转播升华为"讲故事"，使得 NFL 对于非核心观众也具有吸引力。到了 20 世纪 70 年代，美国广播公司（ABC）作为第一个单独购买 NFL 版权的电视公司，开启了 NFL 与电视台的长期合作。ABC 制作的橄榄球电视节目 *Monday Night Football*，一度成为当时的一种文化现象。在 20 世纪 80 年代，NFL 创立了以电视转播为基础，同时包含衍生收入的商业模式。进入 21 世纪后，NFL 通过应用不同的商业模式和营销手段，将自身打造成为世界上最具商业价值的职业体育联盟。根据 2021 年的统计，作为北美四大职业体育联盟的领头羊，NFL 在该财年总收入达到了 111 亿美元，主要来源于转播权收入和赞助收入。

1993 年以前，NFL 球队的核心收入来自联盟对于门票收入和转播权收入的分成。然而，1993 年以后，球馆雅座、包厢、冠名、广告等非分成收入开始迅速崛起，产生了"球馆经济学"。其中达拉斯牛仔俱乐部就是引领"球馆经济学"的最佳代表。1989 年，美国石油富豪杰里·琼斯（Jerry Jones）以 1.4 亿美元收购达拉斯牛仔俱乐部和达拉斯体育馆，当年达拉斯牛仔俱乐部取得有史以来最差战绩，主场观众人数也在不断下滑。杰里·琼斯入主后对俱乐部进行了大刀阔斧的改革，包括更换教练组、引进核心球员等，其中最具代表性的改革就是对球馆经济效益的开发。他将达拉斯球馆改造成一个面向富人的球馆，具体做法包括将球票价格翻倍和将 2 500 个普通座席替换成 100 个奢华包间等。1993 年，俱乐部的球馆收入从 90 万美元跃升至 3 000 万美元。当年达拉斯牛仔俱乐部总收入达到了 9 290 万美元，领先第二名 1 800 万美元。如今，达拉斯牛仔已经成为全世界最具商业价值的职业体育俱乐部之一。从 1993 年开始，更多的球队开始应用“球馆经济学”，NFL 联盟的收入也节节攀升。

（二）美国职业篮球联赛（NBA）

NBA 是由北美 30 支职业球队组成的男子职业篮球联盟，是北美四大职业体育联盟之一。NBA 分为东部联盟和西部联盟，每个联盟又被划分为 3 个赛区，各赛区由 5 支球队组成。NBA 季前赛和常规赛通常在每年的十月份举行。常规赛结束后，东、西部联盟排名 7～10 位的球队还将进行附加赛确定第 7、第 8 的排名，最终由东、西部前 8 名的球队进入季后赛，决出东部冠军和西部冠军，两部冠军晋级 NBA 总决赛，争夺 NBA 的最高荣誉——总冠军。

NBA 有着严格的联盟准入制度。在 NBA 中，很少有同一个城市拥有的球队数量在两支以上，这种限制保证了每支球队都能拥有相当数量的球迷，从而建立稳固的市场基础。为保证新加入球队有充足的财力进行经营，新球队加入联盟的门槛非常高，必须交纳高额的申请费，同时必须得到联盟现有四分之三股东的赞同票。NBA 还要求投资者有足够的资本背景，并且保证俱乐部的硬件设施满足训练和比赛要求。如果球队打算迁移到另一个城市，必须取得联盟的许可。

通常，NBA 的收入可以分为联盟收入和球队收入。其中，联盟收入主要包括表演赛收益、豪华包厢收益、常规赛门票收入、季后赛门票收入、转播权销售收入、联盟衍生品收入、赞助收入等。联盟收入的 51％返还给各俱乐部用于支付球员工资，另有一定比例的资金用于联盟费用支出。球队收入主要包括门票收入（常规赛上缴联盟 6％，季后赛税后上缴联盟 45％）、场内广告收入（联盟规定广告位置和数量）、球衣广告收入（联盟规定位置和大小）和球衣销售收入。

在赛事转播上，NBA 以整体的组织形式与转播机构进行谈判，从事比赛经营活动。这种整体的营销方式使 NBA 得以利用自己在职业篮球市场中的垄断地位，在价格谈判中掌握话语权，获得高额的转播收入。同时，联盟赛事转播营销的收益最终会通过一定机制的分配方式分享给各个俱乐部。这样的制度保证了联盟各球队的利益均衡和稳定，保证了每支球队都有足够的财力引进优秀球员和教练，缩小了球队间的实力差距，并且避免了各个俱乐部之间的恶性竞争。NBA 电视转播权销售按区域范围划分为国际电视转播、全国性电视转播以及地区性电视转播。其中国际和全国性电视转播权的营销权利由联盟掌握，各球队拥有与当地电视台合作的电视转播权营销权利，但地区性的电视转播范围不能超过以主场为圆心、半径为 25 千米的圆形区域。这种营销权利的分配，一方面保证各球队通过联盟收益的合理分配而获得持续经营所需的财力，并且有助于维持球队间实力的相对均衡，另一方面也可以激励各球队开拓本地市场，寻求更高的利润回报。

（三）美国职业棒球大联盟（MLB）

MLB 是北美四大职业体育联盟之一，其赛事是目前世界上水平最高的职业棒球赛事。MLB 联盟在 1903 年由美国两个顶级职业棒球联盟——国家联盟和美国联盟共同成立。2000 年，二者进一步合并，撤除各自的行政单位，由双方认定的大联盟主席负责统一管理。MLB 联盟共拥有 30 支球队，15 支属国家联盟，另外 15 支属美国联盟。

长期以来，棒球在美国被视为第一运动，也被称为美国的"国民运动"。美国很多州规定，人口达到 3 000 户的社区必须拥有棒球场。由于棒球在美国已经成为一种文化，因此，观看职业棒球比赛的观众人数要远超于其他运动项目的人数。MLB 的赛制分为常规赛和季后赛，一般情况下，每队要进行 162 场常规赛(其中主场为 81 场)，容纳 4 万人的棒球场经常爆满。就门票收入而言，MLB 的两个联盟有着不同的规定。在美国联盟中，门票收入的 80%归主队，20%归客队；而在国家联盟中，主队获得 95%的门票收入，客队只能获得门票收入的 5%。

电视和媒体转播权收入也是 MLB 的重要收入来源。从 1996 年开始，福克斯体育就成了 MLB 全美转播的独家平台，目前双方合作已经超过了 27 年。除了电视转播带来的巨大收入之外，为了扩大知名度和影响力，MLB 于 2000 年 6 月成立了网络科技媒体公司 Major League Baseball Advanced Media (MLBAM)，负责 MLB 联盟信息的网络传播，公司股权由 30 支 MLB 球队共同持有。MLBAM 在 2002 年就开始以在线视频的方式转播棒球比赛，此举为 MLB 赢得了除电视转播之外的大多数流媒体观众，并为 MLB 带来了丰厚的利润。目前，MLBAM 的合作伙伴非常广泛，包括英雄联盟、探索通信、ESPN、NHL 等。

（四）国家冰球联盟（NHL）

NHL 于 1917 年在加拿大魁北克的蒙特利尔成立。在成立之初，NHL 只有 5 支队伍。经过一系列扩展，目前 NHL 拥有 32 支球队，其中 25 支来自美国，7 支来自加拿大。队伍共分成东、西两个大区，每个大区又各分为两个分区，每年东、西两个大区的冠军会在联盟的总决赛中争夺联盟的最高奖项——斯坦利杯。

与其他北美职业体育联盟相比，NHL 的经济效益并不突出。由于冰球比赛的影响力不如其他主流运动项目，再加上球太小、速度太快，所以转播效果不好，不太适合电视转播。因此，国家冰球联盟的转播收入要低于 NFL、NBA 和 MLB 三个联盟。不过，由于冰球比赛的速度快，冲撞激烈，人们认为冰球比赛更适合现场观看。因此，NHL 的成功很大程度上取决于门票收入。由于冰球场馆的规模相对较小，一般只有

2万个座位左右，在一定程度上制约了NHL的门票收入。然而，在NHL的赛制下，每支球队每年要打82场常规赛。同时，各个场馆的上座率都比较高，其中大部分球队的常规赛门票都能够售罄。因此，门票收入成为NHL的一项重要收入。

从20世纪70年代起，为了增强联盟的影响力，NHL开始利用本地电视、有线电视网以及收费电视等媒介转播比赛。1985年，NHL和娱乐与体育节目电视网(ESPN)签订了一份为期3年、价值2 000万美元的转播合同，将职业冰球赛事转播到北美4 200多万户家庭中。1988年，NHL与由全国广播公司(NBC)控股的"美国体育频道"签订了一份为期3年、价值5 100万美元的合约，该频道大大增加了联盟的收入。随后，NHL分别在1992年、1994年续约ESPN。直至2001年，NHL又将转播权卖给了全国广播公司及其体育节目网络转播公司Versus(后更名为NBC Sports Network)。仅2009年，NHL在Versus和NBC的收视率就分别上涨了24%和11%，给联盟带来了8 000万美元的转播权收益。到了2013年，NHL与加拿大Rogers电信公司签订了一份合约，以46亿美元打包了NHL今后12年所有比赛的转播权。根据这份长期合约，只有Rogers公司才可以在电视、广播、网络等平台转播和回放NHL联盟的常规赛、季后赛以及斯坦利杯总决赛的所有场次。此外，NHL也通过与其他三大职业体育联盟合作，采取捆绑销售的手段增加赛事转播的频率。虽然NHL在电视转播上的收益不如北美其他职业体育联盟，但NHL在电视转播上的运营帮助联盟提高了影响力，扩大了冰球运动的普及范围。

二、欧洲职业体育联盟的运营

欧洲大多数国家的职业体育联盟的组织形式与北美不同。经历了职业体育的百年发展之后，欧洲职业体育联盟的运营形成了具有自身特色的"欧洲模式"。通常，欧洲职业体育联盟的管理制度相对开放，有着相对宽松的准入限制，但也严格限制俱乐部的迁移，同时具有转会费制度、限制工资支出、集中出售电视转播权等一系列制度。

以欧洲职业足球五大联赛为例，各联赛所有级别的足球俱乐部都由一个通过选举而产生的单项运动管理机构管理。各个级别的俱乐部之间有升降级制度，成绩好的球队升入高一级联赛，而成绩差的球队则降至低一级联赛。近年来，经济因素也成为欧洲职业体育俱乐部的准入审查因素之一，俱乐部必须达到最低限度的经济标准，才能够被允许加入联盟。降级对俱乐部所有者来说通常意味着毁灭性的经济影响。因为他们不仅失去了一部分电视媒体转播收入、广告收入、赞助收入和门票收入，俱乐部的股票还有可能暴跌。

"欧洲模式"的另一个特点是球队的地区分布不均衡，联盟一般不会考虑是否每个主要城市都要有顶级联赛球队。例如，德国的汉堡市是德国第二大城市，但是汉堡足球俱乐部在2018年降入德国足球乙级联赛，至今仍未重返德国足球顶级联赛。同时，欧洲职业体育联盟中的俱乐部没有北美俱乐部的“领土市场独占权”等特权，一个地区可以存在多家俱乐部。如英格兰足球超级联赛的伦敦地区，在2022～2023赛季拥有7家英超俱乐部，分别是阿森纳、切尔西、托特纳姆热刺、水晶宫、富勒姆、西汉姆联和布伦特福德。此外，欧洲的足球文化非常浓烈，传统的欧洲足球俱乐部在经济和文化上都与其所在的城市密切相连。因此，职业足球联盟中极少发生俱乐部迁移的现象。此外，联盟内的俱乐部还可以参加联盟外部举办的赛事。例如，各国顶级联赛排名靠前的球队，可以参加由欧洲足球协会联盟（UEFA）组织的欧洲冠军联赛和欧足联欧洲联赛。

专栏5-3：欧洲职业足球联盟中的转会费和工资限制

转会费是指合同未到期的球员在转会时，接收球员的俱乐部向球员原俱乐部支付的一笔资金。对于合同到期的自由球员，买方俱乐部则不需要向原俱乐部支付转会费。转会费的具体数额由剩余合同时间、球员技术水平、球员年龄、市场影响力等因素决定。根据欧足联的规定，球员合同最长生效时限为5年，其中受保护时间为3年(27岁以下)和2年(27岁以上)。在受保护时间内，买方俱乐部若想与球员签约，必须向原俱乐部支付超过球员身价的价格；超过受保护时间的，买方俱乐部可直接与球员签订合同，同时支付当前球员身价。国际足联、欧洲足联和各国足球协会都在规则中确认了转会费的合法性和必要性。

随着欧洲职业体育的发展，球员工资直线上涨，豪门俱乐部经常开出天价合同吸引超级球星加入。欧足联认为这对维持整个职业足球的健康环境十分不利。于是，在2009年，为了各联盟和俱乐部的长远发展，欧足联通过了《财政公平法案》，防止过度投资的风气导致各职业足球联盟俱乐部之间存在较大的贫富差距。自从该法案在2013～2014赛季正式生效后，各联盟俱乐部对此持不同看法。一方面，法案实施后，很多俱乐部结束了一直亏损的状态；另一方面，对于很多豪门俱乐部来说，该法案束缚了他们的引援操作，没办法通过大手笔来购买自己心仪的大牌球员。

资料来源：改编自*UEFA Club Licensing and Financial Fair Play Regulations* (2015 edition)。

（一）英超联盟和英格兰足球联盟

在英格兰，所有职业足球俱乐部都是英格兰足球协会的成员。英格兰的职业足球联赛分为4个层级，分别是英超、英冠、英甲和英乙，其中英超有20支队伍，其他三级联赛各有24支队伍，组成了92支球队的英格兰职业足球联赛体系。英超联赛由英格兰足球协会超级联赛有限公司（The FA Premier League，简称“英超联盟”）运作，英格兰足球联盟（The Football League，简称“英足联”）负责运营英冠联赛、英甲联赛和英乙联赛。英超联盟在1992年脱离英格兰足球联盟而成立，但习惯上，其20支球队仍同72支英足联球队一起，合称为“联盟球队”。这92家俱乐部都是职业俱乐部。其他球队通称为“非联盟球队”。

英格兰足球超级联赛是欧洲最为成熟的职业联赛，是以英国成熟而健全的市场经济体系为基础建立起来的，由英超联盟负责具体运作。英超联盟本身就是一个有限公司，它从1992年成立之初就拥有独立的商业开发权。英超联盟的所有权属于各家英超俱乐部，与联赛有关的许多重大事宜都由俱乐部投票决定，这种制度充分保障了各俱乐部的权益。同时，英超联赛经营的好坏以及俱乐部自身的成绩都会直接影响到俱乐部的切身利益，这使得各俱乐部的积极性得到了充分调动。比如，在分配电视转播权收入时，尽管每支英超俱乐部都会得到一部分转播收入，但每支俱乐部所得到的收益都是由其转播场次决定的，这就促使每支俱乐部都要努力提高自身实力和在球迷心中的影响力，以获得更多的转播收入分成。为了保证裁判的执法水平，从2001年开始，英超实行了职业裁判制度，所有裁判和比赛监督服务都由职业联赛赛事官员管理有限公司(PGMOL)统一提供。这种做法使裁判获得了较高的年薪和社会地位。同时英国法律对职业裁判受贿的处罚方法也有明确规定。这些都对防止“黑哨”情况的发生和保证比赛的公平公正起到了积极的作用。

英冠、英甲和英乙在英格兰足球联盟的运营下，表现出较高的商业价值。2023年初，据《每日邮报》报道，英冠、英甲和英乙联赛的电视转播合同价值将翻倍，达到每年2亿英镑以上。自2022年10月开始销售以来，已有多家广播公司对购买英足联三大赛事的转播权表达兴趣，其中包括Viaplay和DAZN等流媒体公司，还有传统的天空体育和BT体育等公司。

（二）西班牙职业足球联盟

西班牙足球甲级联赛(西甲联赛)始于1929年，是西班牙级别最高也是欧洲及世界水平最高的职业足球联赛之一，由西班牙职业足球联盟(LaLiga，简称“西甲联盟”)负责运营。在20世纪80年代，西甲联赛的发展并不理想，大部分俱乐部入不敷出，无法让投资者获利。而西班牙足球协会则坐享其成，拥有运营管理联赛的所有权力。在此背景下，各家俱乐部以《健康经济法》和《体育法》为支撑，成立了职业体育联盟，即西甲联盟，寻求对俱乐部权益的保护。

按国际足联和欧洲足联的官方积分，西甲联赛多年位于世界各职业足球联赛积分榜的首位。无论对于球员还是球迷，西甲联赛都有相当大的号召力，世界上几乎所有的顶级球星都渴望在西甲联赛效力，很多球迷特别喜爱西甲联赛，认为这是一项技术水平较高的足球联赛。在赛事的商业开发上，西甲联盟拥有完全的自主权，可自主开发、生产和销售赛事衍生品。这些商品主要体现西甲联赛的整体性质，比如服装、纪念品、各类录像资料等。在电视媒体转播权和广告赞助上，西甲联赛的电视转播权销售和赞助商选择也由西甲联盟自己决定。西甲联盟是拥有独立法人地位的经济实体，在法律上也是独立的实体，受西班牙相关法律法规的保护。

专栏 5-4:西甲联盟对中国市场的深度挖掘

2019 年 3 月,在西班牙人主场迎战巴拉多利德的西甲联赛中,中国球员武磊打进西班牙人队的第三粒进球,这也是时隔 3 731 天之后,再次有中国球员在欧洲五大联赛进球。随后,西甲联盟主席哈维尔·特巴斯(Javier Tebas)表示,武磊的加入不仅可以提升西班牙人队的竞技表现,也可以增进西班牙球迷对中国足球的兴趣,当然也会吸引更多中国球迷关注西甲联赛。

拓展海外市场已经成为西甲联盟全球化发展的关键战略,而中国在其中扮演着重要角色。西甲方面已经向 40 多个国家和地区派驻了海外代表,而且在不同国家实施了不同的战略。具体到中国市场,西甲确实做了一些意义重大的特殊举措。对于以前的中国球迷来说,在中国的黄金时间观看西甲联赛是不可想象的。但如今,西甲联盟已经将其设置为常规操作。事实上,武磊打进西甲首球的那场比赛正是在北京时间晚上八点开始的。据 ESPN 报道,有超过 2 500 万中国球迷在线上观看了这场比赛。特巴斯表示,调整比赛时间是西甲联盟针对亚洲市场做出的重要改变,这会让球员有些不适应,但是联盟会尝试帮助球队和球员来适应这一改变。此外,西甲联盟仍然在强化自己在数字化和市场推广方面的工作,并且会在中国寻找更多的商业赞助机会。在“武磊效应”的带动下,中国必将增加更多的西甲球迷,这为西甲联盟在中国提升市场价值奠定了更为深厚的基础。

资料来源:改编自 *The Wu Lei Phenomenon*。

(三) 德国职业足球联盟

德国职业足球联盟(DFL)负责德国各级职业足球联赛的竞赛组织、许可证颁发以及市场营销等活动。而德国足球协会只负责国家队、足协杯的赛事组织和安排、后备力量培养等方面的工作。德国足球协会并不直接管理职业联盟和各职业俱乐部。但是,德国职业足球联盟对德甲、德乙乃至低级别联赛的赛事运营、管理等活动都会受到足协的监控。

德国职业足球联盟全权负责对德国各级别联赛中职业足球俱乐部的管理。职业联盟也拥有在新赛季前对各个俱乐部审批和颁发参赛许可证的权利。然而,职业联盟主席本人对联盟事务并没有绝对的决定权,所有决议必须经各俱乐部和足协代表人组成的董事会讨论。而且,董事会出台的每项决议还要经过联盟委员会协商。这些委员来自各大俱乐部,有提出、审查和决定议案的权力。德国职业足球联盟及各大俱乐部的收入来源主要通过两种途径。一是电视媒体转播费,二是广告赞助费。在过去几年中,德甲联赛的电视媒体转播权几度易手,价格从 2014～2015 赛季的 7 310 万欧元飙升至 2020～2021 赛季的近 11 亿欧元。此外,德甲球队的广告赞助收入在全球也处于领先地位。拜仁慕尼黑队的胸前广告“德国电信”达到了每年 3 600 万英镑的合同价格，远远高于其他俱乐部的此项收入。

德国早期大部分足球俱乐部都是非营利性质的，通常采用会员制的形式。但随着职业化和商业化的不断推进，越来越多的足球俱乐部面临着越来越高昂的支出。因此，德国足球协会和德国职业足球联盟在 1999 年正式宣布，德甲和德乙的球队可以改制成股份制。这场改革要遵从一定的方案，就是俱乐部的架构仍然保持着会员制的体系，下属的球队改制成股份制，俱乐部可以将球队的股权转让给其他个人或企业，但要接受一定条件的限制。具体而言，该方案称为“50＋1”政策，指的是德甲和德乙俱乐部保持无法出售的会员制，但球队可以独立出去并改成股份制，球队的股份可以在保持原俱乐部对球队的表决权超过 50％的条件下随意卖出。也就是说，任何投资者理论上都能正常收购德甲和德乙球队，但在诸如提升票价、更改队徽、搬迁主场、选任主席等重大事宜上，依然有超过半数的表决权留在原俱乐部和球迷会员手里。

专栏 5－5：德国职业足球联盟对经济危机的应对

2002 年，德国足坛遭遇了严重的经济危机。这些俱乐部在过去几年盲目推行“泡沫经济”的弊端逐渐暴露出来。许多俱乐部已经负债累累，只能通过裁员、扣发奖金甚至工资的办法来渡过危机。由于传媒巨头基尔希集团的倒闭，德国各家俱乐部的电视转播收入锐减 20％～25％。在此情况下，德国职业足球联盟劝说各俱乐部先放下球员转会事宜，一起开会研究对策。在长达 22 天的会议后，德国职业足球联盟和德甲、德乙的职业球队达成了四项举措：

一、减少预算，从源头上控制总体收支。大部分俱乐部纷纷出台政策，减少预算，优化球队收支结构。其中，预算下调最少的慕尼黑 1860 足球俱乐部，最终深受经济危机影响，于 2003～2004 赛季后降至德国足球乙级联赛。

二、精减员工，从工资上节省总体支出。除拜仁慕尼黑俱乐部以外，几乎所有的俱乐部都将队内部分球员出售，以节约自身开支。为了生存，沙尔克 04 俱乐部放弃了多名功勋老将，而波鸿俱乐部更是将阵容精减到只有 22 人。

三、减少转会，从理性上建设健康联赛。在 2002～2003 赛季，德甲转会总投入比上赛季下降了足足三分之一。除拜仁慕尼黑在转会市场上有较大支出外，大部分球队都节约开支，并未大规模引进球员。受经济危机影响最大的多特蒙德，仅仅引进了一名中场球员。

四、挖掘潜力，从资源上拓展收入渠道。为响应德国职业足球联盟这一号召，拜仁慕尼黑俱乐部直接减扣了所有特别奖金；科特布斯俱乐部为了节约开支，乘坐对手斯图加特俱乐部的大巴去客场比赛；罗斯托克俱乐部更是将主场租给了当地音乐会，以拓展新的收入渠道。其他球队如沃尔夫斯堡，则寻找了新的赞助商来帮助球队渡过难关。

第三节 日韩职业体育联盟的运营

一、日本职业体育联盟的运营

在亚洲国家中，职业体育最先于日本发展起来。1873年，美国教师霍利斯·威尔逊（Hollis Wilson）将棒球这项运动传入日本，后来得到广泛普及，为日本职业棒球的发展奠定了基础。日本职业棒球联盟也成为日本发展最早的职业体育联盟。另一个较为成熟的职业体育联盟是日本职业足球联盟。职业足球在日本的发展历史并不长。1993年，日本在全国范围推行足球职业化改革，模仿德国职业足球联盟的管理与运营模式，使日本足球发生了质的转变，为日本足球发展提供了强有力的制度保障。

（一）日本职业棒球联盟

日本的第一支职业棒球队“芝浦协会”在1921年成立。随后，越来越多的职业棒球队开始在日本出现。1936年，各职业棒球队组成“日本职业棒球联盟”，并开始了职棒球队之间的对决。1939年联盟改名为“日本棒球联盟”，1944年底因为第二次世界大战而停止活动，二战结束后恢复联盟运作。1948年日本棒球联盟开始发展成两个联盟，并尝试拉拢不同企业加入。1949年，旧的联盟正式被解散，十五支球队分成两个联盟，即太平洋联盟和中央联盟，共同构成新的日本职业棒球联盟。新联盟由社团法人日本棒球机构管理，并根据美国职业棒球大联盟的世界大赛设立日本世界大赛（后来改称日本大赛）。与其他职业体育联盟的球队最为不同的是，日本职业棒球联盟的各个球队可以因为更换母公司而改变球队名称（例如：南海鹰—福冈大荣鹰—福冈软银鹰），大部分球队的名称也显示了球队母公司的名字。

如今，日本职业棒球联盟共有12支职业棒球队（表5-2）。每支球队需要进行144场常规赛，各联盟的前三名进入季后赛，两个联盟的冠军最后进行总决赛决出总冠军。日本职业棒球联盟场均上座人数常年保持在28 000人左右，仅次于美国职业棒球大联盟，其门票价格的制订相对合理，以阪神老虎队的主场阪神甲子园球场门票价格为例，每场比赛的“中央特别自由席位”售价约8 000日元、内野区席位售价4 500日元、应援团席位售价2 500日元、外野区席位售价1 900日元。棒球在日本的地位，相当于篮球在美国的地位，职业棒球运动员一般都有相当高的收入。根据2019年《日本职业棒球选手名鉴》中的数据，在2019赛季，日本有多达71位职业棒球选手的年薪超过1亿日元，其中年薪最高的是读卖巨人的投手菅野智之，年薪达到了6亿5 000万日元（约合4 100万元人民币）。

表 5-2 日本职业棒球联盟球队及其主场城市

所属联盟	球队名称	主场地
太平洋联盟	北海道日本火腿斗士	札幌市
	东北乐天金鹫	仙台市
	千叶罗德海洋	千叶市
	埼玉西武狮	所泽市
	欧力士猛牛	大阪市
	福冈软银鹰	福冈市
中央联盟	读卖巨人	东京都文京区
	阪神老虎	西宫市
	中日龙	名古屋市
	广岛东洋鲤鱼	广岛市
	东京养乐多燕子	东京都新宿区
	横滨 DeNA 海湾之星	横滨市

（二）日本职业足球联盟

1993 年，日本开始进行足球职业化改革，推出了日本职业足球联赛(J 联赛)。同年日本职业足球联盟成立，J 联赛由日本足球协会与日本职业足球联盟共同主办。日本职业足球联盟与日本足协，既分工明确又相互协作，共同对 J 联赛进行管理经营，其职责内容主要包括规范俱乐部运营机制、完善俱乐部准入及升降级制度、审核俱乐部财务状况、公开财务报表、完善足球相关法规政策、颁布足球规范准则等。日本职业足球联盟和日本足协的一系列的管理运营程序将日本足球引领到了有章可循、有法可依的制度化发展阶段。

为避免出现各俱乐部分散经营的状态，日本职业足球联盟将联赛的电视转播权、广告赞助权和商业开发权等进行统一经营、统一管理，进而提高了各俱乐部的经营效益。联盟对 J 联赛的运营从多年前就开始效仿德甲俱乐部经营模式，从竞技、设施、运营、财务、法律等 5 个方面出台管理细则，如果俱乐部连续 3 年出现亏损，将自动降级。这种有利于俱乐部良性成长的具体规定，杜绝了足球非理性投资带来的负面影响。为了让各俱乐部都有利可图，日本职业足球联盟大力提倡和扶持以俱乐部为核心建设足球经济圈，创立以足球品牌为主的足球创意镇、足球城市，开发球队衍生品。为了帮助各俱乐部提高经营效益，联盟还不遗余力地挖掘具有经营头脑的专业人才，从而促进俱乐部有序、健康地发展壮大。日本职业足球联盟始终强调，要想从职业足球赛事中赚钱，就必须有足够吸引球迷的亮点。首先要给球迷提供公平竞争的比赛，从而吸引更多观众成为忠实球迷。其次，要最大程度谋求球迷的理解和支持，营造良性互动的看台文化。为了拉近与球迷的距离，俱乐部还会定期开放，组织球迷与俱乐部成员近距离互动。

二、韩国职业体育联盟的运营

在亚洲范围内，韩国职业体育发展也较为成熟。与日本类似，棒球和足球在韩国也是非常受欢迎的职业体育项目。棒球在韩国的历史比较悠久，1905 年由美籍传教士传入韩国，取得了广泛的群众基础。经过几十年的发展，20 世纪 80 年代，韩国成立职业棒球联盟，并建立韩国职业棒球联赛。1983 年，职业足球联赛也在韩国出现，当时以“韩国超级联赛”为名。经历一段沉闷期后，1994 年，韩国足协决议改组联赛，并将新联赛命名为韩国职业足球联赛(Korean Professional Football League)，1998 年改称 K 联赛(K-League)。

(一) 韩国职业棒球联盟

韩国职业棒球联盟(KBO)是韩国职业棒球联赛的管理单位，成立于 1981 年。1982 年 3 月，韩国第一场职业棒球赛在位于首尔市的东大门棒球场开打，由三星狮队与 MBC 青龙队(现 LG 双子队)展开对决。从此，韩国职业棒球联盟正式开始运营。韩国职业棒球联盟球队及其主场城市一览表见表 5-3。韩国职业棒球诞生之初就具有相当高的人气，后来随着赛事的成熟，观众的人数也逐年增加。在 20 世纪 90 年代中期，因韩国与日本获得了 2002 年世界杯足球赛的举办权，棒球在韩国的人气受到了一定程度的影响。后来，韩国职业棒球联盟通过选秀的方式引进外援，以增强比赛的观赏性和吸引力。1998 年，第一届韩国职业棒球联盟外籍球员选秀在美国佛罗里达州举办，共有 36 名球员参加。此后，职业联盟在 1999 年与 2000 年还尝试了“两联盟”制度，将自身分成“梦幻联盟”与“魔法联盟”，但由于效果不佳，2001 年又恢复成单一联盟的现行赛制。

表 5-3 韩国职业棒球联盟球队及其主场城市

球队名称	主场地
斗山熊	首尔市
LG 双子	首尔市
耐克森英雄	首尔市
SK 飞龙	仁川市
三星狮	大邱市
乐天巨人	釜山市
韩华鹰	大田市
起亚虎	光州市
KT 巫师	水原市
NC 暴龙队	昌原市

就运动员收入来看，2019 年，除联盟新秀运动员和外籍球员以外，韩国职业棒球联盟选手的平均年薪为 1 亿 5 000 万韩元(约 80 万元人民币)。除去新人和外籍选

手，平均年薪达到1亿韩元的选手占联盟的31.1%；平均年薪达到1亿5 000万韩元的选手占24.2%；平均年薪达到2亿5 000万韩元的选手占14.8%。2019年，KBO年薪最高的选手是乐天巨人的李大浩，年薪为25亿韩元（约1 425万元人民币）。2008年以后，韩职棒常规赛的场均进场人数开始维持在1万人以上。2020年，受新冠疫情影响，韩国职业棒球联赛将原计划3月中旬开展的季前赛推迟至5月举行。同年7月，韩国政府将韩国职业棒球联赛的入场限制放宽，将上座率从此前的比赛场馆可容纳人数的10%扩大到25%。2023年，韩国职业棒球联盟的运营逐步恢复，在常规赛季5月19日进行的一场比赛中，LG双子主场3∶1战胜韩华鹰，现场球迷热情投入，球员表现上佳。

（二）韩国职业足球联盟

韩国职业足球联盟诞生于1993年，由韩国足球协会会长兼任该联盟主席，其他成员为韩国足协代表2名和各加盟俱乐部分别派出的1名代表。韩国职业足球联盟负责运营韩国职业足球联赛（K联赛）。K联赛始于1983年，初期的名字叫作“韩国超级联赛”。联赛早期由韩国职业联赛管理委员会负责运营管理，后来经过发展，于1994年改组为韩国职业足球联赛，1998年改称K联赛。

如今，韩国K联赛系统共有七个级别，其中K1和K2联赛是职业联赛，K3和K4联赛是新组建的半职业联赛，由曾经的韩国国家联赛演变而来。K5至K7联赛是业余联赛，内部也贯彻落实了升降级制度。通常情况下，大家所称的K联赛，指的是韩国职业足球联赛中的K1联赛。目前，K1联赛有12支俱乐部，K2联赛有13支俱乐部。2024年3月，韩国足协宣布，到2027年，七个级别的联赛将全面实施升降级制度，形成完整的联赛金字塔体系。

虽然足球在韩国无法撼动棒球第一运动的地位，但仍有深厚的观众基础。近年来，足球在韩国的地位不断提升，一方面与其越来越深厚的观众基础有关，另一方面还与其优秀的国家队成绩和成功的商业化运营紧密相关。在韩国，职业足球俱乐部分为企业经营球队和市政府所有球队，比如首尔FC是企业经营球队，仁川联是市政府所有球队。韩国职业足球俱乐部致力于公司化方向发展，大部分俱乐部实行股份制，严格按照市场规律运作，形成了公司制的治理结构。根据K联赛的经营制度，韩国职业足球联盟和各加盟俱乐部共享联赛所获收入。

专栏5-6：疫情下K联赛借势拓展海外版图

据韩国媒体报道，2020年的新冠疫情使韩国体育产业直接经济损失达到上百亿韩元。尽管如此，K联赛还是顺利开启2020赛季，并在全球瞩目下，顺利完成了整个赛季的比赛。在疫情背景下，众多足球联赛不得不停赛或压缩赛程，但K联赛从未有过这些情况，成为通过严格执行防疫政策成功举办赛事的标杆。

自2020赛季K联赛公布重启日期以来,德国、法国、意大利、美国、澳大利亚等36个国家及地区购买了K联赛的转播权。为了吸引更多的关注,韩国职业足球联盟还与几家海外视频直播网站签署了协议,转播全程以英语字幕和英语解说为全世界球迷服务。K联赛作为全球职业足球赛事停摆以来首个重启的主流联赛,虽然比赛空场进行,但韩国职业足球联盟公布的数据显示,全世界共有超过1 000万名观众观看了K联赛揭幕战的转播。在经过近两个月没有职业足球赛事可看的日子后,球迷们将积压已久的观赛热情都倾注在这场比赛中。

自2020赛季结束以来,K联赛发起了一场新的推广活动——"K联赛对话",通过该活动分享其如何在挑战中举办比赛和完成赛季的经验。据K联赛官方介绍,这场活动是针对K联赛球员的系列采访,一方面是为了介绍防疫策略,另一方面是向球迷分享球员完成整个赛季的感受。此次活动共有5名外籍球员出镜。另外,韩国本土球员姜祥佑也参加了视频短片拍摄。英国足球数字媒体平台DUGOUT为此共制作了6集、每集时长3分钟的视频短片,这些短片的拍摄由韩国文化体育观光部和韩国体育振兴基金会资助。DUGOUT在2020年开始成为K联赛的官方媒体合作伙伴,一直服务于包括比赛集锦在内的各种K联赛内容。该推广活动的视频短片在K联赛、DUGOUT官方社交媒体频道、YouTube以及巴西、德国、英国、美国等13个国家的DUGOUT合作平台上发布。前所未有的曝光率成为韩国足球走向世界的一次契机。大批的欧洲球探、俱乐部有机会近距离观察K联赛球员,韩国本土优秀的教练也可以因此走出国门,去海外执教。

资料来源:改编自《K联赛在全球范围内推广其疫情防控策略》。

第四节 我国职业体育联盟

一、我国职业体育联盟的形成

自新中国成立以来,我国竞技体育在举国体制的模式下,部分重点项目形成优势,在较短的时间内为我国在世界体坛争得了一席之地。随着时代的变迁,举国体制暴露出许多与经济社会发展不相适应的地方。在1992年邓小平发表南方谈话之后,全国各行各业掀起了深化改革的浪潮,建立适应社会主义市场经济的新兴体育管理体制成为大势所趋。

1992年,中国足协在北京西郊红山口召开工作会议,会议决定把足球作为体育改革的突破口,确立了中国足球要走职业化道路的改革方向。1993年,《国家体委关于深化体育改革的意见》提出形成国家调控、依托社会、充满自我发展活力的体育建设新局面。后来,全国足球甲级队A组联赛和中国男子篮球职业联赛的举办,标志着我国体育改革又迈向了一个新的台阶。经过30年的发展,我国已基本形成以足球职业化改革为先导,篮球、排球、网球、冰球、高尔夫球、围棋等项目加速职业化发展的新局面。目前,中国职业篮球联盟和中国职业足球联盟正逐步向更加具体的联盟化迈进。

二、我国职业体育联盟的发展现状

(一)中国职业篮球联盟发展现状

自1995年国家体委对篮球联赛进行职业化改革以来,我国的职业篮球联盟在不断的改革中曲折前进。1998年,上海男篮等7支CBA俱乐部试图联手筹建"职业篮球俱乐部联盟筹委会",以推进联赛的职业化进程,但后期未能成形。2005年,为顺应联赛发展,中国篮协实施了一项名为"北极星计划"的改革方案,该计划全面借鉴NBA、NFL和NHL等联赛的赛制、招商计划和包装模式等,对CBA联赛作了全面系统的规划,意在将CBA联赛打造成一个更加规范化和职业化的联赛。

为了推进职业化改革,2016年,CBA公司的成立筹备会议暨CBA公司首次股东大会在济南举行,会议审议并通过了CBA公司章程,并且推选出了公司董事会和监事会成员。依照章程,作为大股东的中国篮协推荐国家体育总局篮球运动管理中心副主任李金生担任CBA公司的董事长和法人。上海东方俱乐部投资人姚明经选举后当选CBA公司副董事长。公司首届董事会共有7名董事,两位来自中国篮协,5位为经选举产生的CBA俱乐部代表。CBA公司共有21家股东,中国篮协全资公司——中篮巨人广告中心占股30%,20家俱乐部各占股3.5%。至此,CBA的管办分离迈出了实质性的一步,CBA公司成为事实上的中国职业篮球联盟。2017年,中国篮协正式将CBA联赛的商务权和办赛权移交给CBA公司,标志着CBA公司朝着联盟化运营又迈进了一步。

2019年,为进一步规范我国男篮职业联赛,引导联赛健康发展,CBA公司宣布在2020～2021赛季开始对国内球员实施"工资帽"政策。2020～2021赛季各俱乐部初始工资帽的基准值为3 200万元,缓冲值为1 200万元,上限为4 400万元,下限为2 000万元。实际合同工资支出超出工资帽上限或者低于工资帽下限的俱乐部,应向联盟缴纳青训调节费。调节费由联盟专款专用,统一用于青训和青少年赛事。其中单一球员最高合同工资限额为该赛季工资帽基准值的25%,为800万元。对于超过该金额的球员合同,联盟将不予注册。此外,对于球队外籍球员整体也设置了700万美元的硬性工资帽。在随后的2021～2022赛季、2022～2023赛季,CBA公司对联赛工资帽的具体数额又先后进行两次调整,国内球员与外援的工资帽整体均下降。

（二）中国职业足球联盟发展现状

作为我国职业体育发展的先行者，中国足球自1994年职业化改革以来，一直在朝着联盟化的方向前进。目前，中超联赛在管理模式上采用的是中国足协主导、中超公司运营的行政主导型职业体育联盟管理模式。中国足协掌握着中超联赛的管理权、经营权和所有权。2006年，由中国足球协会及各中超俱乐部共同出资组建的中超联赛有限责任公司（中超公司）成立。其成立初衷是为促进中超联赛产业长期、稳定、健康发展。在经营模式上，中国足球协会作为中超联赛的所有者，以书面形式授权中超公司代理经营和开发联赛的整体性商务资源，并签订授权协议。在股权结构上，中国足协占有36%的股份，16支俱乐部各占4%的股份。中超公司的董事长由出资最多的股东（中国足协）推荐，经董事会批准产生。在中超联赛中降级的俱乐部将失去股东资格，升级的俱乐部将获得股东资格。

近年来，为了积极推动中国职业足球的联盟化发展，相关行政部门出台多项政策，支持职业足球改革。2012年，中国足球协会审议通过了《中国足球职业联赛管办分离改革方案》，意图通过改革将联赛逐步交由职业联赛理事会管理。足球职业联赛管办分离改革，是要改变由中国足协既办赛又监管的现状，逐步建立与社会主义市场经济体制相适应的，符合当代职业足球发展规律的，有中国特色的职业足球管理体制和运行机制。通过改革，将联赛办赛职能从中国足协剥离，成立专门机构负责实施，逐步实现管办分开，充分调动参与各方的积极性。2014年，国务院发布《关于加快发展体育产业促进体育消费的若干意见》，明确指出要“鼓励发展职业联盟，逐步提高职业体育的成熟度和规范化水平”。2015年，中央全面深化改革领导小组第十次会议审议通过了《中国足球改革发展总体方案》，提出要调整改革中国足球协会，改革完善职业足球俱乐部建设和运营模式，改进完善足球竞赛体系和职业联赛体制。其中重要的一条是要建立具有独立社团法人资格的职业联赛理事会，负责组织和管理职业联赛，合理构建中超、中甲、中乙联赛体系。中国足球协会从基本政策制度、俱乐部准入审查、纪律和仲裁、重大事项决定等方面对理事会进行监管，派代表到理事会任职。理事会派代表到中国足协任职，参与有关问题的讨论和决策。

《中国足球改革发展总体方案》的出台标志着中国足球的联盟化进程又迈入了一个新的阶段。2016年，中国足协宣布，将成立中国职业足球联盟，但相关工作的进程比较缓慢。2019年，职业联盟筹备组成立。2021年，中国职业足球俱乐部联合会（简称“中足联”）筹备工作会议在上海召开，中国职业足球联盟筹备组正式被推出。会议明确，未来成立的中足联，其英文名称为Chinese Football League (CFL)。然而受客观因素影响，时至今日中足联依然未能正式挂牌成立，职业联赛各项工作仍需暂由中超公司代理出面落实。在未来，正式成立后的中足联将作为独立社团法人，负责组织、管理职业联赛，合理构建中超、中甲、中乙联赛体系。

三、我国职业体育联盟的发展趋势

就目前而言,我国职业体育联盟的发展需要坚持举国体制与市场机制相结合,不断提升职业联赛品牌价值和自身盈利能力,形成具有更大影响力的职业联盟。在发展的过程中,协会与职业体育俱乐部之间存在利益冲突,联盟内部多元利益主体之间也存在矛盾。随着改革的深入,问题虽然有所改善,但仍然是一个渐进的过程。2021年,国家体育总局印发的《"十四五"体育发展规划》提出,要做好职业联赛创建和职业联赛管理机构组建顶层设计,完善职业体育发展支持、监管政策,规范职业体育俱乐部运营和职业联赛发展。因此,我国的职业体育联盟应尽快完善自身管理制度,联盟内部各俱乐部也要完善自身的公司治理结构。

职业体育联盟在欧美国家迅速发展,其中一个重要原因就是具有健全的法律保障。随着我国职业体育在国民经济中的作用日益凸显,职业体育联盟也需要完善的法律法规来帮助其实现规范化发展。因此,立法机构应给予足够的重视,加快职业体育联盟有关事项的立法工作,运用法律、公共政策等工具规范职业体育联盟的市场环境,调控职业体育联盟的发展方向,促进我国职业体育的发展。

在我国,行政部门是职业体育改革的发起者、推动者和建设者。但从政府职能角度看,随着体育改革的深入,在新时代政府与市场的关系上,政府将随着市场成熟程度逐步转变角色,最终淡出职业体育的经营市场,真正成为职业体育联盟发展的支持者和调控者。

第五章复习思考题

第六章

职业运动员的发展与退役

【导　读】

职业运动员是职业体育开展与运行的重要主体，充分了解其产生、演变与发展的全过程对于系统掌握职业体育的整体内涵意义显著。本章首先从职业运动员的概念、内涵、特征以及项目分布与收入出发对职业运动员这一概念进行全面剖析；在此基础上从国外、国内两个维度对职业运动员的产生与发展进行阐述；最后从职业运动员的退役现状与保障手段角度对职业运动员的整体情况进行分析，以帮助读者对职业运动员这一概念有更好的理解与把握。

【学习目标】

◆ 掌握职业运动员的概念与内涵

◆ 了解国外、国内职业运动员的产生与发展

◆ 了解职业运动员退役现状与保障手段

【思维导图】

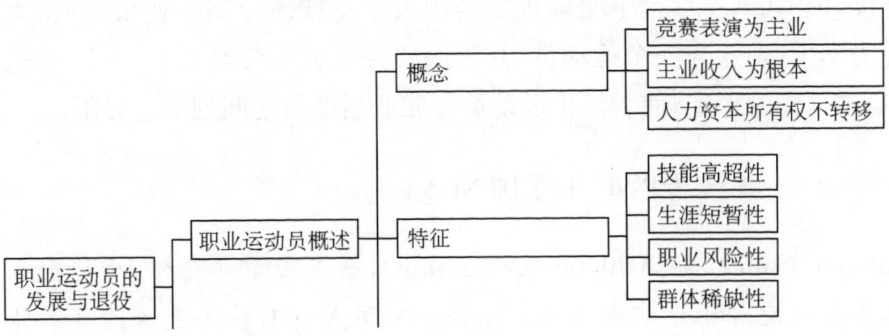

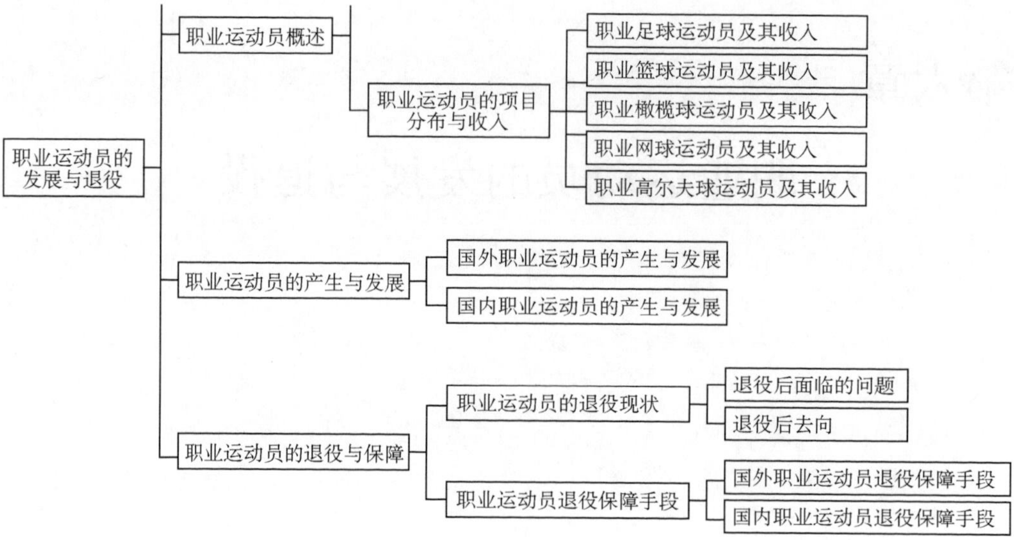

第一节　职业运动员概述

一、 职业运动员的概念

职业运动员的概念是由运动员的概念发展而来，后者主要是指从事某项体育运动，且进行过系统、严格、科学的训练，技术上达到一定水平的人员。与之对比，职业运动员则指专门从事体育竞赛和表演，以从中获取的报酬为主要生活来源，并独立拥有自身人力资本所有权的高水平运动员。进一步说，成为职业运动员应同时满足三个基本条件，即：竞赛表演为主业、主业收入为根本、人力资本所有权不转移。

（一）竞赛表演为主业

竞赛表演为主业即职业运动员将体育竞赛和表演作为自己的核心职业，不从事其他职业或即便从事也仅将之作为副业。例如，美国参加 NCAA 联赛的大学生运动员，在大学生涯中参加了大量体育竞赛表演活动，也因此获得联盟和学校提供的运动奖学金及财政补助，但 NCAA 章程中明确规定美国大学竞技体育属于业余性质，大学生运动员主业为学生，副业为业余运动员，其第一要务是接受学校教育，其次才是发展运动技能，通过这样的界定，使大学生运动员与职业运动员之间划清了界限。

专栏 6－1：美国 NCAA

NCAA（National Collegiate Athletic Association），全国大学体育协会，是由一千多所美国和加拿大院校所参与结盟的一个协会。NCAA 拥有较为完善的赛事体系，拥有上千所本科大学成员，下设 23 个项目赛事，球类项目 13 个，非球类项目

10个。其中，橄榄球、篮球、棒球和冰球在美国高校备受关注，这4个项目亦是各高校投入和建设的重点。NCAA根据各高校综合实力以及体育上投入的高低将联赛分为3个级别：Division Ⅰ、Division Ⅱ和Division Ⅲ，各个级别下包含数十个联盟，而每个联盟内有十几个院校相互比赛角逐联盟冠军，再进入NCAA锦标赛。在NCAA的发展历程中，也涌现出了众多体育名校，如橄榄球项目的阿拉巴马大学、俄亥俄州立大学、圣母大学，篮球项目的杜克大学、北卡罗来纳大学、肯塔基大学。

NCAA完全按照商业化和市场化的运作模式，围绕赛事资源完成了一系列商业开发，以卓著的社会效益和显赫的经济效益，成为全球最成功的大学体育联盟。同时，NCAA以学生运动员学业水平和竞技能力的共同进步为具体指向，通过设置相关规章制度和奖学金帮助大学生运动员完成教育目标，将“学训矛盾”转化为“学训互促”，实现训练学习“两条腿走路”。

（二）主业收入为根本

主业收入为根本是指职业运动员的核心收入来自体育竞赛和表演，即便有其他收入，收入规模占总收入的比重也很低。例如，2020年东京奥运会女子自行车公路赛的金牌获得者奥地利人安娜·基森霍夫（Anna Kiesenhofer），其本身是一名科研从业者——于瑞士洛桑联邦理工学院（EPFL）从事数学博士后研究，代表国家参加国际体育赛事只是“兼职”，所得报酬也非其主要生活来源，因此并不属于职业运动员。

专栏6-2：“数学博士”安娜·基森霍夫

1991年2月，安娜·基森霍夫（Anna Kiesenhofer）出生于奥地利，从小就展现出了过人的聪明才智，不仅会说5种语言——德语、英语、西班牙语、法语和加泰罗尼亚语，还先后获得英国剑桥大学数学硕士学位和巴塞罗那加泰罗尼亚理工大学应用数学博士学位。然而，就是这样的天才型学霸，却站上了奥运会冠军领奖台。

在学习生涯中，安娜始终没有落下从小热爱的体育运动。在剑桥大学攻硕的同时，她参加铁人三项比赛，2014年受伤后，又将重点转向自行车运动。平时训练中，她会用CORE体温计监测自己骑行过程中的体温变化数据，并分析体温超过38.5℃时身体的机能反应，在东京奥运会赛前，她提前一个月研究了东京的气温，制作了一个热适应过程表，不仅如此，她还查阅了大量文献佐证自己的分析，并以此为依据调整自己的骑行计划。最终，在高手云集的东京奥运会女子公路自行车比赛中，安娜以领先第二名1分15秒的成绩获得冠军，成为东京奥运会公路自行车项目最大的一匹“黑马”。

（三）人力资本所有权不转移

人力资本所有权不转移是指职业运动员独立拥有自身人力资本的所有权，且该所有权并不随转会交易而改变。运动员的人力资本价值主要由其竞技能力和个人形象构成，首先，职业运动员以竞赛表演为主业，其竞技能力的高低直接决定了比赛的精彩程度，进而决定了其人力资本价值的大小；其次，运动员的个人形象关乎其市场化发展的前景，也与其经济利益和人力资本价值挂钩。以上两个职业运动员人力资本的构成要素均由其自身独立拥有，所有权不发生转移。

二、职业运动员的特征

职业运动员是以参加体育竞赛表演为职业，并以从中获取的报酬为主要生活来源的运动员，其既有所有运动员的共性特点，也有不同于其他类型运动员的特点，如技能高超性、生涯短暂性、职业风险性、群体稀缺性。

（一）技能高超性

技能高超是职业运动员的基本特征。当然，这里的技能一方面是指运动竞技水平，另一方面也包括智商、心理素质等。例如，不少研究显示，职业运动员的智商、心理素质普遍高于非职业运动员，这也是前者能够在训练比赛中展现出更强的训练计划理解能力、技术动作掌握能力和临场战术执行能力，并屡创佳绩的重要原因。

（二）生涯短暂性

职业运动员的赛场生涯相对短暂，往往只有处于16～30岁之间的15年左右时间。具体来说，出于对青少年受教育权利的保护，大多数运动员都要在完成本国规定的基础教育之后才能逐渐走上职业道路，又由于伤病以及身体机能下降等原因会在30岁前后选择退役。不过，不同运动项目也会有所差异，例如，游泳运动员的巅峰期一般为18～26岁；足球运动员通常在24～28岁；篮球运动员则是24～30岁。无论如何，与其他普通职业相比，职业运动员的赛场生涯是非常短暂的。

（三）职业风险性

职业风险性主要表现在运动项目本身以及退役再就业两个方面。如众所知，多数运动项目都存在或多或少的危险性，高强度的训练和高频度的比赛更是容易造成职业运动员的身体损伤，不少职业运动员之所以提前退役，往往就是因伤所致。例如，美国篮球运动员格雷格·奥登（Greg Oden），凭借高中、大学篮球生涯中展现出的出色表现成为2007年NBA选秀状元。但进入NBA后，奥登饱受膝盖伤病困扰，五年时间里，就先后经历了5次膝盖手术，仅仅上场打了82场比赛。在伤病影响下，其身体状态渐渐无法适应职业联赛的强度，28岁就不得不宣布退役。此外，由于受教育程度有限，缺乏运动专长之外的其他技能，加之社会交际面相对狭窄，职业运动员退役后的再就业是个普遍难题，特别是对于市场化程度不高的项目的职业运动员来说，这一问题更加突出。

专栏 6-3:“被伤病毁掉的天才”格雷格·奥登

1988 年 1 月,奥登出生于美国纽约,很早就展现出极强的身体天赋。高中时期的奥登带队拿下 103 胜的战绩,帮助球队连续三年获得州冠军,同时凭借高三赛季的优异表现,获得了 2005 年度篮球先生称号,成为继勒布朗·詹姆斯(LeBron James)后,又一获此殊荣的高三生。大一赛季的奥登更是带领球队打进 NCAA 总决赛,最终获得全国亚军。目睹奥登在高中、大学篮球生涯展现的天赋后,开拓者队在 2007 年 NBA 选秀大会上毫不犹豫地用状元签选择了奥登。但自从进入 NBA 后,频繁的膝盖伤病导致其一直到新秀合同到期,也只为开拓者出场了 82 场比赛。被开拓者队裁掉后,奥登又与热火队签了一份短合约,仅打了 23 场比赛便彻底离开了 NBA 赛场。由于 NBA 生涯的糟糕表现,他也被部分媒体、球迷称为“NBA 最水状元”。

离开了 NBA 的奥登,做过金融公司理财顾问、母校篮球助教,甚至还曾漂洋过海来到 CBA 打球。曾经备受瞩目的篮球天才,却因为伤病早早结束其职业生涯,奥登的陨落,不仅是他自己的遗憾,也是球迷们的损失。

(四) 群体稀缺性

职业运动员的竞技水平一般代表着某项运动的最高水准,常人难以企及,但这也同时决定了职业运动员的规模相对有限,只有那些既具有运动天赋,又能够长期坚持科学训练的运动员才有机会进入职业序列。例如,传统足球强国英格兰仅有 5 000 多名职业足球运动员(参加英格兰前 5 级职业联赛);NBA 作为全球最顶尖的职业篮球联赛,能够进入球队大名单的球员也仅有 450 人。

三、职业运动员的项目分布与收入

职业运动员将体育竞赛和表演作为职业,其所从事项目的体育市场繁荣程度直接决定了运动员的收入。2023 年体育商业杂志 Sportico 公布的运动员收入排行榜显示,排名前 100 的运动员中,职业橄榄球运动员有 16 名,占比 16%,职业篮球运动员有 40 名,占比 40%,职业足球运动员有 11 名,占比 11%,职业网球运动员有 2 名,占比 2%,职业高尔夫运动员有 10 名,占比 10%。因此,接下来我们主要从足球、篮球、橄榄球、网球、高尔夫球五个项目来进行阐述。

(一) 职业足球运动员及其收入

现代足球运动起源于英国,目前已成为公认的世界第一运动。根据国际足联在 2019 年的统计,全世界 200 多个国家和地区的职业足球运动员数量约为 13 万。职业足球运动员的收入可分为场内收入和场外收入,场内收入是指职业足球运动员上场比赛的出场费、比赛奖金等;场外收入包含广告代言收入、商业活动收入等。然而,除少部分明星球员有巨额场外收入外，大多数职业足球运动员的主要收入来源为场内收入，且其场内收入一般远高于本国的人均收入。以欧洲五大联赛为例，2019～2020赛季，英超联赛球员平均年薪为397万美元，西甲、意甲、德甲和法甲联赛球员平均年薪也分别达到了255万美元、223万美元、198万美元及130万美元。

（二）职业篮球运动员及其收入

篮球运动起源于美国，由奈史密斯博士(James Naismith)在1891年发明，至今已有上百年历史。据美国体育网站Hoops Addict估算，目前全世界约存在两百个职业篮球联赛，职业篮球运动员约有七万多人。

一般而言，职业篮球运动员的收入来源主要是场内收入，包括比赛奖金、工资和津贴等，只有影响力较大的球员才会有广告代言等场外收入。根据2019年ESPN的统计数据，2018～2019赛季，NBA球员的平均年薪高达777.1万美元，居全球职业运动员榜首。其中少数球星的收入更是惊人，以NBA巨星詹姆斯(LeBron James)为例，根据福布斯排行榜数据，2021年詹姆斯的收入为9 650万美元，其中场内收入3 150万美元，场外收入6 500万美元。此外，在西班牙、希腊、意大利、中国和阿根廷等国的职业篮球联赛中，顶级球员的年薪也超过了100万美元，普通球员的年薪一般在几万到几十万美元不等。

（三）职业橄榄球运动员及其收入

橄榄球运动起源于1823年的英国拉格比，原名拉格比足球，因其球形似橄榄，被称为橄榄球。橄榄球运动从英国传入其他国家后，通过各国的改良逐渐演变出美式橄榄球、英式橄榄球和澳式橄榄球三类，其中美国的NFL职业橄榄球大联盟是市场影响力最大的橄榄球联盟。随着橄榄球运动的普及，全球范围内职业橄榄球运动员数量也在不断增长。

虽然橄榄球是美国最受欢迎和最赚钱的运动，但美国职业橄榄球运动员的薪酬水平却并不高得惊人。主要原因在于每个橄榄球球队有五十余名队员，所以工资必须在众多队员之间分配。2019～2020赛季NFL球员的平均薪资约为330万美元。据GSSS的2019年全球体育薪酬调查，全球排名前18的职业体育联赛中，有三个国家的职业橄榄球联赛上榜，分别是第5位的美国NFL、第16位的澳大利亚AFL以及第17位的加拿大CFL。其中，美国NFL运动员的平均收入是北美人均GDP的近50倍，而澳大利亚AFL和加拿大CFL运动员的平均收入分别是当地人均GDP的4.61倍和1.92倍。

（四）职业网球运动员及其收入

网球运动起源于英国。伴随网球四大满贯、大师杯系列赛以及中国网球公开赛等职业网球赛事不断发展，全球职业网球运动员数量持续增长。ITF全球网球报告显示，2019年共有来自113个国家和地区的3 619名职业网球运动员在职业巡回赛中参赛，其中男选手约2 137人，女选手1 482人。

职业网球运动员的收入主要来自于高额的参赛奖金。以2022年网球四大满贯奖金为例，美网奖金总额为6 010万美元，澳网、温网、法网的奖金总额也分别达到了5 400万美元、5 040万美元和4 600万美元。与其他项目类似，顶尖职业网球运动员拥有高额的场外收入。如瑞士网球运动员罗杰·费德勒(Roger Federer)以9 000万美元的收入在2021年福布斯全球运动员收入排行榜中位列第七，但由于膝伤，其2020年场内收入只有区区60万美元，其他均来自于合作品牌的赞助收入。值得注意的是，近年来各大网球赛事对奖金分配比例进行调整，使低排名选手获得更高的奖金以此延续其职业道路。例如，2021年澳网的冠军奖金从前一年的410万澳元下降到275万澳元，降幅度高达33%。缩减的奖金被更多地发放给了在资格赛以及正赛前三轮出局的选手，使其参赛奖金有至少10%的增长。

(五) 职业高尔夫球运动员及其收入

高尔夫球起源于15世纪的苏格兰，发展至今已成为全世界160多个国家和地区的竞技比赛项目。2016年，高尔夫时隔112年重回奥运赛场，职业赛事和青少年赛事也在全世界蓬勃开展。

高尔夫作为一项商业化与职业化程度较高的运动，其赛事奖金十分丰厚，2022赛季高尔夫PGA巡回赛共有47场比赛，全年的赛事奖金累计达到了4亿2 000万美元。高尔夫运动员的收入也与其比赛排名直接挂钩，排名靠前的运动员单场比赛可获得数十万甚至上百万美元奖金，而排名靠后运动员的奖金一般在几千至几万美元不等。此外，顶尖高尔夫球员的赞助代言收入也非常高。根据福布斯统计数据，2020年，高尔夫球星菲尔·米克尔森(Philip Alfred Mickelson)奖金收入80万美元，代言收入4 000万美元，代言收入占比超过98%。

第二节 职业运动员的产生与发展

一、国外职业运动员的产生与发展

(一) 国外职业运动员的产生

考虑到近代职业运动最早出现于西方，本部分将以职业体育高度发达的欧洲和美国为主来分析职业运动员的产生与发展。

1. 职业运动员产生的基础

(1) 文化基础

萌发于14世纪的文艺复兴运动有着易被广大民众接受的思想武器——人文主义，即主张以人为本，一切为了人的利益。在此思想的影响下，16～18世纪的欧洲又先后发生了宗教改革运动和启蒙运动，这三大思想文化运动改变了人们的观念，为奥林匹克运动的复兴奠定了思想基础。与此同时，这一时期资产阶级的教育方式不断进步，一些人文主义教育家愈发重视人的身心协调发展，为职业体育的产生提供了良好的人文环境，更是为现代职业运动员的产生奠定了文化基础。

(2) 物质基础

工业革命爆发后，城市逐渐成为社会活动的中心，大量农民进入城市。由此，以乡村农业经济为基础的没有严格和统一规格的体育，转化为有明确规格的城市体育，为职业运动的产生创造了条件。除此之外，随着人们生活水平的提高，越来越多的居民开始关注体育活动，通过观看、参与体育活动来丰富闲暇生活，促使各类体育产品不断丰富，为职业运动员的产生提供了良好的物质基础。

2. 欧美职业运动员的产生

(1) 欧洲职业运动员的产生

职业运动员最早出现在工业化水平最高的英国。1823 年，在英国牛津举行的划船比赛中首次出现了"职业选手"和"业余选手"的概念。当时，一名参赛者因船夫的身份而被列为职业选手，最终无缘参赛。后来，随着一些体育项目由传统娱乐消遣活动转向竞技项目，俱乐部间的比赛增多，竞争趋于激烈，对运动员的要求越来越高。因此，一些俱乐部为了达到取胜的目的，开始向社会招募运动员，并为他们的训练比赛提供报酬。1885 年，英格兰足球总会以压倒性多数通过决议，使职业球队合法化。自此，一些业余足球俱乐部纷纷引进职业球员，演变为职业足球俱乐部，职业足球运动员得到较快发展。

(2) 美国职业运动员的产生

美国是一个移民国家，移民带来了各个民族独特的风俗习惯，这使得美国的文化习俗形成了较高程度的平等性和包容性。同时，美国也是一个"重商主义"国家，对商业的重视使美国较早地开启体育与商业的结合进程。1869 年，辛辛那提红袜棒球队成立，职业棒球运动成为美国职业体育的先驱。此后，其他体育项目也相继开启了职业化发展道路，美国职业运动员不断涌现。

(二) 国外职业运动员的发展

1. 职业运动员社会地位变化

19 世纪末到 20 世纪早期，欧美各国陆续出台了一系列有利于劳工的法律。例如，1897 年和 1906 年，英国分别颁布了劳工赔偿法案、贸易争端法案；1904 年，新西兰推出了《集体谈判法》；1919 年，法国出台了《集体劳动协议法》；1935 年，美国制定了其第一部社会保障法。相关法律政策的出台，虽然提升了运动员的法律地位和个人价值，但该阶段职业体育对资金的需求超过对高水平运动员的需求，因此职业体育人力资本的重要程度并没有发生根本性变化。

直到"二战"后，社会环境的改变促使各国为运动员提供了新的法律保障。其中博斯曼法案(The Bosman Ruling)可视为足球运动员基本权利保障的转折点，它的实施使欧洲足球制度发生了根本性的变化，此后球员的价值与地位不断上升。而北美洲运动员更多依靠运动员工会和经纪人的力量，通过劳资谈判获得与联盟平等谈判的地位，同样使运动员的价值与地位不断提升改善。

专栏 6-4：博斯曼法案

博斯曼法案是1995年9月欧洲法院裁决的案例，它对足球转会市场和运动员的雇佣关系产生了深远影响。博斯曼法案是一个保护球员利益的法案，首先，法案认可有欧盟公民资格的足球运动员，在与俱乐部合同期满之后，有权在不支付转会费的情况下转会至欧盟其他国家俱乐部；其次，法案废除了欧盟成员国足球联赛对各队非本国球员的数量限制。该法案出台后，欧洲足球转会市场更加自由，球员流动速度加快。

博斯曼法案彻底改变了欧洲足坛，但后世对其作用始终褒贬不一。对于以青训见长的球队来说，法案导致其优秀球员的大量流失，球队实力迅速下滑。而对于球员而言，尤其是顶级球星，他们不再是俱乐部的“奴隶”，转会自由权大大提升，球员的工资也因此水涨船高。

2. 职业运动员收入变化

在欧洲，1908年英格兰足协承认了职业球员协会(AFPU)的合法地位，工会的成立使运动员的工资收入开始增长，球员最高工资由20世纪初的每周5英镑上涨至1922年的每周8英镑。1947年，随着英国国家仲裁法庭的成立，英格兰球员工会通过上诉将工资帽上限提升到每周12英镑，又先后于1951年和1958年将工资帽上限涨至每周14英镑和每周20英镑。1961年，工资帽制度被取消，成为英格兰球员工资演变历史上的一个重要转折点。1968年，欧洲足球先生获得者北爱尔兰人乔治·贝斯特(George Best)得到了1 000英镑的周薪。到1985年，英格兰甲级职业联赛球员平均年薪已达到2万英镑。博斯曼法案后，运动员转会的实质由此前的双方俱乐部谈判为主变为球员与新东家之间的谈判，球员成为最大的受益者，各俱乐部大幅涨薪使得球员收入一时间呈几何级数增长。

在美国，职业运动员主要通过运动员工会和经纪人与联盟进行谈判。职业棒球运动员们于1956年成立了棒球大联盟运动员协会(MLBPA)，NBA、NFL和NHL的运动员协会分别在1954年、1956年和1957年成立。在MLBPA领导人马文·米勒(Marvin Miller)的率领下，MLB的球员在1975年通过仲裁获得了有限的自由转会权，此后其他三个职业联盟的运动员也纷纷获得了相似的转会自由。自由转会使运动员的工资迅速上涨，在20世纪70年代、80年代和90年代，北美四大职业体育联盟运动员的平均工资分别达到2.9万美元、13万美元和50万美元，1997年达到了134万美元，是当年美国人均收入的60倍。

二、国内职业运动员的产生与发展

(一)国内职业运动员的产生

职业运动员产生的前提是体育运动的职业化。中国最早进行职业化的体育运动是足球,其职业化改革的动因主要分为社会外部环境和项目自身发展两个层面。

就社会外部环境层面而言,20 世纪 90 年代,党的十四大确立了市场经济改革目标,即建立社会主义市场经济体制,体育和其他行业一样也需要随着国家经济体制的转变做出相应的改革和调整,而足球作为最大的单项运动遂成为体育职业化改革的突破口。国家先后颁布一系列文件为足球职业化改革铺平了道路,也为国内职业运动员的产生创造了良好的外部环境。

从项目自身发展层面来看,首先,中国足球面临着较大的社会压力。自 1978 年改革开放起,国人将冲出亚洲、走向世界作为中国足球的最高理想,然而中国足球屡战屡败,引发社会广泛批评,如何扭转颓势成为中国足球职业化改革的重要动因。其次,足球涉及面较广,改革的代表性较强,可作为一个试点,摸索改革经验。再次,职业足球市场前景良好,国内外社会资本参与职业足球的愿望非常强烈,这为足球的职业化改革提供了良好的物质保障。

1992 年北京红山口会议决定了足球职业化改革的最终路线,1993 年大连棒棰岛会议是红山口会议的延续,会议讨论和修改了《中国足球十年发展规划草案》、《中国足球协会章程草案》和《足球俱乐部章程草案》等文件,明确 1994 年甲 A 联赛成为职业联赛。联赛与国际接轨,允许引进外援和外教,实行主客场赛制。

同年 11 月中国足协在成都举行的足球工作会议上,出台了中国足球史上第一套足球运动员转会细则及关于人才交流的若干规定,并于 1995 年 1 月 1 日起在中国足协管理范围内全面实施。随着新规的出台实施,球员转会更加开放自由,运动员个人人力资本的所有权得到更好的保护,也标志着我国职业足球运动员的诞生。

(二)国内职业运动员的发展

1. 职业运动员转会制度变化

伴随着职业运动员的出现,一系列规章制度的制定对职业运动员的发展产生重要影响,其中转会制度对我国职业运动员的发展具有重要意义。以足球领域为例,1998 年足协为了整改前几年球员转会市场出现的不良现象,出台了新的转会细则,将转会形式改为摘牌制,各甲、乙级俱乐部队根据上赛季联赛名次,从中国足协公布的符合转会条件的运动员中,按序“选择”运动员。2003 年开始,实行自由摘牌与规定摘牌并行的方式。根据双轨转会制,职业足球俱乐部可在转会名单中自由选取 1 名职业足球运动员,其他球员的转会仍实行摘牌制。这种模式下,转会的主导权仍然掌握在俱乐部手上。2010年,中国足协取消了球员挂牌和摘牌制度,在新的转会规定下,各队可以进行内外援引进,而球员只要符合转会规定,找到各自中意的俱乐部,且新俱乐部和原俱乐部在转会费上达成一致,即可办理转会手续,该新规也使职业足球运动员的转会操作更好地与国际接轨。

2. 职业运动员收入变化

以我国职业足球运动员的薪酬收入变化为例。1994年职业化元年,当时各家足球俱乐部球员平均月薪不超过1 000元,此后随着职业足球的发展,球员的收入水平也稳步提升。2005赛季中超俱乐部主力球员平均期望年收入为120万元,中甲俱乐部主力球员平均期望年收入为30万元。而同年,我国国内人均生产总值仅为1.44万元,职业足球运动员的收入已大大超过了普通人的收入。2010年后,随着转会管控制度的放宽以及以恒大等为代表的社会资本大举进入职业足球领域,球员转会费大幅上涨的同时,球员工资也进一步攀升。根据国外数据调查机构 Sporting Intelligence 统计,2019赛季中超联赛球员平均年薪达到120.7万美元,是同年日本J联赛球员平均年薪的近四倍。球员不断上涨的工薪给俱乐部带来了沉重负担,为此,从2019年起中国足协多次出台限薪令对球员薪资进行控制。同时,联赛受到疫情影响,多家俱乐部的母公司陷入财政困境,导致包括冠军江苏苏宁在内的若干俱乐部退出中超联赛,俱乐部自主降薪,大幅度压缩开支的情况也开始大面积出现,我国职业足球运动员的收入水平大打折扣。

专栏6-5:中国足协限薪令

从2010年起,随着大量社会资本涌入中超联赛,中超各俱乐部在重金加持下展开了“军备竞赛”,投入呈几何增长,导致中超主力球员的年薪少则几百万,多则上千万人民币。而各球队投入与产出的不对等,使得俱乐部母公司承受了巨大的经济压力,球队运营困难。同时,国字号球队成绩总是不如人意,在社会上引发了广大非议。2019年12月,中国足协下发第一份“限薪令”,规定本土球员从此前的不限薪转为限制个人薪酬总额税前1 000万元人民币。2020年12月,中国足协再次推出“加强版限薪令”,将本土球员单赛季税前顶薪由1 000万元降到了500万元人民币。一旦发现俱乐部和球员有弄虚作假、虚报收入等行为,俱乐部将被勒令降级,球员将被处以禁赛24个月的重罚。

此外,篮球作为我国职业化程度相对较高的项目,职业篮球运动员的收入变化一定程度上也反映了我国职业运动员的收入走势。近些年,我国职业篮球运动员的收入随着职业联赛的发展而呈现上涨态势。例如,2019年李根与上海队签下一份3年5 380万元的天价合同,其中薪水呈阶梯式增长,最后一年年薪高达2 800万。为了抑制中国球员薪资增长过快的趋势,促进CBA联赛可持续发展,CBA公司于2019年

10 月宣布设置球员“工资帽”制度，并统一球员薪资结构，包括合同工资（基本工资和赛季排名为基础的绩效工资）和单场赢球奖。工资帽制度于 2020～2021 赛季起施行，CBA 国内球员工资帽上限为 4 400 万元，下限为 2 000 万元，单一国内球员顶薪上限为 800 万元。随后在 2021～2022 赛季，将工资帽下限降为 1 600 万元，单一国内球员顶薪上限降为 600 万元。“工资帽”制度的设立，逐步扭转了球员薪资与能力不匹配现象，减少了“溢价合同”的出现，同时也促进了国内球员流通，使有实力的球员可以赚到行业内顶级的工资。

3. 职业运动员媒介形象变化

运动员媒介形象是指运动员在大众传播媒介上呈现的形象。一方面是对运动员本身个人形象的呈现，包含其赛场表现、外貌形象、言行素养等；另一方面是重构出的媒介形象，即通过符号化叙事后塑造的形象。

我国职业运动员的媒介形象的建构经历了两个发展时期，第一个发展时期是 20 世纪 90 年代初至 90 年代末，这一时期处在我国体育的职业化改革初期，随着职业联赛、职业俱乐部的发展，部分运动项目出现了不少“明星运动员”，而在媒体的报道下，这些职业运动员的影响力与知名度进一步扩大，开始成为社会关注的焦点。不过，这一时期职业运动员的媒介形象聚焦于为国争光的民族自豪感和顽强拼搏的赛场表现，在对运动员进行形象塑造时常使用“以成败论英雄”的思维模式，缺少对运动员个体人格魅力的展示。第二个发展时期是 21 世纪初至今，随着我国市场经济的发展，竞技体育的职业化进程和市场化改革也进一步推进。商业化全面渗透到了整个体育行业，体育逐渐融入了更多文化娱乐元素，职业运动员与娱乐业、影视业的联系也更加紧密，使得这一时期职业运动员的媒介形象更加多元化。例如，在 2022 年北京冬奥会上大放异彩的中国女子自由式滑雪运动员谷爱凌，除首次参加冬奥会便拿下 2 金 1 银的成绩外，其斯坦福大学学霸身份、广泛的兴趣爱好、优良的家庭教育等标签构造了一个更加完整、个性化的运动员形象，使大众对谷爱凌的喜爱度和关注度飙升。

4. 职业运动员社会认可度变化

在职业体育发展初期，提及对职业运动员的印象，社会舆论总会有不少的负面声音，如文化水平低、个人素质低、懒散易怒、不遵守纪律等传统刻板印象。此外，受“唯金牌论”观念的影响，往往只有那些获得优秀运动成绩的运动员得到了社会大众的关注和认可，而大部分成绩平平的职业运动员的社会认可度不高。近些年来，随着国家对体育事业、体育产业的重视，以及全民健身活动的开展，人们对体育运动的功能有了更深的认识，也对职业运动员的印象有了改观，许多运动员身上与众不同的个性气质更是吸引了大众的追捧和喜爱。与此同时，职业体育的发展带动了职业运动员收入和影响力的提升，也使得职业运动员的社会认可度不断提高。

第三节 职业运动员的退役与保障

一、职业运动员的退役现状

运动员是体育行业的主体，是体育事业发展的主要推动力，而退役是每个体育运动员必将面对的现实。职业运动员在役时风光无限，是众人瞩目的焦点，可当退役时，也必须面临转型，通过再就业、创业来融入社会，如果不能很好地过渡，就可能会陷入各种困境。

（一）职业运动员退役后面临的问题

1. 身心健康问题

职业体育对运动员的要求极为苛刻，运动员只能通过高强度的训练提升自身竞技水平，以求在比赛中取得更好的成绩。而长时间超负荷的训练易使得运动员积劳成疾，当其退役以后，健康问题便逐渐暴露出来。同时，体育运动的风险性导致许多运动员在训练和比赛中会出现意外情况并留下伤患。此外，不少运动员在退役后会失去身份认同感，在寻找新角色的过程中可能会伴随产生一系列严重的问题，如抑郁、自残等问题。英国职业运动员联盟对800多名退役运动员进行的一项调查发现，超过半数的退役运动员在精神或情绪上对退役后的生活状况表示担忧，最集中的情绪是在经历了“失败”“遗憾”后，担心自己失去身份认同。又如前美国游泳名将迈克尔·菲尔普斯(Michael Phelps)，其职业生涯共获得了23枚奥运会金牌，但就是这样一位优秀的游泳运动员，却在退役后患上了抑郁症，菲尔普斯在接受媒体采访时曾表示，自己最难受的时候一度想过要自杀。所幸后来通过心理医生的长期治疗以及身边人的帮助和鼓励，菲尔普斯最终从抑郁症的阴影中走了出来。

2. 财政问题

财政困难是多数退役运动员所面临的一大问题，而造成财政危机的原因主要是不良的消费习惯以及缺少对退役生活的规划。职业运动员在役时的收入水平较高，而高收入的副产品便是高消费习惯。当他们退役时，很少有人能在短时间内改变消费习惯。部分职业运动员在退役后，正是由于对自身积蓄的大肆挥霍或投资理财失败而出现个人财政问题。《体育画报》(*Sports Illustrated*)在2015年的统计显示，78%的NFL运动员退役后破产或生活拮据，60%的NBA球员在退役5年后破产。如前NBA球星阿伦·艾弗森(Allen Iverson)，职业生涯总薪水高达1.5亿美元，加上其他商业代言，其在NBA积攒的收入有2.5亿美元左右。但由于过度的挥霍以及缺乏对资产的管理，艾弗森在退役多年后一度陷入破产危机中。

3. 再就业问题

由于职业运动员在受训过程中将几乎所有的精力都用在体育训练和比赛上，难免忽视文化课程的学习。知识水平有限、职业技能匮乏、不适应工作体制等问题导致其在退役后自主择业的竞争中基本没有优势，就业面相对狭窄。此外，加之职业运动员很少有时间或精力为退役后的职业生涯做准备，准备心理的滞后性和职业规划的盲目性又往往使其在结束运动生涯后心理预期不足。因现实与想象的就业环境差距较大，从而产生一定的心理落差，这种失落感与挫败感对运动员退役后的生活有着不容忽视的影响。

（二）职业运动员退役后去向

1. 体育教师

2020 年，国家体育总局等部门印发《关于深化体教融合促进青少年健康发展的意见》，鼓励优秀退役运动员进校园担任体育教师和教练员，为我国退役运动员提供了一条良好的出路。目前我国中小学校优质体育师资稀缺，学校教育教学迫切需要大量有专业背景的高水平体育师资，这为退役运动员转型提供了新机遇。

2. 职业教练

职业运动员具有高超的运动技能和丰富的比赛经验，在退役后可凭借其专业的技能、科学的训练方法和丰富的实践经验为青少年、业余体育爱好者、专业运动员带来更好的指导。部分职业运动员退役后，继续在职业联赛或进入青训系统担任教练等角色，如现任各职业球队教练的孙继海、李霄鹏、谢晖、郑智等，原来都是一线较为知名的职业足球运动员，还有更多退役足球运动员在第二梯队、第三梯队担任教练或者从事青少年足球运动员的培养工作。又如，曾三次入选 NFL 的橄榄球运动员德马科·穆雷（Demarco Murray），在退役后回到其母校俄克拉荷马大学担任校队跑位教练；效力 NFL 17 个赛季的菲利普·里弗斯（Philip Rivers），退役后在亚拉巴马州的圣米迦勒天主教高中担任球队主教练。

3. 经商创业

职业运动员在役期间往往积累了一定的资源和积蓄，退役后从商也是个很好的选择。由于资源主要集中在体育圈，所以大多数运动员是从事体育相关的商业项目，如体育服装、体育赛事经纪、体育场馆等。对部分知名度较高的职业运动员来说，由于其商业影响力较大，在退役后的经商生涯中更容易取得成功。如 NBA 球星迈克尔·乔丹（Michael Jordan），在 2010 年花费 2.75 亿美元买下黄蜂队，至 2022 年黄蜂队的市值已经高达 17 亿美元。不仅如此，乔丹每年会从自己代言的耐克旗下品牌 Jordan Brand 得到高额分红，据美国体育商业媒体 Front Office Sports 报道，乔丹 2022 年通过 Jordan Brand 分红所得收入高达 2.56 亿美元，是其职业生涯薪水总和的近三倍。

专栏 6-6:球场上的篮球之神,球场外的商业大亨

迈克尔·乔丹(Michael Jordan)被公认为篮球运动历史上最出色的运动员,在球员时期,乔丹获得六次NBA总冠军,五次当选NBA最有价值球员,建立了两次公牛王朝,极大地提升了NBA以及篮球运动在全球的影响力。退役后,乔丹在商业领域也取得了诸多成就。

首先,乔丹在2010年以1.75亿美元收购了NBA夏洛特山猫队(现夏洛特黄蜂队)约65%的股权,并承担了前老板留下的债务,总成本达到2.75亿美元。尽管当时的夏洛特是小球市,球队商业价值并不高,但NBA市场的不断发展,给联盟中的球队带来了巨大收益。福布斯2022年的数据显示,黄蜂队的市值已达到17亿美元,是2010年收购时的6倍多。其次,与耐克合作的运动品牌Jordan Brand也给乔丹带来了可观收益,其每年能从耐克拿到的分红超过2亿美元,且此数额仍在上涨。除了俱乐部老板身份和AJ代言人之外,乔丹的合作伙伴还包括可口可乐、耐克、雪佛兰、麦当劳、佳得乐等众多知名品牌,可谓是名副其实的商业大亨。

4. 退役从政

我国有不少优秀运动员在退役后进入政府机关或事业单位工作,如李玲蔚、熊倪、周苏红、吴敏霞等。其中部分运动员凭借其巨大的社会影响力和突出的管理能力,从政后取得了显著成绩。例如,姚明在退役后参与篮球管理工作,并于2017年当选中国篮协主席,2022年成功连任。在他任职期间,中国三人女篮于2019年首夺世界杯冠军——中国篮球历史上第一个世界冠军,2022年中国女篮更是在时隔28年后再获世界杯亚军。放眼海外,与姚明同期的NBA球星安德烈·基里连科(Andrei Kirilenko),也凭借其在俄罗斯篮坛的影响力,在退役后出任俄罗斯篮协主席一职,并于2020年成功连任。

二、职业运动员退役保障手段

相对于少数明星运动员来说,大部分职业运动员由于自身伤病、文化水平低、与外界环境接触少,在退役后难以适应社会生活,面临的生存危机与再就业等方面问题日益突出,其退役后的社会保障问题如果不能得到及时有效的解决,不仅会直接影响职业体育事业的可持续发展,而且不利于社会的和谐稳定。

(一) 国外职业运动员退役保障手段

国外职业运动员退役保障手段主要包括两个方面。一方面,职业体育发达国家通过制定详尽的运动员保障政策与计划,全方位保障其退役后的权益与福利。例如,

作为职业体育强国，美国的职业运动员数量众多，对一般职业运动员来说，美国的教育体系能很大程度保证他们在开启职业生涯前学到基本文化知识，并掌握一定的技能。这种依托学校教育的培养模式，为大多数职业运动员未来走向社会奠定了基本的知识储备，有助于他们在退役后顺利找到适合自己的新角色。此外，多个国家政府也根据本国情况制定了相应的退役运动员保障政策。例如，英国2019年出台的“给我更多计划”，鼓励运动员更好地平衡自己的体育生涯和生活，并使其充分认识到提前为退役后生活进行规划的益处；澳大利亚则在连续实施“运动员职业生涯和教育计划”近20年后推出了全新的“个人卓越计划”；西班牙的法律规定，西甲球员的社保级别与其他行业或领域内的技术工程师、专家等级别一致，为第二级，甚至在政府部门的首长、大公司首脑人物之上；日本奥委会于2008年和2010年先后制定了“运动员职业教育计划”和“运动员就职支持计划”，2015年又启动了“体育职业生涯援助战略计划”，旨在帮助退役运动员解决其再教育、再就业困难的问题，顺利完成职业生涯的转化。由于有相对完善的教育制度和社会保障制度支撑，这些国家的运动员在离开职业赛场之后，能够更自然地转换身份，融入新的社会环境之中。

另一方面，职业体育联盟也通过设立球员保障机制为退役运动员提供较为全面的帮扶。如NBA劳资双方谈判决定，每年抽取NBA篮球相关收入的1%，形成一个“养老资金池”，用于退役球员的养老保障。近几年，NBA单赛季收入大致为80～100亿美元，其中的1%也将近1亿美元。此养老金领取标准主要有：第一，必须年满45周岁；第二，职业生涯必须大于等于三个赛季。综合来看，NBA养老金的领取标准及规则比较公平，养老金金额的多少与球员的能力、名气、冠军奖杯没有任何关系，最主要的因素是为联盟效力时间的长短。

专栏6－7：NBA退休金制度

在NBA刚创立时，并不存在退休金，直至1965年，联盟才在此方面进行了改革，决定增加退休金制度。到现在，NBA已经形成相对完善的退休金制度，使所有在NBA效力过至少三年的球员能够在退役后继续得到一定的经济补贴。

在2011年劳资谈判期间，球员工会为退役球员们的养老问题想尽办法，最终与资方达成协议，抽取联盟每年篮球相关收入的1%，形成一个资金池，用于保障退役球员的健康与财富收益。随后，NBA又将这一制度细化：凡效力于NBA三个赛季及以上的球员，如果从45岁开始领退休金，每个月的领取金额等于306.34美金乘以在NBA效力年限的三分之二；如果从50岁开始领退休金，就是306.34美金乘以在NBA效力的年限。以姚明为例，其在NBA共效力9个赛季，若从45岁开始领取养老金，他每个月可以领取1 836美金左右，折合人民币约为12 000元。虽然以目前姚明的财富，NBA的退休金只是九牛一毛，但是对于大部分普通的退役球员来说，该退休金制度的设置可以使其日常生活得到更好的保障。

（二）国内职业运动员退役保障手段

我国对退役运动员就业安置非常重视。体育职业化改革后，2002年9月国家体育总局、中央编办等部门联合下发了《国家体育总局、中央编办、教育部、财政部、人事部、劳动保障部关于进一步做好退役运动员就业安置工作的意见》。2003年，又出台了《关于印发〈自主择业退役运动员经济补偿办法〉的通知》。这两个文件对退役运动员职业发展做出了比较全面的制度安排。2007年，国家体育总局颁布的《运动员聘用暂行办法》中也对退役运动员的属性及再就业问题做了规定。我国现行针对退役职业运动员安置手段主要分为三类。

1. 政府安置

对于部分曾获得优异成绩的退役运动员，各省市根据情况将其安置到政府机关、事业单位和国有企业等部门工作。政府统筹规划很好地解决了某些取得佳绩的运动员退役后的再就业问题，使其结束运动生涯后，能够获得一个相对稳定的工作岗位，较为轻松地实现角色转变。不过，随着职业运动员人数的日益增加以及政府安置资源的紧缺，政府安置手段的覆盖范围愈发有限，如今已经无法做到“全覆盖”，很多退役运动员还是要自谋出路。

2. 入学深造

由国家安排退役运动员接受继续教育，满足运动员学习深造的教育需求。当然，有必要指出的是，虽然国家对此有相关政策倾斜，例如通过简化注册手续、免试入学、自主选择专业方向等方式，为退役运动员提供了不少机会，但对于从小将更多精力用于专业训练而文化课相对薄弱的职业运动员来说，继续学习深造仍是个不小的挑战。

3. 自主创业

这是在国家鼓励自主创业的大背景下更多退役职业运动员的选择。对于自主创业的退役运动员，国家会按照基础安置费、运动年龄、过往成绩等因素支付一次性的货币补偿，这些补偿往往被作为投资、创业基金。2020年中华全国体育基金会颁布的《退役运动员就业创业扶持基金使用暂行办法》等文件，明确由国家体育总局在中华全国体育基金会设立为退役运动员就业创业提供扶持的专项基金，为退役运动员自主创业提供资金支持。

此外，我国于2008年进行大量的资金投入，成立了“运动员保障专项资金”，并制定相应的标准保证该项资金分配的合理性。该项资金由国家财政设立，其目的是帮助运动员解决其身体伤残、特殊困难、再教育、再就业等问题，所针对的对象主要包含两个方面，一方面是针对生活困难的退役运动员，与国家政策相配合，为其提供经济支持。另一方面是针对存在身体伤残的退役运动员，该资金为其提供相应的经济支撑，从而满足伤残退役运动员的基本生活需要。

第六章复习思考题

第七章

体育场馆的经营与管理

【导　　读】

通过梳理国内外体育场馆的发展历程，借鉴国外先进的体育场馆运营案例，学习发达国家现代体育场馆先进的经营理念和管理方法，为我国现代体育场馆经营管理的改革提供理论指导和实践经验。本章首先介绍国内外体育场馆的起源和发展历程，其次阐述现代体育场馆的概念与特征，并结合案例分析，着重论述现代体育场馆的经营和管理。

【学习目标】

◆ 掌握现代体育场馆的概念与特征

◆ 理解现代体育场馆的运营方式

◆ 掌握现代体育场馆的管理方式

【思维导图】

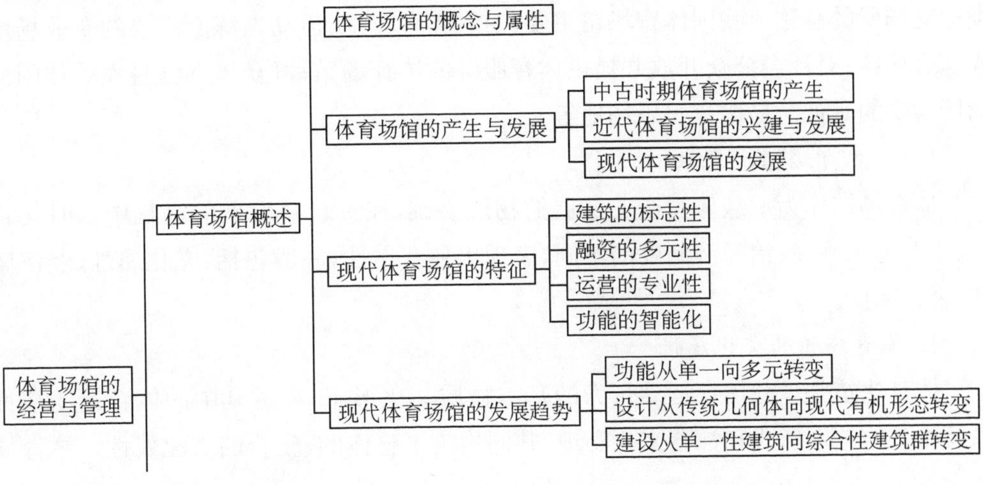

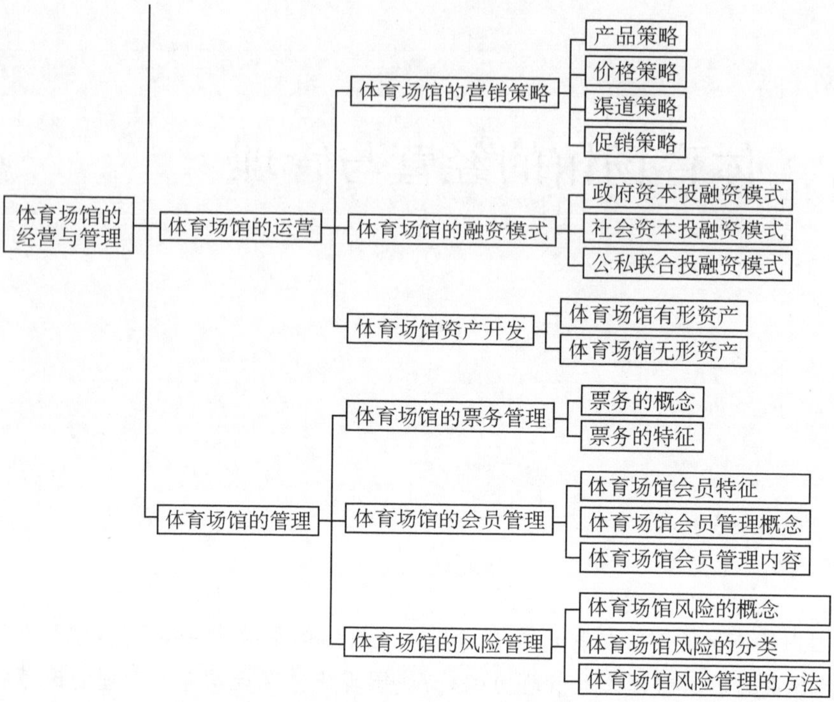

第一节　体育场馆概述

一、 体育场馆的概念与属性

（一）体育场馆的概念

体育场馆是为了满足运动训练、运动竞赛和大众体育消费需要而专门修建的各类运动场所的总称。我国体育场馆主要包括：体育教学、运动训练所需要的专业场地或综合场馆；对社会公众开放并提供体育服务的体育场馆；群众体育健身娱乐休闲活动所需要的其他简易健身娱乐场地等。

（二）体育场馆的属性

体育场馆作为承载体育产业发展的物质基础，在其自身发展的进程中因时代背景、生产力水平、政治经济制度的不同，表现出独有属性，一般包括：文化属性、经济属性、公益属性。

1. 体育场馆的文化属性

体育建筑是承载体育运动行为的基本物质文化形态，渗透其中的体育运动精神以及相关的艺术形式和社会文化心理，共同构筑了整体的、复合的文化属性。体育场馆是体育建筑中最鲜明的代表，以物质载体的形式，结合人类的实践活动反映体育运动中蕴藏的社会文化内涵。

2. 体育场馆的经济属性

体育场馆作为体育产业重要的物质载体，经济属性不言自明。最初，体育场馆多为赛事活动举办而兴建，而如今演艺、娱乐、餐饮和教培等体育赛事以外的活动也逐渐成为体育场馆的重要经营业务，这为提高体育场馆的使用率，促进经济发展发挥了重要作用。

3. 体育场馆的公益属性

一方面，体育场馆的存在极大满足了人民群众的体育锻炼需求，促进群众体育的发展；另一方面，其还能带动旅游业、广告业、服务业等相关产业发展，并为社会创造大量就业岗位。体育场馆具有公益属性的主要原因是国内外投资兴建场馆的很大一部分资金来源于公共资金。以美国为例，美国政府自 20 世纪 50 年代开始广泛使用公共资金支持建造体育场馆。1953～2015 年美国为主要场馆建设投入的公共资金约占场馆总体资金投入的 57%，其中 1953～1982 年间的公共资金出资比例高达 90%以上（图 7－1）。

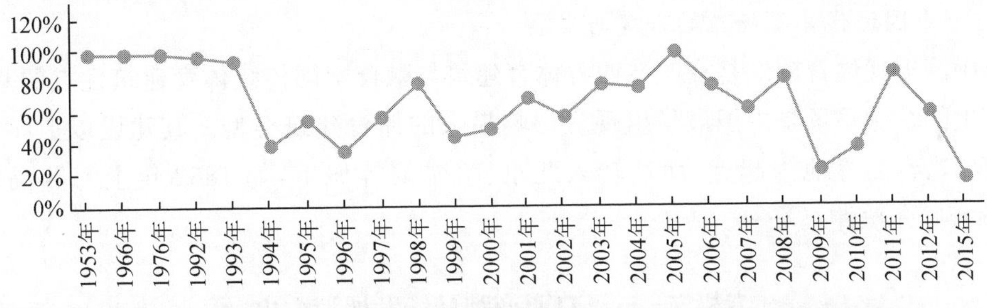

图 7－1　美国 1953～2015 年主要体育场馆平均每年公共资金支持比例

资料来源：根据清华大学五道口金融学院体育金融研究中心公布数据整理。

二、 体育场馆的产生与发展

（一）中古时期体育场馆的产生

中古时期，人类改造自然的手段较少，环境要求人们具有强壮的身体，突出地表现为力量、耐力和速度。为此人们开始在日常生活中进行身体锻炼，其进行体育活动的体育场也随之诞生。在公元前 776 年的奥运会场中，运动场地是长方形，跑道是直道，每次可供 20 名选手同时比赛。随着古代奥运会的发展，运动场地逐渐演变成具有大规模观众座席和多样馆内功能区的“U”形体育场，呈现出近代体育场馆的雏形。

（二）近代体育场馆的兴建与发展

1. 欧美国家近代体育场馆的兴建与发展

1811 年，弗里德里希·路德维希·雅恩（Friedrich Ludwig Jahn）在柏林郊外哈森赫德建立了一座现代公共体育场，场内设置了攀登架、单杠和荡桥等设施，可以进行跑步、跳跃、投掷等训练比赛，在哈森赫德体育场建立前，体育仅在学校里进行，在这之后范围才扩大到市民中。

率先完成工业革命的英国更倾向于发展户外体育运动和竞技体育运动。19 世纪后期，职业足球在英格兰兴起，为了更好迎合职业联赛的经营管理需要，各家俱乐部开始新建体育场馆。其中，球场建设所需资金主要通过融资得以实现。例如，1896 年阿斯顿维拉足球俱乐部为筹集 10 000 英镑建设新体育馆，将自己改组为一个有限责任公司，将每股 5 英镑的 2 000 股股票卖给了 700 个原始股东。

到 20 世纪初，欧美职业体育的发展推动体育场馆的使用和经营更加高效化。例如，在美国，由于冰球馆在有限的冰球赛季之外的一年大多数时间处于闲置状态，于是，冰球馆老板们为了填补体育馆的空置以便更快收回投资，共同成立了全美篮球协会（BAA），即如今 NBA 的前身，使体育场馆的使用率和功能性得到提升。

2. 中国近代体育场馆的兴建与发展

中国近代体育建筑是在改造西方体育建筑与融合中国传统体育建筑优点的基础上产生的。跑马场是中国最早出现且影响最大的体育建筑类型。其建设以上海、天津、汉口、青岛等地为起点，而后转入北京、哈尔滨等城市，如 1862 年上海跑马场、1905 年哈尔滨跑马场等。

专栏 7-1:汉口西商跑马场发展消亡史

1861 年，《英国汉口租界地约》的签订，标志着汉口开埠通商以及汉口英租界的建立，英国殖民者在租界内辟出一马道子和球场，专供他们享乐。1902 年，英国人以贱价从汉口“地皮大王”刘歆生手上购得大量土地，1905 年，汉口西商赛马会建成了西商跑马场，是汉口最早的近代大型体育设施。民国初年，军阀混战，中国的富商、地主纷纷避入租界，托庇洋人，以效仿西式生活为荣，赛马赌风大盛。1926 年，国民革命军北伐抵达武汉，将英租界收回，社会风气也随之改善，西商跑马场一度冷落，至 1928 年才又重新恢复。直至 20 世纪 50 年代，跑马运动在我国逐渐消亡，遗留下的西商跑马场也被改造为其他用途。

1912 年，教育部曾通令要求各地政府建设体育场，在此背景下，校园体育场地得到迅速发展，同时社会体育的萌芽也在这一时期显现。按照教育部 1929 年发布的统计：全国公共体育场共计 247 个，几乎各省市都建立了省立体育场（表 7-1）。

表 7-1　中国近代体育场馆建设一览表(节选)

地点	场馆名称	建设时间	体育设施
上海	上海第一公共体育场	1917 年	2 座办公楼,1 个足球场,300 米跑道,1 座健身房,还有篮、排、网球场地。
安庆	安徽省立公共体育场	1918 年	300 米煤屑跑道及 1 个篮球场,1 所简易篮球房。
南昌	江西公共体育场	1919 年	场地狭小,设备简陋,仅有 1 条全场约 300 米的跑道和 1 个小型足球场。
西安	北大街公共体育场	1922 年	场内舍友木马、双杠、秋千、轮子秋、拳术场、篮球场、足球场等。
南宁	省立第一公共体育场	1926 年	400 米跑道等田径运动场、足球场和网球场各 1 个、篮球场和排球场各 2 个,还有乒乓球室。
广州	广东省立体育场	1932 年	8 条 400 米塑胶跑道,足球场、篮球场,可容纳观众 2.5 万人。
镇江	省立镇江公共体育场	1933 年	有 500 米田径场、1 个足球场、篮球场和排球场各 2 个、4 个网球场、办公楼和健身房各 1 座。
北京	北平公共体育场	1937 年	内有田径场、篮球场、排球场、网球场、摔跤场等,可容纳 15 000 人。

资料来源:改编自《中国体育建筑 150 年:1840—1990》。

(三) 现代体育场馆的发展

1. 欧美国家现代体育场馆的发展

从 20 世纪中期开始,欧美职业体育借助媒体的传播,其规模和影响力不断扩大,在此基础上,作为职业体育赛事经营支撑的大型体育场馆也在越来越多的城市诞生。如美国第一大城市纽约及其周边地区,拥有 6 个北美四大职业体育联盟球队的主场球馆(表 7-2)。

表 7-2　美国纽约市及其周边地区四大职业体育联盟球队场馆一览表

职业联盟	球队名称	体育场馆	建成时间
MLB	纽约洋基	洋基体育场 (Yankee Stadium)	2009 年
	纽约大都会	花旗球场 (Citi Field)	2009 年
NBA	布鲁克林篮网	巴克莱中心 (Barclays Center)	2012 年
	纽约尼克斯	麦迪逊广场花园 (Madison Square Garden)	1968 年

（续表）

职业联盟	球队名称	体育场馆	建成时间
NHL	纽约游骑兵	麦迪逊广场花园 (Madison Square Garden)	1968 年
	纽约岛人	瑞银体育馆 (UBS Arena)	2021 年
NFL	纽约巨人、纽约喷气机	纽约大都会球场 (MetLife Stadium)	2010 年

与20世纪早期主要由私人资本兴建体育场馆不同，这一阶段城市公共资金成为场馆建设的主要资金来源。一方面，随着职业体育的蓬勃发展，各大城市都希望拥有自己的顶级职业体育俱乐部而互相之间展开竞争；另一方面，“二战”后体育场馆的建设成本越来越高，20世纪50～60年代、70～80年代和90年代北美大联盟体育场馆的平均建设成本分别达到1.13亿、2.54亿和2.80亿美元。城市对职业球队的竞争和场馆投资的增加使体育场馆的投资逐渐由私人资本转为公共资本（表7-3），这使俱乐部的资金压力得以大大缓解。

表7-3　美国职业体育联盟使用公共场馆的百分比变化（1950～1991年）　单位：%

联盟名称	1950	1960	1970	1980	1991
MLB (AL)	12	37	75	86	86
MLB (NL)	0	50	67	83	755
NBA	46	62	71	76	65
NHL	0	0	42	52	65
NFL	36	60	81	96	93
平均	18.8	41.8	67.2	78.6	76.8

资料来源：改编自 *The Business of Professional Team Sports*。

2. 我国现代体育场馆的发展

我国现代体育场馆从20世纪70年代起进入一个迅速发展的阶段。改革开放伊始，提升“国际形象”成为体育场馆建设的首要任务。国家体委针对场馆建设不足的问题，提出“以体为主、多种经营”的方针，加快建设现代化体育场馆。截至1988年底，全国已拥有各类体育场地528 112个，占地面积达5.7亿平方米。

改革开放后的体育场馆主要为全运会、省运会、市运会等综合性大型体育赛事服务，同时兼顾社会大型文娱集聚活动。21世纪以来，随着众多大型体育赛事纷纷落户中国，我国体育场馆建设水平不断提升，各种新一代专业的、舒适的、有内涵并融入先进数字技术的大型体育场馆在全国各地涌现，大型体育场馆建设进入一个新的发展阶段（表7-4）。

表 7-4　我国近年来部分大型体育场(馆)建筑信息一览表

场馆名称	建成时间与建设地点	建筑造型	建筑创新点	建筑面积	座位数
深圳大运中心主体育场	2011 年 3 月 深圳市	“水晶石”造型	首创“单层折面网壳屋面结构”	13.6 万平方米	60 000 个
杭州奥体中心网球中心	2018 年 9 月 杭州市	“莲花”造型	顶棚采用“开闭合旋转原理”	5.2 万平方米	10 000 个
西安奥体中心体育场	2020 年 11 月 西安市	“石榴花”造型	国内首座“5G+智慧”国际标准场馆	15.6 万平方米	60 000 个
成都东安湖体育场	2021 年 4 月 成都市	“飞碟”造型	创新采用 1.5 层看台形式	12 万平方米	40 000 个

三、现代体育场馆的特征

(一) 建筑的标志性

体育建筑因其象征性意义，常被打造成为一个国家或城市的地标性建筑，是城市形象的重要标志物，既代表了城市的审美标准和文化价值取向，又是城市公共生活的重要组成部分。例如德国慕尼黑的安联体育场(Allianz Arena)，因其现代化的外观造型和独特的灯光系统在当地居民乃至世界球迷心中留下深刻的印象，吸引了大量游客和球迷的光临。根据 Forsa 公司所做的调查，安联球场在运营仅仅三年后，就已成为德国最受欢迎的体育场馆，并跻身全国十大标志性建筑之一。

专栏 7-2:科技与艺术兼备的安联球场

位于德国慕尼黑的安联球场(Allianz Arena)，作为欧洲豪门拜仁慕尼黑球队的主场，是欧洲最现代化的球场，能容纳 75 000 名观众。安联球场有着独一无二的外观，它的外墙由 2 874 个菱形膜结构构成，内嵌发光系统，超过 30 万个 LED 灯可在夜晚组成 1 600 万种颜色图形，当球场中比赛的球队发生变化时，其颜色可以随之改变，显得科技感十足，同时也给人强烈的视觉冲击。此外，球场内部为球迷提供了各种休闲娱乐设施，餐饮服务、名人堂、球迷商店等设施一应俱全。此外，安联球场交通便利，临近 A9 公路，并有欧洲最大的地下停车场，可提供 10 000 个车位。在安联球场建成后，慕尼黑人非常喜欢这个“大灯泡”，并将之视为城市的标志性建筑，有投票显示，大多数慕尼黑人都愿意为安联球场支付更多的税款。

(二) 融资的多元性

体育场馆融资模式是在大型体育场馆的运营当中，为了筹集场馆建设与后期经营管理的资金而采取的各种融资手段以及方式方法。随着社会资本的日趋成熟和场馆经营理念的转变，场馆建设的融资模式也逐渐发生变化，在传统政府融资为主的基础上，更多社会资本参与到场馆投资建设之中。同时，随着城市化的发展，城市土地资源的紧缺难以满足大型体育场馆的土地需求，场馆采用的融资模式日益丰富，体育场馆建设投资趋向多元(表 7 - 5)。

表 7 - 5　我国近年来大型体育场馆建设资金来源一览表

场馆名称	用途	竣工年份	投资金额(亿元)	资金来源
广东奥林匹克体育中心	第 9 届全运会	2001 年	16.7	政府投资
南京奥林匹克体育中心	第 10 届全运会	2005 年	21.6	政府投资
国家体育场	2008 年北京奥运会	2008 年	22.6	公私联合
青岛国际帆船中心	2008 年北京奥运会	2008 年	32.8	公私联合
济南奥林匹克体育中心	第 11 届全运会	2009 年	50.0	政府投资
广州亚运会场(馆)	第 16 届亚运会	2010 年	72.5	政府投资
深圳大运会场(馆)	第 26 届大运会	2011 年	75.2	政府投资
国家速滑馆	2022 年北京冬奥会	2020 年	11.8	公私联合
成都东安湖体育中心体育场	第 31 届世运会	2021 年	15.6	社会资本

(三) 运营的专业性

体育场馆作为提供体育服务，满足体育需求的重要载体，是我国体育事业和体育产业发展的物质基础。近些年随着体育服务需求种类的不断增加，体育场馆逐渐倾向于聘请专业的运营团队，由此使得，场馆整体利用率有所提升，优质体育赛事资源的获取更为顺畅，体文旅融合效果明显增加。目前，国内已经涌现不少专业的场馆运营团队，如北京的体育之窗运营公司、深圳的佳兆业文体场馆运营管理有限公司、广州的亚运城综合体育馆运营管理有限公司等专注体育场馆运营的专业机构。

(四) 功能的智能化

21 世纪第二个十年以来，通过主动拥抱现代新兴数字技术，体育场馆的智能化水平不断提升。

软件设施方面，依托“互联网＋体育”的创新技术模式，部分场馆实现了场地在线预定、门票售卖、馆内“一卡通”等线上服务功能，既避免了消费者长时间排队等候，提升了消费者的运动全流程体验，又使场馆的经营效率得到提高。

硬件设施方面，部分现代场馆在网络系统、照明系统、屏幕显示系统、音响系统、场地设施和媒体设施等一系列硬件设施上进一步升级。例如位于洛杉矶的索菲体育场(SoFi Stadium)，该体育场采用了 5G、第六代 Wi-Fi 等新科技，其中最引人注目的是环绕球场、面积为 70 000 平方英尺(1 平方英尺＝0. 092 903 平方米)的显示屏，屏幕里外两侧都可播放 4K 高清视频，观众可以从任何一个角度观看比赛，球迷的观赛体验大幅度提升。除此之外，部分现代场馆的场景转换能力也逐渐提升，使场馆在不同功能模式下，能够快速切换不同的运营场景，更好地适应现代体育场馆多功能的使用需求。例如我国国家游泳中心“水立方”，在北京冬奥会期间成功转换为“冰立方”。其灵活改变馆内设备功能，转换场馆内部场地的结构体系，装备可拆装制冰系统以及场馆除湿系统，使场馆可以满足水上运动与冰上运动两类不同项目的办赛要求。

四、现代体育场馆的发展趋势

1. 功能从单一向多元转变

相对于以某种体育项目为主兼容少部分其他项目的体育专用型场馆，多功能综合型场馆是指集体育、娱乐、购物等功能于一体的体育场馆。近年来，随着城市空间和土地资源的日趋紧张，以及社会休闲消费需求的多样化，体育场馆的功能已不局限于仅满足体育比赛的需要。例如，2021 年投入使用的成都东安湖体育公园多功能体育馆，集大型演艺、综合展会、体育竞赛、全民健身等多种功能于一身，除了在成都第31 届大运会上承办体操项目比赛，还可举办篮球、冰球、羽毛球等 16 项室内体育赛事。此外，2012 年首次对外开放，位于美国纽约的巴克莱中心（Barclays Center），作为 NBA 布鲁克林篮网队主场馆，也用作举办演唱会、大型会议以及其他体育赛事，可容纳人数包括篮球比赛 17 000 人次，冰上曲棍球比赛 14 500 人次，演唱会 19 000 人次，该场馆内部还设有零售、餐饮等区域，实现了场馆的多功能使用。

专栏 7－3：东安湖体育公园多功能体育馆

东安湖体育公园多功能体育馆是东安湖体育公园“一场三馆”中的“三馆”之一，建筑面积约 9 万平方米，建筑高度 44.3 米，可容纳 1.8 万名观众。场馆中央吊顶环形大屏、灯光音响乃至座椅，都达到了世界级比赛承办标准。场馆建成后先后举办了2021 年全国体操锦标赛暨东京奥运会选拔赛、第十四届全运会资格赛、成都第 31 届大运会体操比赛项目，无论是场馆设施、后勤保障、志愿服务都给人留下深刻印象，同时，多功能体育馆还具备“冰篮转换”的功能，可在 4 至 6 小时的时间内由“冰球场”转换为“篮球场”。

2. 设计从传统几何体向现代有机形态转变

过去，场馆建筑形式多以线性几何形式为主，既不够自由舒展，也因为过于强调场馆结构形式而缺乏对实际使用需求的设计感觉和构思。与传统体育场馆相比，现代有机形态的设计理念使得体育建筑空间更具表现力。

有机建筑是指建筑的设计理念重返自然，寻求与自然秩序相类似的建筑表现形式，并赋予建筑新的实用价值。在国际上，有机形态的体育建筑形态创造已成为先锋实践，如扎哈·哈迪德（Zaha Hadid）设计的伦敦奥运会游泳馆形态流畅、充满科技感。近年来，我国在有机形态体育场馆的建设方面也进行了诸多尝试和突破，2019年投入使用的杭州奥体中心体育场外形似莲花，造型优雅又富有张力，与钱塘江自然地融为一体。表7-6是我国当代体育建筑有机形态实践相关案例。

表7-6　现代有机形态体育场馆创作类型一览表

创作类型	概念	具体案例
单元体有机形态	通过有机变化的简单单元体的组合，形成整体的有机流畅形态	广州亚运会游泳馆：通过将单元体分为蓝、白两类，进行穿插、旋转，形成新的建筑形象
拓扑有机形态	通过拓扑演变，形成曲率上不连续的多段线，塑造类似自然界“晶体”的有机形态	青岛颐中体育馆：外形结构为切割球形后形成的三角形六十面半球体，仿如水晶
流动有机形态	多种简单的几何曲线，通过计算生成符合需求的连续曲面	广州南沙体育馆：在数字化技术的支持下，设计了九个层叠的曲面单元外壳

3. 建设从单一性建筑向综合性建筑群转变

近年来，体育场馆建设愈加呈现出从单一性建筑向综合性建筑群转变的趋势。例如迪拜的Sport Society，其被称为全球最大的体育综合体，由体育、零售、大健康三大业态构成，是集运动健身、休闲购物和康体医疗等服务为一体的体育商业建筑群。

近年来，城市体育综合体成为促进我国体育产业发展、带动体育消费的新业态。上海万国体育中心作为国内首家综合性、多功能、现代化的体育MALL，总面积达35 000平方米，体育中心内设有高水平的击剑馆、游泳馆、篮球馆、空中骑行环道、体育舞蹈培训中心、综合健身房、多功能馆等众多运动设施和功能设计，以及咖啡厅、餐厅、体育用品超市等多种生活服务区域。位于北京的华熙Live·五棵松，以五棵松体育馆为中心，形成了融体育、餐饮、娱乐、教育、艺术五大业态于一体的下沉式建筑群，这里每年举办演唱会、体育赛事等活动上百场，吸引观众数百万，成为北京的娱乐新地标和篮球“圣地”。

专栏7-4：迪拜SPORT SOCIETY——全球最大的体育综合体

Sport Society位于迪拜发展最为成熟的Mirdif住宅区，是全球最大的体育综合体，辐射范围覆盖超过100万居民。Sport Society共有3层，总面积相当于12个足球场，由体育、零售、大健康这3大业态构成。体育主题是Sport Society最为突出的特色，一层空间可以根据需要调整成为超过40种运动的活动场地，包括足球、篮球、保龄球、棒球、高尔夫等。除竞技运动外，Sport Society内设有高科技健身中心、蹦床公园、台球馆、攀岩中心等设施，为消费者提供多元的健身运动选择。此外，各种国际知名的体育品牌零售店、大型连锁餐厅和咖啡馆主要集中在三层，为顾客提供购物、休闲体验。大健康业态方面，Sport Society 有一个诊所和一个医疗中心，主要提供运动康复，以及因运动造成的身体损伤等疾病治疗。Sport Society 各业务形态的综合发展为当地体育产业、旅游业、服务业等的发展带来新的生机。

第二节　体育场馆的运营

体育场馆运营是指利用现有的体育场地设施资源，通过选择适合场馆发展的营销战略和融资模式，为大众提供健身、休闲、观赏等有形产品或无形服务，满足大众物质和精神文化需求而获取经营收益的过程。

一、体育场馆的营销策略

体育场馆营销是指为了满足消费者的需求，实现体育场馆的经营目标，对场馆的产品、价格、渠道和促销方面所进行的一系列计划、实施和控制的活动(图 7-2)。

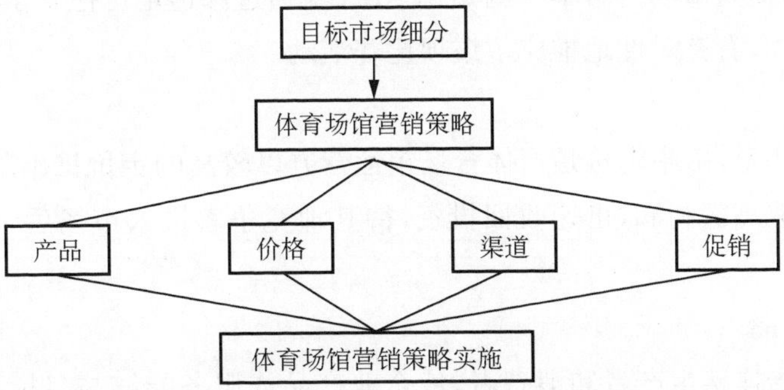

图 7-2　体育场馆营销策略模型

(一) 产品策略

体育场馆的产品营销策略需要根据消费者的消费需求，将场馆所提供的产品和服务通过整合设计、多层次设计与圈层设计等方法，组合成丰富的场馆产品链条，提高体育场馆产品的竞争力。

1. 整合设计

整合设计是指体育场馆产品的开发与设计要注重体育健身、医疗康复、娱乐休闲等功能的结合，实现产品功能的丰富和顾客体验的升级。

2. 多层次设计

多层次设计是指体育场馆运营方利用现有资源打造不同层次的体育产品，以满足不同顾客的体育需求,扩大场馆产品的目标客户覆盖面。

3. 圈层设计

圈层设计是指体育场馆从核心产品到关联产品再到外延产品的逐层延伸。在体育场馆产品的圈层延伸中,核心产品主要有体育竞赛表演、休闲健身运动、运动技能培训等;关联产品涉及会议博览、场馆租赁、体育信息服务等;外延产品包括文艺会演、康体保健、餐饮购物等。

(二)价格策略

体育场馆运营的定价策略一般有差别定价、渗透定价、撇脂定价。

1. 差别定价

差别定价是指场馆运营方根据产品特点和市场需求情况的不同制定不同的收费价格。例如,大部分体育场馆在不同时间段的客流量不同,场馆运营方可以采取在客流高峰时段使用高定价、低峰时段使用低定价的定价策略,这种策略可以将顾客引导到具有较低价格的低峰时段,提高场馆的使用率进而带来更好的经济效益。

2. 渗透定价

渗透定价是指当体育场馆运营方以较低的定价向市场推出某项新产品,以吸引大量消费者,快速提高市场占有率。例如 WNBA 就通过渗透定价把女子篮球比赛带给特定的消费群体,有针对性地推广了该项比赛活动。

3. 撇脂定价

与渗透定价相反,撇脂定价是指体育场馆运营方以较高的定价推出某项新产品,以便在短期内获取高额利润,迅速收回投资,待其他竞争者进入市场后,再按正常价格水平定价。

(三)渠道策略

渠道策略是指连接生产者和消费者,使企业产品或服务能够与目标消费者更加接近或目标消费者更容易得到其产品而进行各类活动的策略。例如东莞篮球中心在渠道销售方面通过微信平台和销售代理两种渠道方式进行赛事文娱营销。

1. 微信渠道

篮球中心前期通过微信订阅号的功能进行吸粉,当粉丝数量达到一定程度后,渠道重心由订阅号转向服务号,使消费者能在微信平台上进行购票、选择、个性化定制服务等一系列消费操作。

2. 销售代理渠道

在场地预定方面,篮球中心与大众点评、支付宝、美团进行联通,实现 APP 或小程序线上订场。在票务代理方面,篮球中心与大麦网、永乐票务及阿里体育等票务平台合作,实现线上购票选座等操作,同时场馆还开设两个现场票务销售点,满足当地居民的现场购票需求。

（四）促销策略

促销策略是指企业通过各种手段增强与消费者之间的信息沟通，刺激消费者需求，从而促进消费者购买的活动过程。体育场馆可以采用广告、人员推销、公共关系、营业推广等手段来与消费者互动交流。

1. 广告策略

广告策略是指通过网络广告、户外广告等形式，将体育场馆的资讯、优惠活动、促销信息等传达给消费者，使其了解场馆产品和服务信息，进而带动销售的各类方案集合。

2. 人员推销策略

场馆销售人员与潜在消费者进行沟通交流，通过其个人素质和推销技巧推销产品，激发消费者的购买欲望，促进销售。

3. 公共关系策略

公共关系策略是指企业或组织为改善与社会公众的联系情况，增进公众对组织的认识与支持，树立良好的组织形象而进行的一系列活动。

4. 营业推广策略

营业推广是指在场馆经营初期刺激消费者购买行为的一种促销方式。例如可采用免费体验、会员充值优惠、礼品赠送等手段。在场馆周边住宅区域形成有效传播，并对潜在消费者的购买产生刺激与吸引力。

二、体育场馆的融资模式

体育场馆的融资模式可以根据场馆建设的资金来源，划分成三大类：政府资本投融资模式、社会资本投融资模式以及公私联合投融资模式。

（一）政府资本投融资模式

我国公共体育场馆曾多由国家财政主导，在此模式下，场馆的绝对控制权属于政府，经营权与所有权高度一致，后期经营也享有政府优惠政策和税收政策的支持。现阶段，单位各种方式自筹和政府财政拨款依旧是体育场馆的建设资金的重要来源。

（二）社会资本投融资模式

社会资本投融资模式是指场馆主要建设资金来自于社会私有资本。该模式有利于减轻政府对体育场馆建设投入不足的压力、缓解体育场馆融资结构不平衡的问题，其弊端是体育场馆的公益性可能受到限制。

（三）公私联合投融资模式

公私联合投融资模式是指政府部门和社会私人企业通力合作，共担投资风险、权利责任，共享收益回报的一种投融资模式。此模式不仅能够减少政府部门在场馆建设中的经费投入，还可以借助社会资本的力量，在场馆后期运营管理过程中创造更大社会经济效益。未来，如果能够在履约、运营等环节保持顺畅，公私联合有望成为大型体育场馆的建设的优选模式（表 7－7）。

表 7－7　公私联合投融资模式分析一览表

		PPP 模式 （Public-Private-Partnership）	BOT 模式 （Bulid-Operate-Transfer）	TOT 模式 （Transfer-Operate-Transfer）
概念		政府和私人机构共同参与生产和提供物品与服务的合作组织形式	私人机构投资建设，在特许期内运营项目，期满后移交给政府	私人机构租赁或购买政府的设施，对其改造后运营，期满后移交给政府
优缺点	优点	调动社会参与的积极性；减轻政府财政负担	降低政府投资的风险；引进技术和管理经验	只涉及场馆经营权的转让
	缺点	政府与企业存在利益冲突，政府企业之间缺乏有效沟通	企业要承担融资压力和建设压力	场馆一定期限后移交回政府，存在场馆使用价值损耗的可能
具体案例		成都双流体育中心，双流县体育产业营运管理有限公司负责场馆的经营管理，政府部门拥有场馆的所有权，并对经营活动进行监督管理	五棵松体育馆，通过招标由华熙集团投资建设。华熙获得 30 年的场馆“特许经营权”，期满后将场馆交给政府管理	盘锦市体育中心，由政府招标，社会资本购买体育中心项目设施的经营权，并由其负责经营与维护，期满后场馆交回政府管理

三、 体育场馆资产开发

体育场馆资产根据形态的不同，分为有形资产与无形资产。通过对体育场馆有形资产与无形资产的有效开发与利用，可进一步挖掘场馆使用价值，增加场馆运营收益。

（一）体育场馆有形资产

体育场馆有形资产是指场馆生产经营活动过程中，能为场馆带来经济利益，以实物形态存在的资产。

1. 体育场馆有形资产的特点

（1）有形性

有形资产以看得见摸得着的实物形式存在，如体育场馆的场地、器材、设备和资金存款等。

（2）长期性

场地资源、硬件设施等有形资产作为场馆运营活动的基础，在体育场馆生产经营过程中是长期存在的。

（3）变现性

体育场馆可以通过场地租赁和器材销售等多种方式，将固定资产变现。

（4）损耗性

场馆的场地，器材和设备等在日常使用过程中会出现损耗，出于使用的安全性和新颖性等考虑，多需要对其进行定期更换。

2. 体育场馆有形资产开发的内容

体育场馆有形资产的开发是指针对场馆内部和外部附属空间以及场馆固定资产的开发。

（1）场馆闲置时间开发

大型体育场馆往往会出现场馆闲置问题，因此如何对闲置场馆进行开发，提高场地利用率，盘活场地资源成为场馆开发运营的重要内容。场馆可以根据本地居民群众的工作时间和运动习惯，建立用户画像，采用分时定价、优惠赠送、低价培训等方式充分开发场馆的闲置时段。

（2）场馆余裕空间开发

此处的余裕空间是指大型场馆观众座席形成的看台下空间和各种功能用房、附属设施所构成的建筑空间。余裕空间在体育场馆总面积中所占比重相当大，一般占建筑总面积70%左右。对场馆的余裕空间进行有效利用，不但可以更好满足人们运动、娱乐等需求，还可以促进场馆的多功能发展，与其他产业相结合，为场馆带来了巨大收益。例如，“水立方”在北京奥运会后拆除1.1万个临时座位，保留6 000个永久座位以满足比赛功能，而将拆除后的南北座位空间改造成三层涵盖餐饮、零售、展览等元素的商业街。

（3）场馆配套设施开发

场馆配套设施是指为满足场馆经营需要而与经营项目配套建设的各种服务性设施。部分体育场馆的主场地因维护成本高，使用面积大等原因，使用效率往往偏低，而其馆内的专业化训练室、练习场、休息厅等配套设施则能在日常经营过程中更好地为人们提供服务。例如东亚体育文化中心将训练馆改造为展厅，其总面积4 515平方米，层高12米，在配合体育中心其他室内、室外展览场地使用下，化身为集会展、艺术、教育、文化活动于一体的展览馆。

（二）体育场馆无形资产

体育场馆无形资产是指体育场馆经营过程中以非实物形态和非货币形式存在，并能够带来经济效益的体育资产。主要包括冠名权、商业赞助开发权、贵宾包厢使用权以及特许经营权等。

1. 体育场馆无形资产的特点

（1）无形性

以非实物形态存在的具有非货币形式的体育经济资源，如体育场馆的空间使用权，场地或商铺的特许经营权都属于非实物形态的资产。

（2）关联性

无形资产不是单独存在的，而是基于场馆资源和竞技运动项目，并受场馆地理位置、体育赛事、交通条件等多种因素的影响和制约，所以场馆无形资产存在关联性。

（3）可投资性

体育场馆的无形资产可以通过某种方式转化为经济价值，因而具有投资性。体育场馆专业运营团队的出现，进一步催生了体育无形资产的投资市场。

（4）难以计量性

无形资产价值难以计量性主要表现在价值增减不确定和投入产出难以计量两个方面。增减不确定是指场馆资源无形资产的价值由于各种因素的作用存在着上下波动的现象，且其变动趋势和幅度不可确知。投入产出难以计量是由于无形资产的无形性而导致其资产的潜在价值无法简单地用货币进行衡量。

2. 体育场馆无形资产开发的内容

体育场馆无形资产开发不仅是场馆运营重要的收入来源，更是场馆融资的重要途径。体育场馆无形资产开发的主要内容有：

（1）冠名权

体育场馆冠名权是指体育场馆所有者将其体育建筑命名权，有偿转让给社会企业，从而给转让双方都带来直接经济利益或商业机会的权利。企业通过冠名社会关注的体育场馆，提高品牌的社会曝光度，达到宣传品牌、促进产品销售的目的。国内外的场馆冠名已经成为场馆运营的重要收入来源。例如，2001 年 NBA 休斯敦火箭队在修建体育场馆时起就展开了冠名企业的谈判，最终丰田汽车以 1 亿美元的价格获得该场馆 20 年的冠名资格，几乎占到了场馆建造成本的一半。

专栏 7－5：北美四大职业体育联盟体育场馆的高昂冠名费

近年来，随着职业体育的发展，体育场馆冠名权的商业化程度不断提高。根据 ESPN 调查数据显示，北美四大职业体育联盟（NBA、NFL、NHL、MLB）体育场馆单赛季冠名费通常在 300 万至 500 万美元之间，部分体育场馆的单赛季冠名费更是达到数千万。2021 年，加密货币品牌 Crypto. com 与斯台普斯中心场馆运营方 AEG 签订了为期 20 年、赞助金额超过 7 亿美元的合作协议，将 NBA 湖人队主场球馆更名为 Crypto. com 球馆。2017 年，加拿大丰业银行与枫叶体育娱乐公司达成了一项为期 20 年赞助金额达 6.4 亿美元的冠名合同，将 NBA 多伦多猛龙队、NHL 多伦多枫叶队的主场更名为丰业银行中心（Scotiabank Arena）。在此之前，花旗球场（Citi Field）和巴克莱中心（Barclays Center）这两座位于美国纽约的体育场馆，其 20 年的冠名费用也均在 4 亿美元之上，即单赛季冠名费用超过 2 000 万美元。

（2）商业赞助开发权

体育场馆商业赞助权一般指赞助商为场馆提供资金、实物及服务支持，以通过场馆现场、电视转播和网络报道中的曝光来提升赞助商的品牌知名度和曝光率。赞助权益的开发对于场馆和赞助商是双赢的选择。例如，老特拉福德球场(Old Trafford)曾与雪佛兰汽车达成赞助合作，雪佛兰汽车提供资金等支持，球场则在比赛日专门设置雪佛兰赞助商展区，进行品牌宣传活动。

(3) 贵宾包厢使用权

场馆的现代化和商业化催生了贵宾包厢，是提供私人场所和服务的单元性体育建筑，也成为企业对外展示场馆品牌、实力的重要途径。近年来，国内大多数体育场馆逐渐加大对贵宾包厢权的开发力度。以上海梅赛德斯-奔驰文化中心为例，场馆80%的收入来自于商业赞助和包厢权，场地租金收入仅占10%。

(4) 特许经营权

特许经营权指场馆运营者以外的企业在特定区域为消费者提供产品或服务的经营权。对于场馆运营者而言，其既提高了场馆服务能力，又获得了场馆的经营收入，而对于特许经营商而言，在场馆内进行经营活动既有稳定的客源作保障，又为企业无形中做了广告宣传，场馆运营商和特许经营商形成了互利双赢的局面。例如，美国丰田中心(Toyota Center)与可口可乐、麦当劳、棒约翰等餐饮企业展开特许经营合作，为球迷提供快餐服务。此外，在特许经营权的利益分配上，主要有特许经营企业缴纳年租金和经营活动利润分成两种形式。

第三节　体育场馆的管理

一、体育场馆的票务管理

(一) 票务的概念

票务的概念不单局限于对门票的解释，还包含了与场馆服务有关的内容，本节将从“门票”与“服务”这两方面来讨论。“门票”是消费者进入体育场馆的有效凭证，在欧美一些国家，门票通常被分为对号票和普通票两种。对号票的观众需要根据票面信息，找到相应区域对号入座，普通票的观众则根据场馆座位先到先得，无须对号入座。“服务”是指体育场馆为消费者提供服务，并使其从中受益的一种有偿或无偿的活动。

场馆票务的销售与管理一般由专业的团队或专门人员对整个票务销售过程进行监管。此外，还需要建立一个专业的票务管理流程，该流程主要分为票务的售前、售中和售后三大环节。其内容包括制票发行、门票销售、入馆检票、票务售后等流程，涵盖门票的设计与生产、票务发售的种类与购买渠道、入馆身份核验的方式及票务的特殊售后情况等，具体内容如图 7-3。

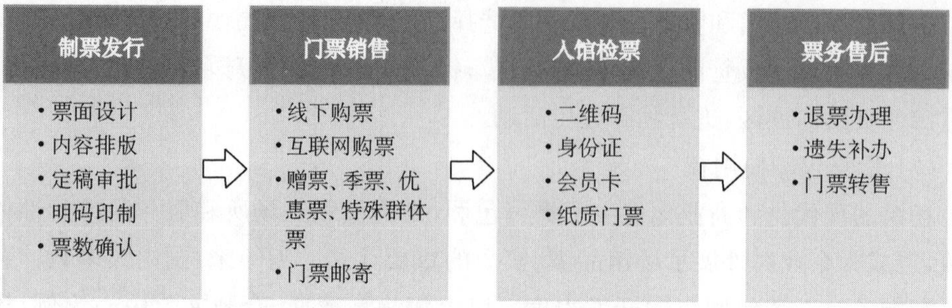

图 7－3　票务管理流程示意图

（二）票务的特征

当下社会经济的发展推动体育场馆行业不断繁荣，票务不仅表现为场馆与消费者之间的一种交易凭证，其商业性质也使票务具有定价策略多样性和销售方式多样性的特点。

1. 定价策略的多样性

定价策略是体育市场营销组合中的一个关键因素，它表明了体育产品与服务能够卖出的价格，能给体育组织带来多少收入，对于不同规模，不同知名度的赛事，场馆的门票在价格上会有很大的差距。体育场馆一般根据体育项目、赛事性质、赛区热门度、上座率等因素制定门票价格。例如，NBA 比赛门票价格根据球迷热度、球队成绩、比赛对手、赛季阶段的不同而不同。2021～2022 赛季 NBA 总决赛勇士主场的平均票价高达 3 249 美元。此外，现场的观赛位置也是影响票价的另一重要因素，越靠近球场、观赛视线越好的位置，其票价往往越高。例如，中超山东泰山俱乐部的 2023 赛季主场赛事单场票，根据观赛角度和位置的不同将球票设置为不同价格（图 7－4）。

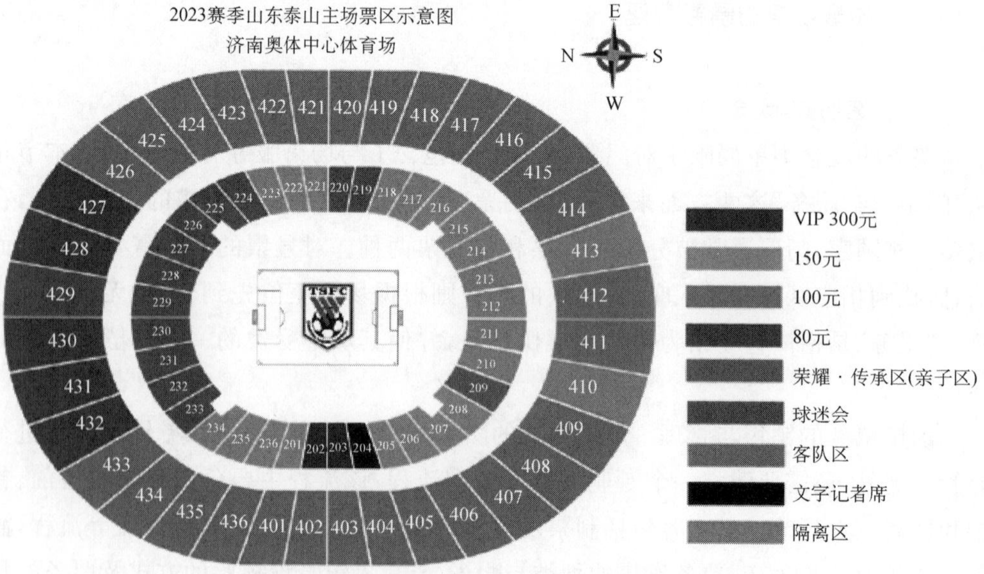

图 7－4　2023 赛季山东泰山主场票区示意图(C 级赛事)

资料来源：山东泰山足球俱乐部官方网站。

专栏 7-6:科比退役战门票价格

2015 年 11 月,NBA 湖人队传奇球星科比·布莱恩特(Kobe Bryant)正式宣布在 2015～2016 赛季结束后退役。消息一出,一时间成为各大媒体头条。此后,科比所在球队湖人队的主客场场次,场场观众爆满,一票难求。作为科比“告别赛季”的最后一场比赛,在 NBA 及体育媒体的集体造势下,其退役战的门票价格更是创造了 NBA 单场票价纪录。据美国《露天体育看台》网站的统计,科比告别战的平均票价高达 1 766 美元,折合人民币约 11 413 元,部分位置的门票价格更是高达数万甚至数十万美元。即便是如此昂贵的门票,该场门票还是被瞬间一抢而空。而科比也用 60 分的历史最高谢幕战得分和比赛最后阶段力挽狂澜的精彩表现回馈了到场观战的球迷,这场比赛也成为近些年来 NBA 影响力最大的场次之一。而随着科比的不幸离世,该场退役战门票也变得更具有纪念意义。

2. 销售渠道的多样性

场馆票务销售渠道可以分为自营和分销两大类。自营销售渠道主要有:网络购票、现场购票、电话订票、大客户及团购。其中,网络购票是目前场馆主要的自营渠道,在整体门票销售中占比较高,对于消费者来说,网络购票具有便捷的购票体验,同时可以避免购买假票、黑票等风险,在门票价格、座位选择等方面也更加灵活。分销渠道主要包括第三方票务平台和非票务渠道的合作伙伴。国内票务平台数量较少,主要有大麦网、摩天轮票务、猫眼网。国外票务平台的数量更多,所销售门票类型也更加丰富,常见的有 Ticketmaster、StubHub、Viagogo 等。非票务渠道的合作伙伴是票务渠道的补充,合作伙伴可拓展目标市场,接触更多潜在购买者。

二、体育场馆的会员管理

(一)体育场馆会员特征

会员是当消费者在场馆进行消费时,能够享受场馆的优惠政策或特殊待遇的凭证,因此特殊的利益关系决定了场馆会员具有自愿性、优待性、目的性等特征,具体表现如下。

1. 自愿性

消费者是否加入体育场馆会员体系,完全是在消费者自愿的基础上,而非外界强迫。

2. 优待性

成为体育场馆会员可以享受场馆只为会员提供的特殊服务,如场馆会员可以享受优先购票、会员优惠价、场馆延时服务等。

3. 目的性

加入场馆会员的消费者具有一定的目的或兴趣爱好，如通过长期锻炼提升运动技能、参与组织集体活动缓解工作压力、获取场馆商品或优惠福利等。

（二）体育场馆会员管理概念

场馆的会员管理是指通过记录会员客户的资料信息，了解其消费特点、产品意向等，利用合理的会员积分和等级制度提供针对性服务的经营活动。场馆的会员管理应注重对消费者忠诚度建设和维护，使会员面临消费选择时，能对场馆产生消费依赖感和选择偏向。

（三）体育场馆会员管理内容

随着体育场馆的运营发展，场馆的会员数量不断增加，会员需求也日益多样。场馆需要建立更加完善的会员管理流程，以此提供不同的个性化服务，提高会员用户的黏性和满意度，为场馆增效创收。体育场馆的会员管理主要包括以下几个方面的内容。

1. 信息分类

将招募入会的会员，按照性别、年龄、兴趣等类别细分，从而提供针对性的个性化服务。例如部分健身房针对慢性病患者、老年人、孕妇等人群的体质，提供特别定制的健身方案。

2. 福利设定

根据场馆经营状况和消费者的需求，制定会员福利，如会员积分、价格优惠、优先预约权等福利规则，可以激励会员更加积极地使用场馆，提高会员的忠诚度和参与度。

3. 会籍管理

场馆一般将其会员体系设置成不同等级，如可将其会员卡设置为金卡、银卡和铜卡，每个等级的收费标准和所提供服务不等。根据会员数量、场馆资源等因素进行会员的会籍管理。此外，根据会员有效期限的不同可将会员卡分为年卡、半年卡和季卡三类。会籍管理体系的成熟度标志着体育场馆的经营水平。因此，体育场馆推行会员制必须建立一个完善的会籍管理制度。

三、体育场馆的风险管理

（一）体育场馆风险的概念

体育场馆风险是指场馆使用者在活动过程中人身安全、个人权益受到侵害，经营场所、经营者受到损失等事件发生的可能性。场馆管理者需要通过风险管理，降低人身伤害、财务损失、重大事故等事件的风险。

（二）体育场馆风险的分类

体育场馆的风险可按照风险来源分为内部风险和外部风险两大类。内部风险是指源于体育场馆自身的风险，包括产品、营销、财务、人事、组织管理等风险。外部风险指源于体育场馆外部环境的一类风险，包括自然、政治、经济、社会、技术等宏观外部环境风险和顾客、供应商、竞争对手等微观外部环境风险，归纳如下。

1．自然风险

体育场馆的自然风险是指因自然力的不规则变化所导致的危害场馆经济活动或人员生命安全的风险。自然风险主要包括火灾或风暴风险、地震与洪水风险、滑坡和泥石流风险、施工现场地基条件差等。

2．政策风险

政策风险是指由于国家政策对场馆经营行为具有强约束力，而导致政府政策的制定或改变对体育场馆运营产生影响的风险。如体育行业政策、体育方面国家扶持力度的调整等。体育场馆的建设及运营一般要经历很长时间，期间政策的不连续等不确定事件的发生可能导致整个项目的进度、利益受损。为此，场馆必须与政府部门及利益相关者积极沟通，平衡各方关系，以最大程度化解场馆的政策风险。

3．经济风险

体育场馆经济风险是指因前期投资成本过大、经营成本过高、市场需求变化、场馆自身经济实力不足等经济因素所产生的风险。历史上不少奥运场馆都因前期投入成本过大，维修运营成本过高和市场承载量不足等原因而长期亏损。

4．技术风险

场地设计、施工过程、辅助设施、设备维护和维修以及建筑材料质量是体育场馆技术风险的主要来源。一方面，设施设备自身质量、设计不合理容易造成技术风险；另一方面，操作人员的失误、维护不到位也可能导致场馆在运营过程中出现风险。此类风险不容忽视，场馆应当选择优质的设备供应商，同时安排专人对使用时间较长的设备定期检修或及时更换新设备。

（三）体育场馆风险管理的方法

体育场馆的风险管理办法主要有：风险避免、风险降低、风险转移和风险保留。场馆管理者要根据风险的特点，从系统的角度出发，选择最合理的风险管理方法，最终执行决策。具体流程步骤如图 7－5 所示。

1．风险避免

当预判某一风险出现概率高、损失程度高时，场馆管理者应预先采取措施，规避风险。包括对场馆投资和未来承办赛事的风险控制。例如，北京冬奥组委为克服疫情风险，针对性地采取了分类管理、闭环管理、常态化防控、应急处置等措施，通过高效得力的防疫机制，为 2022 年北京冬奥会打造了一个足够安全的闭环，整个冬奥会赛事期间没有发生任何聚集性疫情。

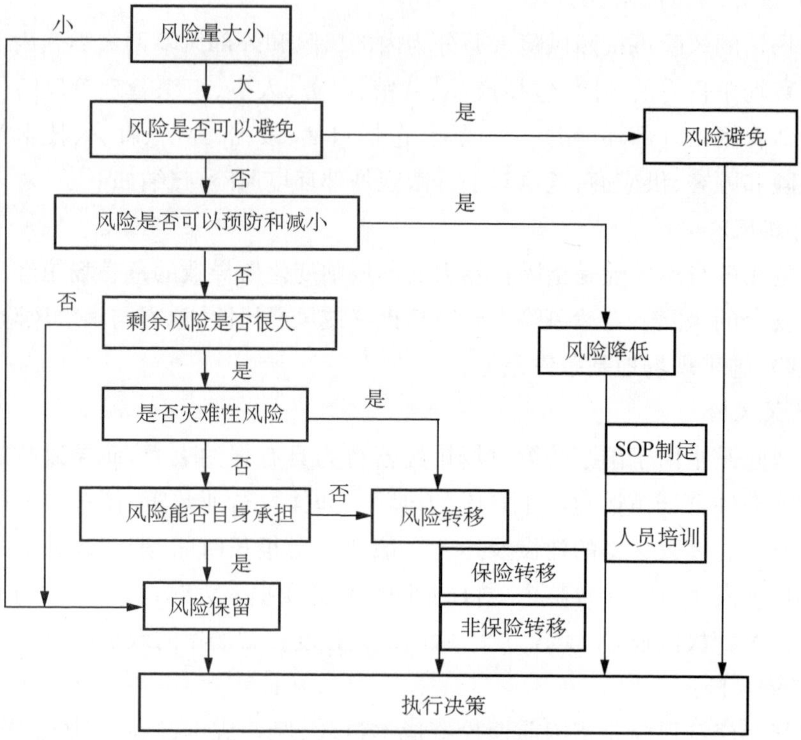

图 7-5　风险决策管理流程图

2. 风险降低

风险降低是场馆风险管理中最有效的管理方法，即通过降低或限制风险，减少财产损失和赔偿诉讼。包括场馆工作人员进行安全培训、场馆设备进行定期检修和场馆的使用进行安全宣导等。同时，场馆风险管理者需要制定风险标准作业程序(SOP)，SOP 可以在场馆遇到风险时，指导工作人员按既定的标准处置风险，并在出现诉讼案件时，通过提供相应的证明，减少场馆的损失。

3. 风险转移

当某一风险出现概率高，但预期损失尚未达到避免风险的处理方式时，可以采用风险转移的方式处理风险。其中风险转移包括保险转移和非保险转移。

(1) 保险转移

保险转移是指场馆风险管理方购买体育保险，体育保险公司按照双方约定的合同条款承担相应的体育风险责任。当场馆风险发生时，保险公司会对风险进行鉴定，再根据保险合同给予保费赔偿，降低体育场馆运营的经济损失。

(2) 非保险转移

非保险转移包括签订赔偿条款和签订免责协定。签订赔偿条款是指体育场馆的管理者可以把场馆租给第三方运营，同时签订赔偿条款，即在场馆风险发生时，由场馆的租赁方对风险产生的结果全权负责；签订免责协定是指场馆经营者在举办活动前与参赛者沟通可能存在的风险，并按照有关法律规定签订免责协议，使参赛者在发生伤害事故后放弃追究场馆经营者法律责任的方法。

4. 风险保留

风险保留是场馆主动承担相应风险，并借助各种技术和方式有效减少风险发生的概率及损失程度。例如，针对运动爱好者在剧烈运动过程中的人身伤害等风险，体育场馆应完善公共场所急救设施设备配备标准，在人员密集场所配备急救药品、器材和设备，尽可能把风险和损失控制在可接受范围内。

第七章复习思考题

第八章

职业体育经纪人的运营与发展

【导　　读】

作为职业体育发展过程中的一个重要组成部分，职业体育经纪人在促进职业体育市场主体之间的交易、优化资源配置等方面发挥了重要的作用。本章在界定职业体育经纪人的概念和分类的基础上，对职业体育经纪人的运营主体进行了介绍，并简要说明了其业务范围。然后，根据职业体育经纪人利益相关群体，阐释了体育经纪人产业链。另外，结合案例，本章介绍了欧美职业体育经纪人的发展历程以及发展过程中存在的问题。最后，阐述了我国职业体育经纪人的发展历程、发展现状和发展趋势。

【学习目标】

◆ 理解职业体育经纪人的概念及其分类
◆ 掌握职业体育经纪人的运营模式
◆ 了解职业体育经纪人的发展趋势

【思维导图】

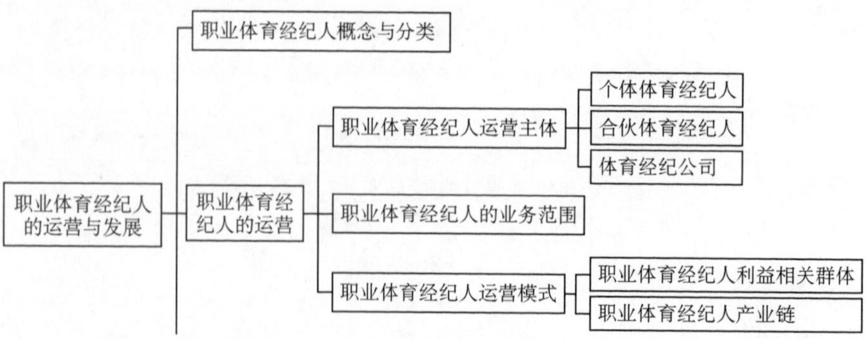

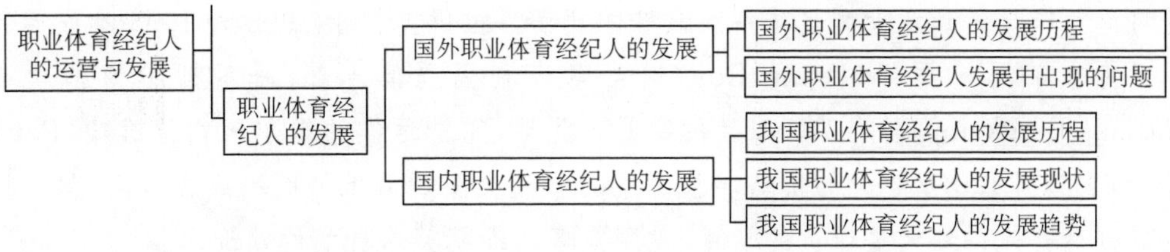

第一节　职业体育经纪人概念与分类

一、职业体育经纪人的概念

关于体育经纪人的概念，目前国际上并没有一个统一、公认的界定。受不同制度、文化的影响，不同国家对体育经纪人的定义有所差异，甚至在同一国家的不同地区，对体育经纪人的解释也有所不同。例如，美国加利福尼亚州的法律视体育经纪人为“独立的合同签订者，以获取佣金为目的，与运动员或体育组织签订委托合同，为他们寻找职业运动或比赛机会，以及提供其他的商业机会”。美国肯塔基州的法律则规定体育经纪人是“亲自或通过他人招募学生运动员，与之形成契约关系的人”。而根据意大利足球协会的规定，体育经纪人是指“代理职业运动员的人，为运动员制定合同期限，薪水和奖金等，并为运动员与俱乐部以外的自然人或法人签订商业合同”。从世界范围来看，体育经纪人泛指从事职业体育工作的运动员、教练员等职业体育参与者的法定代表人。同时，体育经纪人也负责与球队老板、经理和其他个人进行沟通。一些大型体育经纪组织，例如Creative Artists Agency、Octagon、IMG等体育经纪公司，其业务范围还包括帮助其客户处理从投资到报税等理财业务。

在我国，根据《体育经纪人国家职业标准》，职业体育经纪人的概念被界定为在体育市场中对运动员、活动、组织等进行中介服务的人员。具体来说，职业体育经纪人是从事体育赛事和体育组织品牌包装、经营策划、无形资产开发及运动员转会、参赛等活动的人员，是在取得合法资格后，从事居间、行纪、代理等经纪业务的个人。

专栏8-1:足球经纪人米诺·拉伊奥拉

米诺·拉伊奥拉(Mino Raiola)在很小的时候便“兼职”作为父亲餐馆里的服务员，通过与客人的交流，很快掌握了七种语言，这为他日后与各国球员、俱乐部谈判打下坚实基础。读大学时的拉伊奥拉更是展现出极高的商业天赋——依靠果断买下自家附近的麦当劳快餐店并转手卖给房地产开发商的操作，迅速成为一名百万富翁。然而，拉伊奥拉却在20岁的时候放弃了自己的法律学位，义无反顾地投身足球事业。经过一段时间的打拼，创立了自己的第一家经纪人公司“Intermezzo”，其核心业务就是将荷兰球员送到意大利足球甲级联赛的赛场。拉伊奥拉于1992和1993年先后完成了将布莱恩·罗伊(Bryan Roy)转会意大利福贾俱乐部、丹尼斯·博格坎普(Dennis Bergkamp)转会AC米兰的交易。此后,凭借运作帕维尔·内德维德(Pavel Nedvěd)以4 120万欧元的价格转投意甲劲旅尤文图斯俱乐部而一战成名,拉伊奥拉的能力也就此得到大量球员的认可,受到众多欧洲精英球员们的欢迎。

作为一个经纪人,拉伊奥拉在利己和为他的客户追求利益最大化方面做到了极致。他有着极为敏锐的洞察力和出众的商业头脑,可以在短时间里让被埋没的球员达到利益最大化。凭借广博的人脉和独到眼光,拉伊奥拉将大批天才球员收至麾下,旗下的大牌球星包括兹拉坦·伊布拉西莫维奇(Zlatan Ibrahimović)、保罗·博格巴(Paul Pogba)、马尔科·维拉蒂(Marco Verratti)、詹路易吉·多纳鲁马(Gianluigi Donnarumma)、埃尔林·哈兰德(Erling Haaland)等,其中光是伊布一个人就转会了7次,成了拉伊奥拉最爱的一棵摇钱树。然而,从长远来看,牺牲俱乐部的利益,让拉伊奥拉代理的球员距离各项冠军总是有些距离。2022年4月30日,拉伊奥拉的家人通过社交媒体证实其因病去世,终年54岁。

资料来源:改编自 *The deal: Inside the world of a super-agent*。

二、职业体育经纪人的分类

随着我国体育产业的发展,体育经纪人行业逐渐形成了清晰的产业门类。基于职业体育经纪人产业的发展情况,体育经纪人主要可进行如下分类:按组织形式划分为个体经纪人、合伙经纪人或经纪人事务所、经纪公司等;按经纪活动方式划分为居间经纪人、代理经纪人;从客户性质分类,有运动员(队)经纪人、体育比赛经纪人、体育组织经纪人、场馆运营经纪人、体育调研咨询经纪人等(图8-1)。

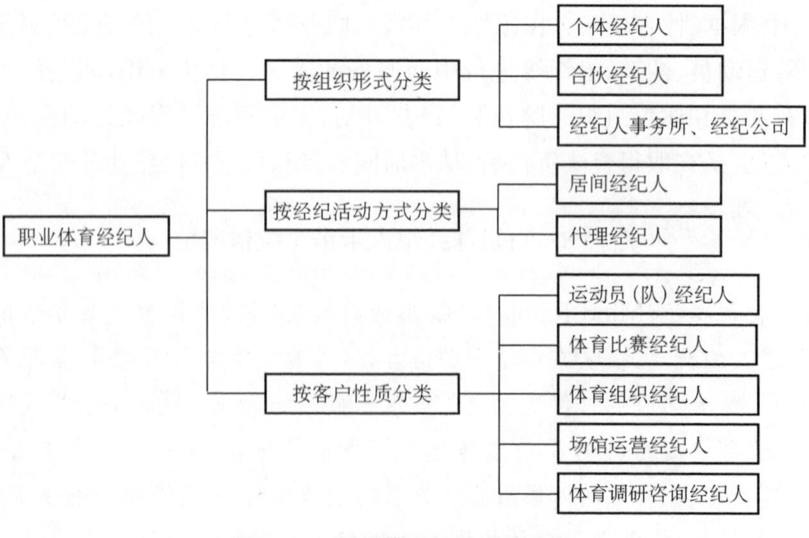

图8-1 职业体育经纪人的分类

第二节　职业体育经纪人的运营

一、职业体育经纪人运营主体

现阶段，根据我国体育经纪人的实际发展情况，体育经纪人的运营主体主要分为个体体育经纪人、合伙体育经纪人、体育经纪公司等。

（一）个体体育经纪人

个体体育经纪人是指拥有体育经纪人资格证书，在工商部门注册且属于个人独资的法人。目前，世界上部分项目协会要求由个体体育经纪人代理运动员的转会、参赛等事务，如国际足联等。

（二）合伙体育经纪人

合伙体育经纪人是指两个或两个以上具有体育经纪人资格证书的经纪人，在符合法律规定的条件下，经过工商部门依法登记注册，以经纪人事务所或其他合伙形式从事经纪业务的合伙人。合伙人须订立合伙协议，共同出资、合伙经营、共享利益，并依出资比例或协议约定，以各自的财产承担责任，对经纪人事务所的债务承担无限责任。

（三）体育经纪公司

体育经纪公司是指依据《公司法》成立的、按登记机关核准经营范围、从事体育经纪业务、负有限责任的体育企业法人。在从事体育经纪活动时，即使是再出色的体育经纪人其时间和精力也是有限的，而体育经纪公司可凭借其涵盖多个专业的人员团队，为客户提供更加完善、多元化的服务，既能够从事运动员经纪业务，也能够从事赛事推广、俱乐部包装、体育组织代理等多项业务。

专栏 8－2:CAA 及其在中国的发展

Creative Artists Agency（创新艺人经纪公司，简称 CAA）作为世界排名第一的体育经纪公司，是全球拥有最多高质量人才的代理经纪公司，主要为客户提供个性化发展以及有关问题解决方案等战略性营销服务。CAA 公司业务范围不但包括篮球、足球、曲棍球等多种体育项目，还包括电影、电视剧、综艺、音乐、戏剧、电子游戏以及互联网等众多领域，2006 年，CAA 公司正式开始向体育领域扩展，冰球明星西德尼·克罗斯比（Sidney Crosby）、篮球巨星勒布朗·詹姆斯（LeBron James）、棒球名将德里克·杰特（Derek Jeter）、橄榄球明星佩顿·曼宁（Peyton Manning）、足球运动员大卫·贝克汉姆（David Beckham）和克里斯蒂亚诺·罗纳尔多（Cristiano Ronaldo）等多位运动员均与 CAA 公司签订代理合约。2018 年,CAA 公司与中国体育经纪公司凌势动力达成合并协议,凌势动力正式成为 CAA 中国体育部,通过对双方体育资源的有效整合,打造国内领先的体育经纪公司。

CAA 将先进的经营理念带入中国,在中国体育经纪市场发展方面起到一定的引领作用。目前我国体育产业快速发展,但体育经纪行业仍处于早期摸索阶段,通过借鉴 CAA 体育在全球的营销经验,有助于改变传统观念开辟体育市场,促进体育经纪行业高水平、高质量的发展。

专栏 8 - 3:IMG 及其在中国的发展

International Management Group(国际管理集团,简称 IMG)是目前全球业务范围最广的体育经纪公司之一。IMG 在高尔夫运动员、网球运动员经纪业务等方面处于世界领先地位。1960 年,IMG 创始人马克·麦科马克(Mark McCormack)签下了第一个客户——美国著名高尔夫运动员阿诺德·帕尔默(Arnold Palmer)。在随后的数十年发展历程中,IMG 签约了泰格·伍兹(Tiger Woods)、皮特·桑普拉斯(Pete Sampras)、迈克尔·舒马赫(Michael Schumacher)、李娜等一众体育明星,逐步扩大其在体育经纪行业的版图。

在运动员经纪方面,对于开发运动员的商业潜力,IMG 有其独特的方式。据 IMG 雇员格尔·科林(Gehr Colin)说:"IMG 签约的运动员之所以能吸引商家,首先是因为他们运动技能突出。IMG 的工作首先要保证运动员保持良好的状态,所有的工作都要围绕这一目标。经纪人做任何工作都要确信是在为运动员增值、提升其价码或改善其交易的结构"。在赛事经纪方面,IMG 也取得了诸多成绩。IMG 曾为温网、美网等网球及高尔夫赛事招揽了大批赞助商,将电视转播引入赛事,极大提高了赛事的普及性和商业价值。在 20 世纪七八十年代,IMG 利用电视转播推广赛事的方式给了国际奥委会很大启发,奥运会也因此大大提升了曝光度和传播价值。

IMG 是第一家进入中国的国外体育经纪公司,迄今已经在中国开展业务长达数十年,其促成的第一个项目是 1979 年拳王穆罕默德·阿里(Muhammad Ali)访华。20 世纪 90 年代,IMG 还促成了中国职业足球联赛和职业篮球联赛的成立,并代理联赛的商务运营权。进入新世纪后,IMG 在中国取得了一系列崭新的商务代理成绩:代理顶级运动员李娜,承办世锦赛-汇丰冠军赛及深圳公开赛等职业高尔夫和网球赛事,代表中超联赛等体育联赛组织洽谈版权权益,与 CCTV 建立合资企业以推动体育赛事的推广营销,举办彩色跑和"最强泥人"国际障碍挑战赛等大众参与项目。除此之外,IMG 还代表旗下终极格斗冠军赛(UFC)等品牌开拓中国体育市场。

资料来源:改编自 *The Business of Sport Agents*。

二、职业体育经纪人的业务范围

一般来说，职业体育经纪人的业务主要集中在以下几个方面：

第一，合同咨询服务。接受运动员、俱乐部、体育组织委托，帮助其草拟、缔结合同，进行转会、转队等事项的咨询。此外，也提供运动员的运动医药、身体健康、医疗保险等事务的咨询。

第二，财务管理与规划。为运动员提供税务规划、投资建议、不动产投资建议与执行、保险规划等事项。

第三，公关营销服务。帮助运动员进行形象公关、争取良好人设、获取广告代言和社会活动的机会等事项，以及为俱乐部、体育赛事等进行正向宣传。

第四，解决纷争。帮助运动员解决与俱乐部的劳动争议，应对参加联赛所产生的纪律处罚，化解矛盾。

第五，职业生涯规划。帮助运动员对个人职业生涯进行评估总结，对其兴趣、爱好、能力、特点进行权衡，给出其职业发展目标。此外，还为运动员规划退休后的工作和生活。

第六，商业活动代理。帮助运动员进行场外商业活动的安排，为运动员创造更大商业价值，协助体育赛事、体育组织进行商业活动的策划与推广，提升赛事和组织的品牌影响力。

事实上，大多数职业体育经纪人的业务范围并非仅限于以上这些业务。当然，具体内容还要视其与当事人之间的协议而定。随着经纪人服务的多样化，客户对其任职能力的要求也在逐步提高。所以，为了应对越来越高的业务需求，许多体育经纪人组成了专家团队，为运动员提供综合性服务。

专栏 8－4：职业足球经纪人的业务范围

按照国际足联的定义，足球经纪人又称“球员代理人”，是以获取佣金为目的的自然人，其在规程允许的范围内向俱乐部介绍球员进行签约或续约，或者介绍两支俱乐部签订转会合同。然而，足球经纪人仅是一种统称的叫法，在日常经纪业务中，只要是从事有关足球产业经纪行为，如球员转会、赛事运作、俱乐部出售转让、教练经纪等活动的人都可以称为足球经纪人。

目前，国际上超过半数的足球经纪人来自于体育行业，如退役运动员、球探、俱乐部官员、体育记者等等。其余的足球经纪人则主要来自于金融和法律系统，他们能更加专业地为球员解决财税、法律等方面的问题。足球经纪人的工作不限于赛事经纪、转会谈判，常常也要负责球员的整个市场营销活动，包括商业形象维护、媒体公关等等。

通常，足球经纪人还需要帮助运动员做职业生涯的整体规划，使运动员做出最符合自身长期利益的选择。比如，是否需要出国发展，去什么国家，参加什么级别的联赛、俱乐部，如何提高外语，如何尽快适应不同文化等；经纪人有时还会帮助球员分析退役之后的规划，比如是否要做教练，还是往娱乐圈发展，又或是继续接受高等教育等。

资料来源：改编自“The Art Of Being a Soccer Agent: Keys To Excelling In a Fascinating Profession”。

专栏 8-5：北美职业体育联盟的注册经纪人和市场代理人

在当今北美四大职业体育联盟中，一名职业运动员通常会同时拥有一名注册经纪人和一名市场代理人。注册经纪人专门负责帮助运动员洽谈球队合同，市场代理人则负责该运动员的商业开发活动，有时注册经纪人也会兼职市场代理这一角色。联盟的注册经纪人每完成一次合同洽谈，获得的佣金为球员合同价值的3%～5%。不同的联盟对佣金的规定不同。例如：NFL对注册经纪人的要求为最高抽取球员合同金额的3%作为回报，而NBA的球员工会则要求注册经纪人能够抽取的佣金比例为球员合同金额的1.5%～3%。作为市场代理人，其赚取的佣金通常为球员场外商业收入总额的10%～20%，但其收入远远比不上注册经纪人。

球员经纪人和球员市场代理人有着不同的入行门槛。以NFL为例，NFL的注册经纪人至少要拥有研究生学历，且大部分都是法学专业出身，这样才有利于为其代理的运动员谋取更多利益。除此之外，职业体育联盟注册经纪人还必须要接受严格的背景审查，并且每年要参加各联盟球员工会为其专门准备的考试，考试通过后才能够在新赛季中继续获得从业资格。考试的内容包括：劳资协议，球队工资帽，球员福利，球员工会经纪人法则，违禁品药物管理法以及其他与运动员经纪有关的知识。另外，在各赛季末，联盟的球员工会都会强制性要求注册经纪人参加一个研讨会，主要是对于过去一个赛季的经纪活动进行梳理，并对未来的工作进行展望，同时也会听取各经纪人对球员工会的建议。

相比起经纪人，市场代理人的入行门槛则低得多。各联盟的球员工会并没有对运动员市场代理人的专业和学历进行硬性规定。只要球员认可并且签订一份授权书，该市场代理人的资料就会被球员工会收录。同时，球员工会给所有的合作伙伴提供一个平台，上面记载了所有的球员市场代理人信息，若有品牌商想和某位球员商讨场外代言，则可以直接联络该球员的市场代理人。

资料来源：改编自“So You Want to Be a Sports Lawyer, or Is It a Player Agent, Player Representative, Sports Agent, Contract Advisor, Family Advisor or Contract Representative?”。

三、职业体育经纪人运营模式

运营模式是指企业内部人、财、物、信息等各要素的结合方式，主要涉及关键活动和利益相关者两个要素的管理。因此，要了解体育经纪人的运营模式，就要立足于体育经纪人运营主体的利益相关群体及其产业链。

（一）职业体育经纪人利益相关群体

职业体育经纪人利益相关群体包括体育经纪人组织内部、外部群体。内部相关群体一般包括股东、信息部、财务部、运营部、人事部等，外部相关群体包括顾客、服务商、社会大众、供应商、赞助商等（图 8－2）。体育经纪人的内部和外部利益相关群体共同影响体育经纪人的决策和行动。

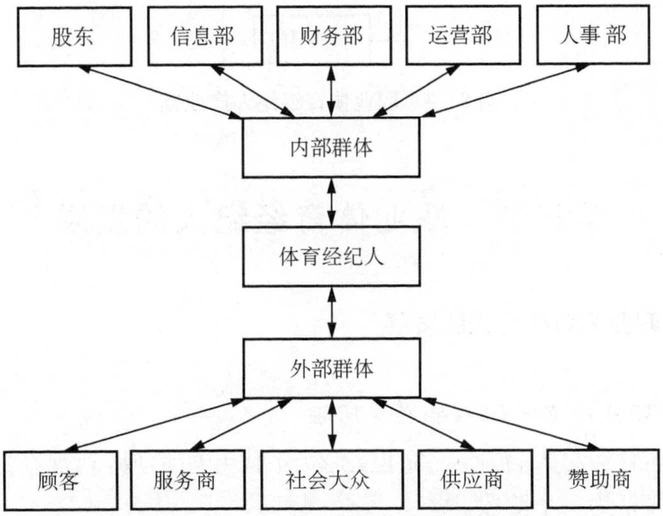

图 8－2　职业体育经纪人利益相关群体

（二）职业体育经纪人产业链

产业链是指从原材料一直到终端产品制造的各生产部门的完整链条，主要包括供应、生产、销售环节（图 8－3）。体育经纪人及其利益群体直接或间接参与了这三个环节，并发挥了积极作用。

1. 供应环节

体育中介公司想要正常运转，信息资源、物品资源、人力资源、资金等各要素的供应是必不可少的。得到供应的同时，体育经纪人还需要对各类要素进行必要的调节，才能保证体育经纪人运营主体健康、有序地发展。

2. 生产环节

体育经纪人运营主体通过组织内的运营部、财务部、人事部、信息部等部门生产出有关的经纪人服务，客户和消费者根据自身需要进行相关业务的咨询。

3. 销售环节

体育经纪人运营主体通过与客户或消费者进行信息交流，确定交易意向并成功达成服务销售，获得报酬并实现盈利。同时，通过了解客户、消费者以及社会大众的反馈，体育经纪人也能够了解自身服务的不足，并根据消费者诉求对产品服务进行调整和更新，从而提升自身价值。

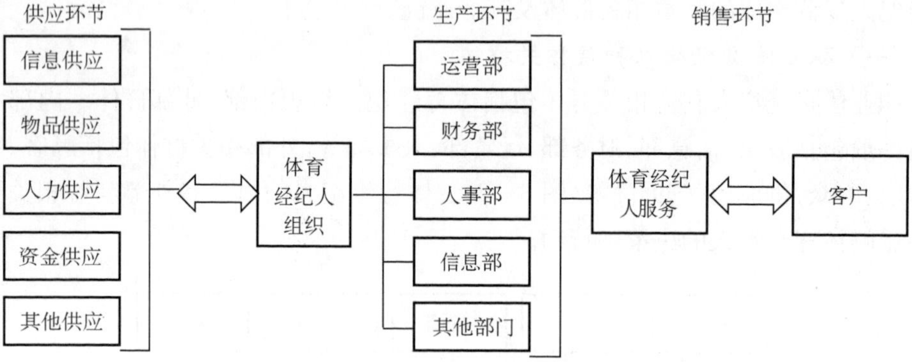

图 8-3 职业体育经纪人产业链

第三节 职业体育经纪人的发展

一、国外职业体育经纪人的发展

(一) 国外职业体育经纪人的发展历程

国外职业体育经纪人行业从 20 世纪 20 年代开始形成，到现在已有百年历史。其发展史可以概括为三个阶段。

1. 初步发展阶段(20 世纪 20～50 年代)

在这个阶段，西欧及北美的职业体育体系刚刚形成，足球、棒球、篮球、橄榄球等职业联赛处于起步阶段，体育商业化程度不高，社会大众对体育经纪人的认同度相对较低。体育经纪活动主要以个体体育经纪人代表运动员与俱乐部谈判，安排运动员比赛、转会、薪酬等业务为主。

在首个职业体育经纪人出现后的长达数十年中，由于体育俱乐部单方续约规则的存在，运动员在劳资地位中处于不平等状态。这一规则客观上促使职业体育运动员开始大量委托体育经纪人来为自己争取更好的薪资条件和福利待遇，从而为日后体育经纪人的发展奠定了基础。

2. 快速发展和繁荣兴旺阶段(20 世纪 60～80 年代)

在这一时期，随着欧洲五大联赛和北美四大职业体育联盟的转会制度更加开放，运动员签约的自由度进一步提升，体育经纪人的影响力越来越大，社会地位也越来越高。与此同时，运动员工会组织的成立，以及运动员收入的不断提高，使得越来越多的运动员有了寻求职业体育经纪人服务的诉求，职业体育经纪人行业快速发展并呈现出以下几个特点。

(1) 体育经纪业务范围扩大化

体育经纪业务范围的扩大表现为：在服务对象上，由单一的运动员代理向赛事推广、俱乐部代理、无形资产开发在内的一系列活动扩展；在运动项目上，由只涉及足球、篮球、棒球、橄榄球向田径、网球、高尔夫、排球等运动项目扩展；在涉足领域上，由竞技体育比赛开始向商业体育比赛发展。

(2) 体育经纪运作公司化

随着体育经纪业务范围的扩大和体育经纪行业竞争的加剧，个体体育经纪人已难以满足需要，一批专业的体育经纪人公司开始出现，并成为体育经纪市场的主导力量，如美国的CAA、Wasserman，英国的ICM Stellar Sports等职业体育经纪公司。

(3) 体育经纪活动全球化

这一时期，体育经纪活动开始呈现全球化趋势，国家之间及洲际之间的体育经纪活动更加频繁。世界各国体育经纪人之间通力合作，使欧洲各国家职业足球联赛和美国职业篮球联赛中出现了来自全球不同国家运动员的身影。

(4) 体育经纪人管理体制规范化

随着体育经纪逐步成为较为固定的、利润丰厚的行业，其从业者越来越多。在美国，运动员经纪人的数量从1975年的几十人发展到80年代末的上万人。职业体育经纪人队伍的扩大使得他们之间的竞争日趋激烈，丑闻和争端也逐渐增多。因此，欧美各国开始重视有关体育经纪人的立法工作，相继出台了一系列体育经纪人管理法规，对其进行法治化和规范化管理。

专栏 8-6：美国职业体育经纪人的法律规范

美国是全世界职业体育最为发达的国家，其体育经纪人管理体制也是十分严格完善的。美国的大多数州均颁布了一条叫作《统一运动员经纪人法》(Uniform Athlete Agent Act, UAAA)的法律制度。该法律可以约束体育经纪人的注册、法律责任、体育经纪行为以及代理合同的要求等。同时，UAAA要求体育经纪人提供个人重要信息，以便运动员可以更准确地评估体育经纪人的能力水平。此外，美国依靠体育经纪人协会对该行业进行监督管理，不同地区的体育经纪人协会根据各州政府的法律法规组织开展相关活动，既约束了体育经纪人的业务工作，同时也为体育经纪人的利益提供相应保障。美国体育经纪人协会通过不同层次、不同维度对体育经纪人进行管理，促使该国的体育经纪人行业合理规范地发展。

资料来源：改编自 *Revised Uniform Athlete Agents Act* (2015)。

3. 全面发展阶段(20 世纪 90 代至今)

随着国际社会经济文化交流的日益频繁和人们对体育欣赏层次的提高,体育经纪的多元化、国际化发展趋势越来越明显,其在促进职业赛事水平的提高和国际社会文化的交流中起到的作用越来越突出。良好的市场前景使得一些文化传媒领域组织开始向体育经纪渗透,加剧了行业竞争,并催生出若干资本雄厚、人才集中、管理科学、多元化经营的跨国体育经纪公司。

在这一阶段,职业体育经纪人的业务范围也进一步扩大。除了帮助运动员进行职业合同谈判外,职业体育经纪人服务还涉及运动员生活的方方面面。例如:帮助运动员处理税务、投资、保险和资金管理等财务活动;帮助运动员签订广告合同;对运动员的身体健康和医疗状况提供建议;同时,部分职业体育经纪人还提供法律咨询、退役后规划、运动员媒体形象的塑造,以及提供日常生活方面的咨询。

在福布斯杂志公布的 2022 年最有价值的体育经纪公司中(表 8-1),排名前十的体育经纪公司除 Boras Corporation 专注于棒球运动员经纪业务外,其他公司均经营代理多个运动项目,所获佣金也达到数亿美元,且其数额每年仍在上涨。同时,在最具影响力的体育经纪人中(表 8-2),排名前十经纪人的佣金也均超过四千万美元。体育经纪行业在全球尤其是北美地区发展势头良好。

表 8-1　2022 年最有价值的体育经纪公司

排名	公司名称	主营项目	佣金/亿美元	代理合同总额/亿美元	客户数量/个
1	Creative Artists Agency	篮球、美式橄榄球、冰球、棒球	9.71	177.7	2 900
2	Wasserman	篮球、美式橄榄球、冰球、棒球	7.33	94.9	2 000
3	WME Sports	美式橄榄球、篮球、网球、高尔夫	5.88	64.0	790
4	Excel Sports Management	篮球、棒球、高尔夫	4.99	57.5	450
5	Octagon	美式橄榄球、冰球、篮球、棒球	2.12	32.4	710
6	Boras Corporation	棒球	2.06	39.1	110
7	Roc Nation Sports	美式橄榄球、棒球、篮球、足球	2.03	25.8	190
8	Athletes First	美式橄榄球	1.81	54.2	240
9	Klutch Sports Group	篮球、美式橄榄球	1.00	22.7	120
10	You First	足球、篮球	0.93	9.8	860

表 8－2　2022 年最具影响力的体育经纪人

排名	姓名	主营项目	佣金/亿美元	代理合同总额/亿美元	客户数量/个
1	Scott Boras	棒球	1.91	38.3	106
2	Jeff Schwartz	篮球	0.86	21.5	35
3	Joel Wolfe	棒球	0.58	11.6	25
4	Rich Paul	篮球	0.55	13.6	37
5	Dan Lozano	棒球	0.52	10.4	42
6	Casey Close	棒球	0.48	9.6	33
7	Joel Segal	美式橄榄球	0.42	14.1	79
8	Todd France	美式橄榄球	0.42	14.0	45
9	Bill Duffy	篮球	0.41	10.2	31
10	Sam and Seth Levinson	棒球	0.40	8.1	93

(二) 国外职业体育经纪人发展中出现的问题

随着职业运动员收入的提升，职业体育经纪人赚取的佣金也相应提升。然而，目前在欧洲、北美国家的职业体育联盟中，职业体育经纪人的数量供大于求，同时高额佣金的经纪活动常被知名度高、有影响力的经纪人所垄断，对部分默默无闻的体育经纪人而言，机会较少，因此真正能够赚取利润的体育经纪人并不多。

与此同时，为了争抢客户，部分经纪人使用不正当的手段诱使运动员与其签约的案例并不鲜见。特别是在北美，有些学生运动员由于缺乏社会经验且需负担高昂的学费，受利益诱惑在收受贿赂后与经纪人签订不平等条约，最终自身利益受损。此外，基于身份差异，经纪人与运动员间可能发生利益冲突。通常，职业体育经纪人的佣金是按照运动员合同标的额的固定百分比收取的，合同标的额越大所获报酬就越多。然而，某些经纪人也会为了最大限度向运动员收取报酬，要求俱乐部一次性给付运动员所有劳务所得。这种情况可能给运动员带来巨额的税务负担，损害其经济利益。为此，美国经纪人制度中特别设立了利益冲突机制，规定经纪人不得代理同一俱乐部的复数运动员；不得代理同一俱乐部中的运动员与教练；不得兼任体育俱乐部的老板；不得兼任运动员工会领导人。不得代理同一俱乐部 2 名或 2 名以上运动员，是因为其未必能够给每位运动员争取最大利益，还可能发生将一方运动员作为合同谈判筹码的情形。不得代理同一俱乐部中的运动员与教练，是因为运动员与教练员的利益考虑不一致，难以取舍何者利益优先。不得兼任体育俱乐部老板和运动员工会领导人，是因为考虑到俱乐部和联赛整体利益，若职业体育经纪人兼任这些职务，可能会损害运动员个人最佳利益。

专栏 8－7:国际足联的经纪人监管制度

2015 年，国际足联通过决议，放弃了施行 14 年多的经纪人牌照制度，代之以更宽松简便的“中介制度”。在这一制度下，国际足联不再统一管理全球经纪人，而是将职责下放到各会员国足协。如此一来，足球经纪人市场有了更多活动的空间。然而，这一决议导致的结果就是球员转会市场的混乱：在新制度生效后的几年中，只有不到30％的足球运动员转会代理人拥有执照，经纪人和俱乐部对球员交易的报告并不透明。同时，各国对代理人活动的规定有许多不一致之处。2019年，在总价值约为80亿美元的足球球员转会市场上，足球经纪人获得的佣金就达到了6.53亿美元，是2015年经纪人佣金总额的5倍。因此，为了规范全球范围内的球员转会活动，提高球员转会操作的透明度，国际足联目前正在考虑出台一系列新的足球经纪人管理规范，包括重启经纪人许可证制度、进行经纪人考试、对经纪人进行性格测试和限制佣金等。

资料来源：改编自“FIFA to Push On With New ‘Cap’ And Rules For Agents”。

二、国内职业体育经纪人的发展

（一）我国职业体育经纪人的发展历程

体育经纪人约在20世纪80年代于我国兴起。随着市场经济的发展，在赛事组织的过程中，组织者开始遵循市场经济规律进行操作，成为具备体育经纪人意识的赛事组织者。起初这些人主要由体育行政主管部门的工作人员构成，后来，随着我国赛事产业的发展，越来越多的人对这种由经纪人参与赛事的操作方式产生了兴趣。

20世纪90年代，我国体育经纪人市场取得了进一步发展。1993年，中国星华实业集团总公司在北京成功举办了国际职业拳击冠军赛，公司总裁李伟成为中国首位持有国际拳击协会（IBF）职业拳击经纪人营业执照的体育经纪人。1995年，国家工商局颁布了《经纪人管理办法》，明确了体育经纪人在各项经纪活动中的规则依据。1997年，上海希望国际体育经纪人有限公司注册成立，成为中国第一家体育经纪人公司。随后，广东鸿天体育经纪人公司、中体经纪人有限公司也相继成立。1999年，为了适应市场需求，上海体育竞赛中心在上海交通大学创办了全国首家体育经纪人培训班。

2006年，国家劳动和社会保障部将体育经纪人纳入第6批国家职业类别。2008年，国家体育总局和国家统计局联合印发了《体育及相关产业分类（试行）》，将体育经纪业纳入国家体育产业统计体系，标志着体育经纪业已进入国民经济发展序列。2014年，国务院颁布《关于加快发展体育产业促进体育消费的若干意见》，指出要培育发展多形式、多层次的体育中介组织，扶持体育策划、咨询、经纪和营销企业的发展，为体育经纪行业的进一步发展指明了方向。2019年，国务院办公厅印发的《体育强国建设纲要》，明确提出建立体育经纪人制度，完善体育经纪人职业标准和管理规范的任务。2021 年，国家体育总局出台的《“十四五”体育发展规划》中，也要求探索建立体育经纪人制度，统筹谋划职业体育发展，从而构建竞技体育发展新模式(表 8-4)。

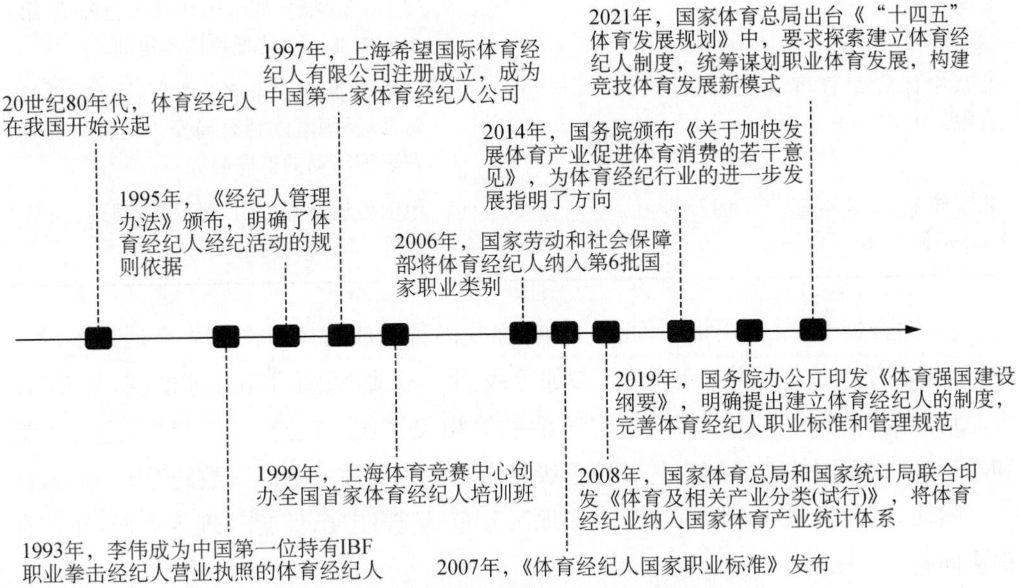

图 8-4 我国职业体育经纪人的发展大事记

(二) 我国职业体育经纪人的发展现状

各类相关政策文件的陆续出台和体育产业的不断发展促进了我国体育经纪人行业的成长。

从体育经纪公司发展层面看，随着体育赛事活动的增多以及体育资源流动的加速，我国体育经纪服务的需求量不断上升，体育经纪公司如雨后春笋般不断涌现。根据国家企业信用信息公示系统进行查询整理统计，截止到 2024 年 4 月末，我国在册开业、经营正常、无失信问题的体育经纪公司共有 338 家。这些体育经纪公司的分布地区较为广泛，其中上海地区数量最多，共有 44 家。下表列举了我国部分著名体育经纪公司(表 8-3)。

表 8-3 我国部分著名体育经纪公司及其主要业务

公司名称	成立时间	注册资本/万元	主营业务
体育之窗文化股份有限公司	2001 年	36 000	中国国家足球队、北京国安、上海申花、广州队、北京首钢、NBA 中国赛、中国女排等赛事的长期合作伙伴
双刃剑(上海)体育文化传播有限公司	2005 年	100	运作中国企业赞助英超、西班牙超级杯、2018 俄罗斯世界杯亚洲区域独家商务代理

（续表）

公司名称	成立时间	注册资本/万元	主营业务
杭州悦胜体育经纪有限公司	2009 年	1 000	2018 年国际泳联第 14 届世界游泳锦标赛（25 米）唯一的市场开发代理公司、第十九届亚运会首批特许零售商
北京中体经纪管理有限公司	2013 年	3 000	从事体育经纪业务；体育运动项目经营，以及国家体育总局安排的相关赛事和表演活动的推广服务
北京纽勒维尔体育发展有限公司	2017 年	200	中国男篮运动员丁彦雨航、周琦、王哲林等运动员的经纪公司

从体育经纪人从业培训层面看，目前，在我国若想成为体育经纪人需通过不少于160 个标准学时的短期集中培训后，参加等级测评考试，成绩合格后才能获得国家体育总局颁发的证书，进而从事体育经纪活动等相关工作。截至 2023 年底，通过培训和考试，获取我国体育经纪人（三级）等级培训与能力测评证书的人数约有 5 000 人。

然而，当前我国职业体育经纪人在地区分布、培养制度、监督管理等方面，还存在很多问题。

1. 地区发展不平衡

受我国体育产业发展区域不均衡的影响，我国体育经纪人的发展也存在区域不均衡的现象。体育经纪人重点分布在北京、上海、广东、天津、浙江、江苏等经济发达地区，而西部地区的体育经纪人行业发展相对缓慢。

2. 培养制度不完善

我国体育经纪人培养制度不完善主要表现在培训时间短、授课内容少、“应试教育”色彩浓厚、重理论轻实践等方面。通过短期培训快速获得从业资格的培训方式，并不能真正提升体育经纪人的实践操作能力，这也是导致我国体育经纪人整体专业素质偏低的一个主要原因。

3. 监管机制不健全

我国体育经纪人的监管主要以工商行政管理机关为主，体育部门为辅。社会监管机制还有待完善，媒体监督、民众监督、舆情监督等监督渠道还有很大的进步空间。

（三）我国职业体育经纪人的发展趋势

面向 2035 年建成体育强国、体育产业成为国民经济支柱性产业的远景目标，我国体育经纪人市场的成长空间十分广阔，有望呈现如下趋势：

1. 整体规模扩大化

2022 年，我国体育产业总规模为 33 008 亿元，增加值占同期 GDP 比重的 1.08%。当 2035 年发展成为国民经济支柱性产业时，其占比将在当前的基础上实现倍增，达到GDP比重的3%～4%。在此过程中，作为体育产业的重要组成部分，加之体育资源市场配置机制的日趋完善与成熟，无疑会有更多的俱乐部、职业运动员、相关经纪公司需要体育经纪人才的专业支持，其从业人员自然会有显著增长。

2．市场结构合理化

未来我国职业体育经纪人市场结构将呈现逐步优化的态势。从服务领域来看，体育经纪人业态将逐步细化，在运动员经纪人、赛事经纪人、体育组织中介等核心业务稳步发展的基础上，体育场馆经纪人、体育传媒经纪人等众多业态将得到快速发展，以满足市场多样化的需求。从区域分布来看，不平衡现象将得到一定程度的缓解，除北京、上海、广州、深圳等一线城市之外，体育经纪人行业有望在二、三线城市快速发展。

3．管理体系完善化

虽然我国没有职业运动员工会制定体育经纪人管理规范，但如中国足球协会、中国篮球协会等都制定了经纪人管理办法，其性质与美国职业运动员工会制定的规范类似。同时，近年来，我国部分省市还出台了本地区的体育经纪人管理规范，例如《山东省体育经纪人管理暂行办法》《河南省体育经纪人管理办法》《上海市体育经纪人管理试行办法》等。未来，对职业体育经纪人在我国发展的探索将持续进行，符合中国国情和职业体育特点的体育经纪人制度有望日趋完善。

4．经纪活动国际化

目前我国职业体育的全球化呈现出了引进多、出口少的特点，即引进的国外体育赛事资源、优秀运动员多，输出的赛事资源和国内运动员少。随着体育产业的快速发展，我国职业体育赛事、职业运动员与世界各国的接触和交流越来越多，部分国内优秀运动员渴望到海外发展自己的职业生涯，众多国际资本也希望在中国开展体育活动，使得我国体育经纪人在未来不可避免地要与国际接轨，经纪活动有望呈现国际化的发展趋势。

第八章复习思考题